THE CASE STUDIES
ON INDIA DEVELOPMENT:
FROM THE PERSPECTIVE OF INDIAN ECONOMY,
SOCIETY AND CULTURE

印度发展研究
基于印度经济、社会与文化等视角

胡志勇 / 著

上海社会科学院出版社
SHANGHAI ACADEMY OF SOCIAL SCIENCES PRESS

丛书编委会

主　任：张道根　于信汇
副主任：王玉梅　谢京辉　王　振　何建华　张兆安
　　　　周　伟
委　员：（按姓氏笔画排序）
　　　　王　健　方松华　叶必丰　权　衡　朱平芳
　　　　朱建江　刘　杰　刘　鸣　汤蕴懿　孙福庆
　　　　杨　雄　沈开艳　邵　建　周冯琦　荣跃明
　　　　姚勤华　党齐民　晏可佳　陶希东　黄凯峰
　　　　强　荧
策划组稿：上海社会科学院创新工程办公室

丛书总序

在中国特色社会主义伟大实践中加快构建中国特色哲学社会科学,既是开创中华民族伟大复兴的思想基础,也是应对当前深刻复杂国际形势的重要支撑。党的十八大以来,以习近平同志为核心的党中央把加快构建中国特色哲学社会科学作为提高治国理政能力、推进国家治理体系和治理能力现代化的战略任务,高度重视、精心部署、全力推动。这也为上海社会科学院新时期的发展提供了目标方向。

理论的生命力在于创新。古往今来,世界大国崛起路径各异,但在其崛起的过程中,无不伴随着重大的理论创新和哲学社会科学的发展。面对新挑战、新要求,中国哲学社会科学特别需要加强理论前沿、重大战略、综合领域、基层实践的诠释和指导能力。作为国家哲学社会科学的重要研究机构,2014年上海社会科学院率先在地方社会科学院实施哲学社会科学创新工程;2015年又成为国家首批高端智库试点单位。上海社会科学院从体制机制入手,以理论创新为突破口,围绕"国家战略和上海先行先试"定位,以智库建设和学科发展"双轮驱动"为创新路径,积极探索,大胆实践,对哲学社会科学的若干重大理论和现实问题开展前瞻性、针对性、储备性政策研究,完成了一批中央决策需要的、具有战略和全局意义、现实针对性强的高质量成果。

在上海社会科学院创新工程实施三年之际,通过本套丛书集中展示了我院在推进哲学社会科学理论创新中的成果,并将分批陆续出版。在编撰过程中,我们既强调对重大理论问题的深入探讨,也鼓励针对高端智库决策成果中的热点现实问题进行理论探讨。希望本丛书能体现高端智库的研究水平、社科院的研究特色,对国家战略性、前瞻性、基础性问题进行深入思考,也为繁荣新时期中国哲学社会科学理论创新添砖加瓦。

丛书主编

目 录

总论 ·· 1

第一章 印度发展的地缘政治环境研究 ·················· 10
第一节 印度发展的政治因素研究 ······················ 14
第二节 政治发展是印度发展的必要条件 ············ 26
第三节 本章小结 ·· 38

第二章 印度发展的地缘经济环境研究 ·················· 65
第一节 印度发展进程中经济因素研究 ··············· 68
第二节 经济发展是印度发展的内在动力 ············ 84
第三节 本章小结 ·· 104

第三章 印度发展的地缘文化环境研究 ·················· 113
第一节 印度发展进程中文化因素研究 ··············· 116
第二节 文化环境是提升印度的"软实力" ············ 122
第三节 本章小结 ·· 136

第四章 印度发展的教育科技发展环境研究 ············ 146
第一节 教育水平是印度发展的"催化剂" ············ 147
第二节 科技发展是印度发展的重要支撑 ············ 163

第三节　本章小结 ·· 171

第五章　印度发展的社会发展环境研究 ···························· 177
　　　第一节　医疗卫生事业提升印度发展的质量 ·················· 178
　　　第二节　社会发展营造印度发展的有利环境 ·················· 182
　　　第三节　本章小结 ·· 188

第六章　印度发展的民族宗教问题研究 ···························· 193
　　　第一节　民族和谐加快印度发展进程 ····························· 197
　　　第二节　宗教是印度发展的精神支柱 ····························· 204
　　　第三节　本章小结 ·· 213

第七章　全球化对印度发展进程的影响 ···························· 225
　　　第一节　全球化对印度政治的影响 ································ 226
　　　第二节　全球化对印度经济的影响 ································ 232
　　　第三节　本章小结 ·· 237

第八章　当代印度的对外战略观的形成与演变 ··················· 242
　　　第一节　印度崛起进程中对外战略观的形成 ·················· 245
　　　第二节　印度崛起进程中对外战略观的演变 ·················· 256
　　　第三节　印度崛起进程中对外战略观的政策特征 ············ 265
　　　第四节　印度崛起进程中对外战略观的本质 ·················· 269
　　　第五节　本章小结 ·· 277

余论 ··· 288

附录 ··· 294
　　　附表1　印度独立后历任政府总理一览 ························· 294
　　　附表2　1952—2014年印度人民院大选情况一览 ············ 295

主要参考文献 ··· 296
后记 ··· 300

总　论

　　印度历史悠久,是世界上四大文明古国之一。公元前4世纪发展的孔雀王朝统一了印度,公元前3世纪阿育王统治达到了鼎盛时期,疆域广阔,佛教兴盛并开始向外传播。公元前2世纪灭亡,陷入小国分立的局面。从公元4世纪开始,笈多王朝在印度统治了200多年。1526年莫卧儿帝国建立,成为当时世界上为数不多的强国之一。1600年英国侵入,建立了东印度公司。1757年印度开始沦为英国殖民地,1849年全境被英国占领。1858年英国政府直接统治印度。1947年6月,英国通过"蒙巴顿方案",将印度分为印度和巴基斯坦两个自治领。1947年8月15日,印、巴分治,印度独立。1950年1月26日,印度共和国成立,印度正式颁布了宪法,标志着印度民主制度正式确立,[1]但仍为英联邦成员国。

　　印度位于南亚次大陆的中心,是南亚次大陆和印度洋沿岸面积最大、实力最强的国家,在地理、政治和经济上具有重要的战略地位。

　　印度国土正南方呈尖刀形,朝印度洋中部深入数千千米,使其海上兵力向远洋活动的航程大大缩短,为其控制印度洋提供了绝佳的地缘战略优势。

---

[1] 王红生:《论印度的民主》,社会科学文献出版社2011年版,第84页。

这种特殊的地缘环境使印度长期以南亚地区为战略依托,使印度具备了成为地区大国的地缘优势,有利于印度实现从地区性大国向世界一流大国的转型。而且,这种独特的地缘战略环境使印度成为世界上某些国家牵制亚洲新兴大国战略的一部分,更有益于印度与世界上主要大国发展紧密战略关系。同时,辽阔地域的版图,为印度政府追求"大印度"战略提供了一定的发展空间。

印度文明从来就不是在国家形态下存在,而是在地域形态下孕育和发展起来的,直接导致了印度国民国家概念与领土意识的缺乏,使"印度的国家身份大部分都表现在文明或文化层次上",印度现行的国家认同建构政策也存在着明显偏差与局限性。[①] 在国家概念不明确的情况下,南亚次大陆的广大地区就天然地成了印度人心理上的"文化边界"。而英国征服印度后,对其进行了深刻的西方化改造,[②]印度传统文化思维受到严重冲击,印度文明也发生了异化性发展。

印度地缘环境非常独特而优越,地处南亚次大陆的中心地带,三面环海,地缘战略位置十分重要,北部苏莱曼山脉、兴都库什山脉、喀喇昆仑山脉和喜马拉雅山脉等高山地貌与亚洲大陆主体相隔,这些山脉山高入云,成为绵延数千里的天然壁垒,阻碍了印度与亚洲其他地区的联系,为印度陆上设防提供了得天独厚的有利条件,这种封闭的天然地理屏障虽然减少了外敌入侵的可能性,但也制约了印度的陆权扩张,限制了印度对区域外的影响力,滋生了部分印度人不能客观看待世界、盲目自信的心态,也影响到印度的"大国目标"发展道路,从而使印度"大国战略"异常艰难而漫长。

南亚不仅是中亚的腹地,而且是印度洋北部边缘从红海到马六甲海峡这条弧形战略地带的核心。这个地理特征决定了印度对威胁

---

① 左岫仙、吴天喜:《印度国家认同的建构措施、问题与启示》,《佳木斯大学社会科学学报》2014年第5期。
② 刘黎:《从文化角度看英国殖民统治后印度文明的异化》,《人民论坛》2014年第8期。

的判断受两大地缘政治现实的影响：来自陆上的压力和来自海上的挑战，因而印度的战略视野，特别是国家安全被放在一个远大于南亚区域伸展开来的战略框架中去整体统筹。

南亚权力结构的不对称性、以印度为中心的区域地理特征、英属印度的战略传统、冷战的经验教训以及冷战后地缘政治的重大演变，使得印度主要依凭"自助"战略致力于"地区核心"这个目标。

因此，印度把追求"有声有色的大国"地位作为对外政策的根本目标。在此目标指引下，印度在南亚、亚洲与全球体系三个层面积极推行"世界大国"战略：基于"地区核心国家"的身份定位，印度在南亚地区反对印、巴之间的均势政治；基于多中心国际体系构想，在亚洲积极推行对华均势政策；在全球体系上，就美国而言，印度作为一个新兴的发展中大国，则有意无意地扮演着"有限的挑战者"角色。[①]基于历史经验和南亚地缘政治结构，印度在思考和制定安全战略时无不同时注意陆上与海上两大方向，但印度作为陆海复合型国家所具有的天然缺陷从根本上决定了其安全战略面临的困境，特别是其安全战略目标不能始终如一地定位于"地区核心"方面。

以印度为中心的区域地理特征，加之政治体制的不相融性，导致南亚国家在威胁判断上的重大歧异。南亚历史上就是一个地理上与其他地区有着明显区别的战略整体。从根本上来说，南亚区域内部问题远比外部环境更直接影响着印度的政策选择。

印度本土呈圆锥形楔入印度洋2600多千米，扼亚、非、欧和大洋洲的海上交通要道，是通向海湾、非洲和经红海、苏伊士运河至地中海的必经之路。国土面积约为298万平方千米（不含中印边境印占区和克什米尔印度实际控制区等），居世界第七位。东北部与中国、尼泊尔和不丹接壤，孟加拉国夹在东北部国土之间，东部与缅甸为

[①] 宋德星、白俊：《新时期印度海洋安全战略探析》，《世界经济与政治论坛》2011年第4期。

邻,东南部与斯里兰卡隔海相望,西北部与巴基斯坦交界。东临孟加拉湾,西濒阿拉伯海,海岸线长达5 560千米。

印度洋作为连通太平洋和大西洋之间的桥梁,扼守东、西方交通要冲,是当今最繁忙、最重要的海上贸易线路之一,其中印度洋上的石油贸易航线对世界发达国家的经济繁荣有着决定性的战略意义。而印度位于印度洋的中心,这种优越的地理战略环境为印度加强对印度洋的控制"如虎添翼",①也有利于印度依靠海洋走向世界海洋强国。

由于印度独特的地理位置、经济地理和意识形态使其在当今国际关系格局中,形成了一个相对独立的地缘政治区,在文化、社会差异、政治以及宗教等方面与周围其他地区明显不同,它既不受任何大国控制,也不会被并入邻近的地缘政治框架,②从而具有典型的地缘特征。

在尼赫鲁"世界一流大国"思想主导下,印度曾试图在其辽阔的中间地带,建立一个以印度为核心的第三势力与美、苏并立称雄。1949年,尼赫鲁在给印度各邦首席部长的信中指出,亚洲的未来将强烈地由印度的未来所决定,印度将越来越成为亚洲的中心。为此,印度与南斯拉夫、埃及和印度尼西亚于1956年发起了"不结盟"运动。从表面上来看,这似乎是维持世界和平之举,但事实上是试图通过道义与政治力量,将新中国纳入其认为的"正确轨道"。

随着印度经济快速增长,印度极力在国际事务中发挥更大作用,争当世界新秩序之中的第四极。③

冷战后印度的综合国力不断提高,印度经济的可持续发展与增长成为印度作为一个"强国"重新发展的根本所在,大国地位正在逐渐为国际社会所认同。但印度的国家发展战略受地缘政治环境的限

---

① 刘新华:《论中印关系中的印度洋问题》,《太平洋学报》2010年第1期。
② [美]索尔·科恩:《地缘政治学——国际关系的地理学》,严春松译,上海社会科学院出版社2011年版,第361页。
③ [印]希亚姆·萨兰:《中国、欧洲、美国将形成三极,印度争当第四极》,《国际经济评论》2016年第1期。

制,注定它只能以海权强国为最终发展方向。同时,印度落后的基础设施及官员腐败和低下的行政效率等严重影响了印度"大国形象",阻碍了印度迈向世界大国的进程。

随着中国的快速发展,中国周边的大亚太地区(国际上有人亦称"印-太地区",即:印度洋和太平洋地区)正成长为全球地缘政治中心区,并将引起亚太地缘政治格局激烈、复杂的调整。今后一个时期,大亚太地区将出现两种截然对立的地缘政治"范式"之争,相关各国将不得不在两种对立范式之间进行艰难选择。而美国一方面坚持与中国"接触、对话",另一方面继续维持美国的亚洲同盟体系,尤其要继续加强美日、美韩同盟,拉拢印度等,以求减小中美冲突的可能性以及减小中日、中印、中俄之间出现"战略误判"的可能性。[①] 事实上,当前国际政治、经济新秩序均处于重构态势,美国仍是全球唯一的超级大国,世界格局的过渡性态势为印度在大国之间施展平衡外交提供了一定的空间。

而且,从地缘战略环境来考量,印度正处于被美国称为"不稳定弧"的重点区域,这一区域活跃着恐怖主义、极端主义和分裂主义,充斥着当今世界冲突表现形式最激烈的矛盾,印度作为南亚次大陆的大国,成为西方主要国家插手这一区域事务的一个重要基点。

位于世界地缘政治体系中心的特殊地理位置对印度的国家安全产生了更大压力,[②]处于全球地缘政治体系中的印度,在南亚谋求主导地位进程中遇到了巴基斯坦的强烈对抗,印、巴双边关系至今也没有走向正常化。这在一定程度上严重制约了印度追求"世界一流大国"的战略目标,也使得以印度为中心的南亚地缘战略环境更趋长期化和复杂化。克什米尔问题久拖不决,[③]长期与巴基斯坦对峙不仅耗

[①] 林利民:《未来5—10年亚太地缘政治变局与中国》,《现代国际关系》2012年第4期。
[②] 张文木:《世界地缘政治体系中心区域的大国政治——兼论印度与中国安全合作的战略互补意义》,《太平洋学报》2010年第3期。
[③] 王海霞:《印巴之间:曙光难破陈冰》,《世界知识》2016年第3期。

费了印度的大部分精力,也延缓了印度全面发展的步伐。中、巴之间密切的军事合作使中国成为印度经济上和军事上长期的竞争者。而地理位置上的中心位置又使印度成为地缘政治安全斗争的中心。但是,印度的地缘优势日趋成为地缘困境,如何走出南亚困境成为印度外交不得不面临的现实挑战。

就语言来说,印度是全球使用语言种类最多的国家。1950年印度宪法规定,英语为印度官方语言,印地(Hindi)语为印度国语。在印度境内,约有180种语言、700多种方言。其中,宪法承认的正式语言就有15种,使用人口在百万以上的语言达33种,使用印地语的人占人口总数的40%。[1] 印度的基本语言政策就是保持语言的多样性。多语系制约着印度的发展,但英语渐成主要语言,也有利于印度接受世界主流价值观,融入世界。

综观印度所处的重要战略环境,印度已经初步具备了发展为世界大国的潜力:

第一,独特的地缘战略环境为其发展提供了天然的战略屏障。印度是一个潜力很大的国家,但是印度只挖掘了表面的一些潜力。实际上,印度优越的地缘优势使印度雄踞南亚次大陆,为印度的可持续发展提供一定的动力。

印度社会的内在动力、外在动力和殖民主义这一个特殊动力共同构成印度社会转型的"合力",其要素组合与动力强度决定着印度社会转型的方式与特点。

第二,印度是世界上最大的民主国家,民主政治观念意识深入全印人心,较为稳定的印度政治体制为其发展提供了一定的政治保障。尽管印度的民主体制效率低下,[2]但也为保持改革的公正性和限制政府的非理性行为提供了一定的制度保障。

---

[1] 廖波:《世纪国语路:印度的国语问题》,《世界民族》2013年第1期。
[2] 梅新育:《如何评价印度经济与体制表现?——与黄亚生教授商榷》,《人民论坛·学术前沿》2014年第12期。

独立 70 多年来,印度政坛风云变幻,危机感频发,但政府更迭较为平缓,实质上一方面体现了印度民主制度趋于成熟与巩固的态势,表明了印度人民争取自己权利的意识不断增强。[①] 另一方面反映了印度民主制度尽管不是最有效率的,但却具有独特的内在基本稳定性特征。同时也说明了印度政治正在平缓地实现由精英民主向大众民主的转型。

第三,印度经济持续保持了快速增长的势头,综合国力不断上升,为印度的发展奠定了一定的物质基础。

印度社会自独立后从农业社会缓慢向工业社会过渡,并从宗教的、封建制的和殖民地半封建制社会向世俗的、独立的资本主义社会转型,印度社会转型实质上是一种复合型的社会转型,逐步形成了印度特色的现代化发展之路和适合本国国情的现代化发展模式。

在经济上,自 20 世纪 90 年代初期印度开始实行对外开放政策,经济发展迅速,国家综合实力不断增强,经济结构不断改善,经济持续快速增长,成为世界上经济发展较快的国家之一。

第四,全球化促进了各民族的普遍交往与相互依赖,全球化趋势的不断发展、世界多极化的发展为印度发展提供了有利的外部动力。

印度在其社会转型进程中采取的是一种渐进式的方式。印度社会转型具有殖民性、依附性、非平衡性和包容性等特点。印度独立前后社会转型较为成功地使印度基本上搭建了一个多元化的、包容性强的社会结构。

与此同时,印度社会的巨大差异也非常明显。纷繁复杂的政治、宗教、种族、语言和文化组成了印度"大家庭":语言复杂,语种繁多;宗教门类齐全,印度教、伊斯兰教、基督教教、锡克教、佛教和耆那教等为印度各党派和政治势力在政治、经济和社会变革中争权夺利提供了肥沃的土壤;种姓制度、印度教与村社结构的存在对印度的政治

---

① 王红生:《论印度的民主》,社会科学文献出版社 2011 年版,第 386 页。

和社会形态的形成与发展产生了重大而深远的影响,知识精英在印度民主化进程中发挥了领导核心的作用;①但也为印度社会提供了产生新冲突的条件。尽管出现了诸多暴力冲突和各种矛盾,印度却没有经历过整个国家危在旦夕的阶段,印度也成为70多年来亚洲较为稳定的国家之一。

与中国相比,印度的国际生存环境与发展空间优势较为明显。全球化呼唤并加强国际制度、国际制度规范和促进全球化。② 也就是说,国际制度已经从全球化的一个政治结果,发展为全球化的一个政治动力。决定印度的国际形象与能力、战略地位和重要性以及国家安全的并不是经济增长本身,而是增长过程的本质特征与印度解决当前所面临挑战的方式。稳定而持续的经济增长成为印度国家能力与安全的基石。

印度具有发展为世界性大国的潜力,③主要在于印度经济持续快速发展、印度领导人的"大国雄心"以及不断提升的国家治理绩效等因素。

作为一个地区性新兴大国,印度或许是继中国之后又一个即将发展的国家,因为它拥有成为地区强国的基本条件。④ 长期以来印度一直抱有成为世界大国的强烈雄心,较强的综合国力、主导亚洲的强烈欲望、良好的自然禀赋、较发达的软件业、成熟的金融体系,以及现存的国际秩序等为其发展提供了可资利用的条件,但印度的发展亦受诸多国内外因素的影响和制约,尤其面临着国家从传统向现代化转型的巨大压力等。

随着全球化浪潮的不断推进,印度也在缓慢、被动地融入这一历

---

① 陈金英:《西方视角下的中印政治发展模式比较》,《国际观察》2014年第5期。
② 苏长和:《全球治理体系转型中的国际制度》,《当代世界》2015年第11期。
③ Swapna Banerjee Guha: Post-September 11 Indo-US Strategic Ties: Locating Power and Hegemony, *The Geographical Journal*, Vol., 177, No., 3, 2011.
④ J·D·Pedersen: *India as an Emerging Power in the Global Order: On Geopolitics and Geo-economics*, Palgrave Macmillan UK, 2016, p.25.

史潮流之中。发达国家成为全球化的主导者和最大受益者,决定着未来全球化的发展趋势和方向;发展中国家是全球化进程中的弱势国家,在全球化的发展过程中始终处于从属地位。印度作为发展中国家也不例外。印度既要利用全球化有利的一面不断发展本国经济,①又要利用"反全球化"运动以维护本国的经济安全与经济主权。

由于文化价值观差异的存在给印度各民族的经济、政治合作带来了新的障碍与矛盾,加之印度的民族主义情绪较中国更为强烈,其相当保守的文化传统、价值观也在一定程度上影响着印度的对外开放。如何在全球化发展中利用自身有利战略地位谋求最大利益,成为当代印度发展所面临的一个重要挑战。

尽管目前印度所处的地缘战略环境要好于冷战时期。但是,就印度国力而言,现阶段印度尚不具备发展为一个世界性大国的"硬实力"和"软实力"。因此,印度发展将呈现一个漫长而艰难的历史进程。

本书将当代印度发展纳入全球化大背景下,从政治、经济、文化、民族、宗教以及社会发展等领域入手,深入探讨和分析当代印度发展的地缘政治环境,将印度客观定位为一个地区性新兴大国。在此前提下,进一步具体分析和论述影响印度政治发展、经济持续增长的有利与不利因素,厘清当代印度政治发展的脉络与演变进程。作为一本研究当代国家关系的论著,运用历史学、政治学、经济学等多学科研究方法,采用重点与一般分析的方式,旨在向读者揭示当代印度政治、经济、文化和民族、宗教以及社会发展等领域的历史背景、战略演变和国家关系的基本特征。最后,简要论述了全球化进程对印度的影响及印度所形成的对外战略观本质与特征及作用。

---

① 王业坤、宋惠:《中国与印度经贸合作发展现状比较分析》,《中国经贸》2016年第7期。

第一章

印度发展的地缘政治环境研究

政治制度化层次的高低是衡量一个国家现代化程度的一个重要指标。塞缪尔·亨廷顿对印度政治发展给予了较高的评价:"以政治制度化而言,印度绝不是落伍的,它不但与亚、非、拉丁美洲现代化中国家相比可高居上位,就是与许多欧洲现代国家相比,亦毫不逊色。"[1]亨廷顿认为印度政治发展最大的功劳不是尼赫鲁的魅力领导,而在于其政治制度。

印度独立以来,在政治上沿袭了英国的议会民主制度。这种外来制度经过70年的"本土化"改造、完善与发展,基本保障了印度政治制度的稳定与连续性。政治制度化对民主制度的存续与运作以及政治现代化进程发挥了至关重要的作用。

尽管印度独立以来政府更替较多,但印度政治制度却较为稳定,这些制度性建设包括了坚持党政分离、司法独立、军队专业化和非政治化等。印度独立70年的历史证明了印度这种脱胎于英国政治制度的三权分立政治机制在印度取得了成效。正是在这种政治机制下,通过政治组织和一定程序解决各种矛盾成为社会共识并得到实

---

[1] 塞缪尔·P·亨廷顿:《变化社会中的政治秩序》,王冠华、刘为等译,上海人民出版社,2015年第一版,第86页。

际执行,实现了社会与政治的稳定,①使印度这种脆弱的民主制度经受住了历史的考验。

党政分离在印度民主政治发展进程中尤其对印度民主政治平稳运作发挥了关键性的作用。即使某个政党在印度大选中败北,印度的国家政策也不会因政府更替发生根本性的逆转,党政分离在其中发挥了至关重要的作用;而司法独立成为印度民主制度存续的重要前提。鼓励广大民众积极参与涉及大众切身利益问题,对印度各级官员行为进行法律监督,缓慢而低效地维持着印度民主制度的运作。

而且,印度武装力量的专业化和非政治化成为保卫印度民主的重要力量。长期以来,印度严格实行政府对军事部门的管理,防止军人干政,采取一系列措施防止军权集中,保证印度军队听命于文官政府的指挥,②军队始终保持对国家的效忠,从而有效地避免了军人干预政治现象的发生,在一定程度上保证了印度政治的稳定和国家的统一。

实际上,印度独立 70 年来,党政分离、司法独立、军队专业化和非政治化已成为印度民主和政治制度化的重要内容。政治制度化和民主制度相互交融、相互依存、相互加强已成为印度政治现代化进程的基本内涵和特征。③ 而这种政治制度化给印度政府带来了较高的合法性。

但印度政治也深受印度境内的种族、宗教以及地方势力影响。印度宗教文化浓厚,种姓观念根深蒂固,教派主义对政治的渗透、种姓政治的出现不断冲击国大党政府的世俗主义政策,④各种政治力量的此消彼长导致国大党"一党独大"局面的消弭,多党竞争、联合政府渐成印度政治的主流。而家族政治的延续既使民主政治受到伤害,

---

① 王红生:《论印度的民主》,社会科学文献出版社 2011 年版,第 141 页。
② 同上,第 142 页。
③ 同上,第 143 页。
④ 洪共福:《印度政治变迁中的传统文化因素》,《红河学院学报》2015 年第 1 期。

又推动了印度政治的发展。传统文化与现代政治的结合一方面给印度政治现代化进程带来了消极的影响,另一方面又为印度政治现代化找到一种更符合本土政治生态的方式,在一定程度上推动了印度政治多元化发展。

一个国家的发展,必然与其政治、经济以及军事等硬实力紧密联系。但是,作为文明古国,印度拥有极其丰富的"软实力"资源,尤其是印度灿烂的传统文化在其发展过程中发挥了不可忽视的关键作用。在印度传统文化中,宗教文化始终处于核心地位。正是这些传统文化里的积极因素,使得印度在其发展进程中从不缺乏精神引领,也造就了印度与其他新兴大国不同的发展模式,为其持续发展提供了强大的"软实力"的支撑。[1] 印度政治文化的形成源于宗教因素,印度政治文化深受印度宗教社会的影响,印度人非常注重宗教、道德等精神领域的积累,对外来思想的吸收能力很强,也较具包容性,整体性特征尤为显著。

具体而言,印度教中的"超自然中心主义"传统使印度人对专制君主缺乏绝对服从和拥戴的文化思想基础。印度传统政治文化并没有形成对统一国家权威的崇拜,而是在历史上很早就形成了分裂性与多元性,加上近代以来英国的殖民统治,使得印度政治文化逐步呈现明显的二元特征。[2] 独立后,印度实施宗教宽容的政策,体现了包容性的特征。种姓制度对印度政治文化"二元性"的产生影响很大,也对社会稳定发挥了重要作用。这种有严格规定且长期存在的种姓制度,维系着印度政治文化的"二元性"。[3] 印度政治文化二元特性的宗教烙印较为明显,并塑造了"印度中心观"的理念。印度政治文化的二元特征与宗教逐步糅合,[4]既维系了印度政体的长期稳定,又促

---

[1] 曾信凯:《印度发展中的传统文化因素刍议》,《社会科学》2015年第2期。
[2] 宋海啸:《印度对外政策决策模式研究》,《南亚研究》2011年第2期。
[3] 肖军:《论政治文化传统与印度外交思想的二元性》,《南亚研究》2012年第3期。
[4] 同上。

进了印度政治文化的缓慢发展,而宗教对印度政治的促进作用功不可没。

印度与当今世界上几个主要大国相比,明显属于政治力较弱的国家,民族凝聚力的缺乏和社会政治的不稳定性成为其政治力最突出的弱点。

印度的民主政治体制建立在不民主和不平等的社会基础上。种姓制度"废而不死"又加剧了印度社会的不平等。

印度的政治制度虽脱胎于英国,但和英国却有着很大的区别。由于印度自身古老而持久的文化特点与传统习俗,导致它们对从外国简单移植来的政治制度或政治模式具有强烈的不适感和排异性。①

尽管印度部分移植了英国的政治制度,但其无法在印度完全生根发芽,只能异化变形,形成印度自己的政治模式。印度的政治制度是带有中央集权制特点的联邦制,实行的是议会民主制、多党制及议会选举等。议会民主制对印度政治生态产生了深远的影响。

普选制下的社会动员迅速激发了广大民众的民主意识和政治意识,拓宽了政治参与面,并使印度成为一个高度政治化的国家。民众普遍参与国家的政治生活,不仅逐渐推进了社会各个层面民主体制的建立,使各级选举渐成制度化;而且打破了印度传统社会中特有的封闭性和落后性,促进了社会的变革和开放,这无疑代表了印度社会的进步方向。

在全球发展中国家中,印度是常规普选历史长、规模大的为数不多的国家之一。就选民数量而言,印度堪称"世界上最大的民主国家"。尽管民主制度成为印度的政治优势之一,但这种民主,由于其难以融合、植根于印度这个传统文化与传统政治十分顽强的国度而"水土不服",被无数印度政治家们引以为豪的民主优点,同时也成了

---

① 施雪华、朱宇新:《印度移植英国政治模式的困境、原因及其对中国的启示》,《学术研究》2015 年第 6 期。

印度政治的缺点。① 而印度社会结构的多样性与分裂性又导致印度的现代民主集中不足、分散有余,在印度本土上不得不畸形地缓慢发展。

第一节 印度发展的政治因素研究

尽管印度的政治发展给外界造成印度"软政府"形象,印度有近1/3人口仍生活在贫困线以下,但自1947年独立以来,印度的政治制度基本上长期保持着正常运转的局面。长期以来,印度政治发展的实践向世界证明了印度这种脆弱的民主机制使其成功地化解了一次又一次的政治经济危机,基本上维护了印度社会的和谐与稳定,并使印度经济得到了较长时间的持续发展,尽管这种民主制度在印度呈现出了一种不成熟的、低效率的态势。

一、政治演变成为印度发展的内生性因素

印度独立以来,随着议会民主制"本土化"不断深入,并不断完善,其内在稳定性基本上保证了国家政权的平稳更替,从而形成了以下政治发展的特征:

(一) 沿袭英国议会民主制度并使之逐渐"本土化"

英国议会民主制深刻地影响了独立后的印度政治体制。独立以来,印度的政治制度以英国的政治制度为参照,采用了英国式议会制度。但这种政治制度从印度的国情出发,在印度社会这一特定环境下确立并运转,从而具有鲜明的印度本土化特征。与英属印度时期

---

① 李忠林:《印度发展的优势和劣势及其辩证关系》,《和平与发展》2013年第2期。

相比,印度议会制度已经由英国统治印度的工具变为印度自己管理国家的机制,改变了英国人利用议会欺骗印度人民、瓦解分化印度各种团结力量的状况。

印度宪法于 1950 年 1 月 26 日生效。宪法明确了印度为联邦制国家;宣称印度是主权的、世俗的民主共和国;采取英国式的议会民主制;公民不分种族、性别、出身、宗教信仰和出生地点,在法律面前一律平等。该宪法将民主制、联邦制和世俗主义原则融合在一起,[①]从而为当代印度政治发展奠定了法理基础。

该宪法称得上是一部激进的宪法,它不仅明确规定了公民所享有的基本权利,而且在国家政策指导原则中明确宣布国家应成为推动社会经济进步的动力。

众所周知,独立后印度选择联邦制的总根源是古印度留下的多元多维文明。然而,英国殖民者在印度的"分而治之"统治策略顺应并强化了印度多元多维文明的性质;而东印度公司"分封建制"式统治初步体现了联邦制"元素",殖民后期宪制改革成为印度独立后联邦制宪法的制度根基,印度古代发展史和英国殖民统治史深深塑造了其社会经济结构,殖民者在顺应和改造结构惯性中共同推动了印度政体的变迁。[②] 印度联邦主义国家形成是其独立前政治制度"路径依赖"的结果。

当代印度的政治制度与西方国家基本一致,都以议会民主制为核心,涵盖了行政制度、司法制度和政党制度在内的一整套完整体系。总统为国家元首和武装部队的统帅,由联邦议会及邦议会组成选举团选出,每届任期 5 年。印度宪法规定:总统或邦长在任职期间,任何法院不得对他们提出刑事诉讼或继续进行刑事诉讼,任何法院也不得对他们发出逮捕令和监禁令。

---

① 王红生:《论印度的民主》,社会科学文献出版社 2011 年版,第 83—84 页。
② 邱成岭:《印度联邦主义国家形成的路径依赖》,《云南行政学院学报》2016 年第 2 期。

但是，实际上印度总统的职责多具象征性意义，实权掌握在政府总理手中。总统依照以总理为首的部长会议的建议行使职权。以总理为首的部长会议组成印度内阁，作为印度最高行政机关行使国家行政权力。由总统任命人民院多数党的议会党团领袖担任总理，然后再由总理向总统提名副总理及其他内阁成员。名义上议会是国家的最高权力机构，行政机关由议会选举产生，必须对议会负责、报告工作并接受其监督。但事实上，在印度政治运作中，印度的立法机关的实际权力相对弱小。在制定法律、外交事务和财政监督等重要职权上处处受制于行政机关。而印度的行政机关权力逐渐膨胀，掌握了国家的政治、经济、外交、军事命脉，在国家权力结构中处于实际上的核心地位。

议会选举是保证印度政治制度顺利运转的基础。在此基础上，印度的选举制度得到了逐步巩固与完善，选民参与选举的水平和程度也不断提高。因此，以议会民主制为基础的政治制度的建立与实施成为印度独立后国力稳定发展最根本的保障。在印度这样一个种姓、民族、宗教众多、矛盾非常尖锐的国家，多年来并没有发生军事政变和军事独裁政权的现象，完全得益于印度这种现代政治制度，该政治制度的确立和不断完善是印度走向政治民主化的一个重要标志。但是，印度政治制度也存在着诸多缺陷，面临诸多问题与挑战。

印度立法机构采用两院制，由联邦院（上院）和人民院（下院）组成。联邦院共245席，议员由各邦及中央直辖区立法院议员选举产生，任期6年，每两年改选1/3。联邦院每年召开4次会议。宪法规定副总统为法定的联邦院议长。人民院为国家主要立法机构，共545席，每5年举行一次大选。人民院的主要职能是制定法律和修改宪法、控制和调整联邦政府的收入与支出、对联邦政府提出不信任案并有权弹劾总统。而邦议会则采用一院制或两院制，邦的行政长官由总统任命。

依据宪法，印度是三权分立的议会民主制国家，立法、行政、司法体系相互独立又相互制约。印度司法系统与议会和行政建立了相互制衡的关系。司法对行政具有一定独立性但又受行政影响,司法和议会也相互制衡。

印度独立以来,这种司法和议会、行政的相互制约呈现出了不平衡的态势,在议会和行政过于强势的情况下,司法制约凸显了相对软弱的态势。

印度政治制度实行的是议会民主制,名义上议会是国家的最高权力机构,由议会选举产生行政机关,行政机关必须对议会负责、报告工作并接受其监督。

尽管印度宪法明确规定印度司法独立。但是,印度司法系统更多地体现出了相当脆弱的独立性与公正性。而且,政治干预司法的现象一直屡禁不绝。印度司法制度独立性和公正性较差使得完善与健全司法体系的任务相当艰巨。

经过70年的实践证明:"印度式民主"是一种低效的民主,与西方式民主差异甚远,"印度式民主"只不过是在形式上为普通百姓建立了一座表达政治意愿的平台而已。

印度最高法院是最高司法权力机关,有权解释宪法、审理中央政府与各邦之间的争议问题等。全国只有一个法院系统,联邦设有最高法院,各邦设有高等法院,县以下设下属法院。最高法院法官由总统委任。总检察长由总统任命,其主要职责是就执法事项向政府提供咨询和建议,完成宪法和法律规定的检察权,对宪法和法律的执行情况进行监督等。

印度是一个联邦制国家,除了司法全国统一之外,在立法和行政两个权力体系中,各邦都设有与中央相对应的机构并拥有相当大的实际权力。[①]

印度中央和各邦立法机关代表的产生,采用直接选举、间接选举

---

① 赵伯乐:《印度"大杂烩"民主:政治建构进行时》,《环球》2014年第4期。

和部分代表任命制三种形式。国会联邦院和各邦参议院议员的大部分系间接选举产生,小部分则分别由总统和邦长任命。联邦院和参议院每两年改选其中1/3的议员。国会人民院和各邦立法院实行普选制,议员由选民直接选举产生。人民院和立法院每届任期5年,如被提前解散,则举行中期选举。

(二)"多党林立、一党独大、三权分立"

印度是亚洲地区最早出现政党的国家之一,也是世界上存在政党较多的国家。印度政党是在印度人民反对英国殖民主义、争取民族独立的运动中形成的。随着印度政治的发展,政党竞争逐渐趋向多元化。

印度实行多党制的政党体制,政党分散化、碎片化特别明显。印度政党制度体现出了多党林立、一党独大、三权分立的特征。每个阶级、每个种姓、每个地方邦都有代表自身利益的政党。这种政治架构严重制约了印度政治发展进程,难以从国家层面推行重大决策。

印度独立以来,在印度政党政治发展过程中,国大党发挥了决定性的作用,印度政治社会的变化与国大党的沉浮息息相关。[1] 国大党的力量左右了印度各党派势力的对比情况,推动了印度政党政治的不断向前发展。在民族独立过程中,处于领导地位的国大党成为印度国家体制确立的直接推动者。基于分裂的社会结构和公开竞争之下一党独大的局面,民主制推行下的家族政治,在中央和地方两个层面上相互联系又独立运行的政党制度,以及民众在社会矛盾众多、贫富差距悬殊的情况下仍然对国大党情有独钟等特有的政治现象,是国大党过去长期稳固执政的原因所在。然而随着政治社会环境的变化,国大党已逐渐从获得大选胜利、巩固其执政地位的优势变为需要

---

[1] 宋丽萍:《政治生态环境的变化与印度国大党的发展》,《当代世界》2013年第9期。

变革和发展的劣势。① 国大党高度集中的集权体制催生了地方主义的发展,也为地方政党的发展提供了空间。随着国大党力量的不断削弱,印度各政党不断分化、分裂与重新组合。

在印度,过分的中央集权、中央与各邦权力关系的不平衡最终导致了一种不平衡的结果,即政治的联邦化和政党的地方化,而种姓结构的变化亦推动了一大批地方性种姓政党的发展。

联合执政作为政党数量上升在国家治理层面的表现方式,逐渐成为联邦和地方两个层面所认可的权力分享机制,使得更多政党获得分享国家权力的机会,提高了政党联盟的执政稳定性,②因此在政党政治碎片化的前提下,也有助于推动有效政党数量上升并保持较高水平。

在普选制下,印度政党介入政治的方式与独立之前有较大不同。在选举中,各党派互相竞争,轮番执政,实现权力的和平交替,从而推动了印度多党政治的日益成熟化。③ 印度实施普选制虽然在一定程度上促进了印度政党政治现代化的发展,但是在普选的运作过程中,各政党将选举政治视为高于一切,同时也带来了一些消极影响。

二、印度政党演变历程

印度是世界上人口最多的国家之一,同时也是世界上政党数量最多的国家之一。印度是一个多党制国家,印度政党基本上可分为两类:一类为全国性政党,其纲领和政策着眼于全国,在全国具有政治影响;另一类为邦一级的政党,其纲领和政策着眼于某一邦,而且,只在个别邦发挥其有限的政治影响。

---

① 俞博文:《国大党的特殊性及其优劣势分析》,《金田》2014 年第 4 期。
② 谢超:《印度政党政治碎片化的成因和历程》,《国际政治科学》2015 年第 4 期。
③ 郑豪杰、李忠人:《试述独立后印度普选与政党政治现代化》,《社科纵横》2016 年第 2 期。

地方性政党又可分为种族民族主义政党、教派主义政党和种姓政党三类。自印度独立后地方政党大量兴起,这是与印度国内特有的经济状况、宗教文化以及国大党高度集权体制而催生的地方势力等因素有关。随着国大党的衰落,逐渐打破了传统的权力平衡,改变了人民院的权力结构,但由于党派竞争和政党构成的不稳定也造成了政局动荡。[1] 印度主要有以下几个政党:

(一) 印度国民大会党(英迪拉·甘地派)[The Indian National Congress-Indira Gandhi,简称国大党(英),通常称国大党]

国大党是印度最大的政党。1885年12月在孟买成立,该党成立后领导了反对英国殖民统治和争取印度独立的斗争,功名显赫。1950年1月26日,印度共和国建立。在首届联邦人民院和邦立法院的选举中,国大党凭借其不同凡响的经历和在民众中树立起的威望,赢得胜利,成为执政党。1952年5月13日,由国大党主席尼赫鲁出任共和国首届政府总理的新政府成员宣誓就职。其后,尼赫鲁的女儿英迪拉·甘地和外孙拉吉夫·甘地曾先后担任国大党的领导人并出任政府总理。在印度独立后的50年时间里,除1977年3月—1980年1月和1989年12月—1991年6月外,国大党一直处于执政地位。国大党成为整个20世纪印度政坛上最有影响、最具实力的政党。1991年,拉吉夫·甘地遇刺之后,国大党内部人心涣散,民众支持率大幅下降,在1996年的大选中失败而成为在野党。

1978年英·甘地组建新党,改用现名。在2004年和2009年大选中获胜。2014年国大党败给了人民党,再度成为在野党。[2] 现任主席为索尼娅·甘地(Sonia Gandhi)。

作为民族主义政党的印度国大党,党内民主生活和普通党员民

---

[1] 叶敏君:《印度地方政党》,《人间》2015年第36期。
[2] 吕昭义、林延明:《印度国情报告(2015)》,社会科学文献出版社2015年版,第34页。

主权利的普遍水平并不高,但在长期单独执政和联合执政过程中,国大党用其独特的一套党内运作机制弥补了这一弱点,使得国大党基本能够在民主的框架下处理内部与外部关系,能够按照印度宪法和印度民主政治制度的要求执政。

(二)印度人民党(Bharatiya Janata Party,BJP)

印度人民党于1980年4月成立,其前身是1951年成立的印度人民同盟,是印度第二大政党。代表北部印度教教徒势力和城镇中小资产阶级利益,具有极端民族主义和极端教派主义色彩。现任党主席为奈杜(Naidu)。

1996年印度第11届大选形势复杂多变,但结局颇具戏剧性。印度人民党一举击败了国大党,获得161席,成为议会第一大党。5月15日,夏尔玛总统邀请印度人民党组阁,该党领袖瓦杰帕伊出任新政府总理。这是印度人民党首次在中央执掌政权。1998年印度人民党再次组建联合政府,1999年再次组阁。

2014年5月,人民党推选的候选人纳伦德拉·莫迪(Narendra Modi)以压倒性优势获得了全国第16届大选,人民党领导的全国民主联盟赢得了人民院543个议席中的334席,获得压倒性多数;国大党领导的团结进步联盟仅获63席;其他党派146席。印度人民党总理候选人莫迪成为新一任总理,并组建了新一届政府。2014年人民党压倒性的胜利,打破了印度政坛20多年以来"悬浮议会"和多党联盟执政的局面。[①]

从印度人民党的思想基础、政治战略与执政政策来考量,印度人民党是一个具有宗教民族主义倾向的现代政党,带有鲜明的印度教民族主义性质,以"印度教至上主义(Hindutva)"作为意识形态基础,

---

[①] 陈小萍:《从印度人民党的选举战略看莫迪政府政策走向》,《南亚研究季刊》2014年第2期。

具有强烈的教派主义色彩,①以"印度教特性"为指导思想的印度教民族主义助长了印度人民党的发展壮大。

自20世纪以来,印度人民党通过教派主义形态下的政治复兴,逐步实现了在印度政治中的主流化。印度人民党在印度政治中的复兴及其执政后推行的民族主义政策,对印度的国内政治、周边关系及国际战略产生了重大而深远的影响,直接推动了印度政治现代化进程。但与此同时,"现代政党"的性质要求印度人民党以印度民族作为自己的社会基础。印度人民党这种游走于教派民族主义和世俗主义之间的双重属性,从根本上反映了印度社会发展过程中的矛盾心态。

印度人民党是印度教民族主义性质的政党,也是相对组织良好的等级制政党。② 印度人民党的思想基础主要体现在不同的历史发展阶段,先后确定了两个最基本的哲学原则,即"整体人本主义"和"印度教特性"。对印度人民党而言,印度教民族主义是其意识形态的核心。印度人民党建立后,温和派领导人瓦杰帕伊试图扭转其前身印度人民同盟教派主义色彩过浓的形象,转而提出"民族主义和民族统一、民主、积极的非教派主义、甘地式的社会主义"四项基本原则与国大党竞争。但是,这一转变并没有为政党带来收益。相反,该党在1984年印度第8届大选中失利,仅获得2个席位。此次失利使印度人民党认识到利用世俗主义和民主等现代政治理念很难与国大党竞争,人民党不得不又回到了原先的立场。1985年10月,甘地纳伽尔全国执委会会议举行,印度人民党确定了"整体人本主义"指导原则。此后,印度教教派鼓动成为印度人民党进行政治动员的一个重要手段。而且,印度人民党推出了印度教特性作为新的思想武器。在1989年帕兰普尔会议上印度人民党又明确将印度教特性作为指

---

① 吕昭义、林延明:《印度国情报告(2015)》,社会科学文献出版社2015年版,第34页。
② 王红生:《论印度的民主》,社会科学文献出版社2011年版,第386页。

导思想,为自己的选举政治服务。

印度人民党是印度教民主主义的政治党派,在安全与政治方面,印度人民党保持着强烈的民族色彩,但在经济政策方面,印度人民党逐渐淡化了经济民族主义的色彩,也积极推行经济改革,扩大对外开放。① 因而在国内赢得了不少民众的支持。

莫迪上台执政后积极依托其竞选纲领制订执政计划,刺激印度经济发展,②保护和推广印度教文化,奉行"国家利益至上"的实用主义外交路线成为其新政核心。

(三) 印度共产党(Communist Party of India)

1920 年开始建党,1933 年正式成立。1964 年印度共产党分裂,以南布迪里巴德、孙达拉雅为首的一派另建印度共产党(马克思主义),以党主席丹吉为首的一派仍沿用"印度共产党"名称。1981 年 4 月,丹吉因支持英·甘地与党内发生分歧而被开除出党,该党再次分裂。现任总书记 A. B. 巴尔丹(A. B. Bardan)。该党主张通过和平手段走向社会主义,最终目的是实现共产主义。

(四) 印度共产党(马克思主义)[Communist Party of India (Marxist),简称印共(马)]

经过近半个世纪的曲折发展,现在已发展成为印度最大的左翼政党。曾在西孟加拉邦长期执政。现任总书记哈·辛·苏吉特(H. S. Surjeet)。

印共(马)自身发展历程,充满了坎坷与曲折,在不断战胜各种困难的情况下逐步发展壮大起来。印度独立后,国大党在尼赫鲁的领导下开始承担国家建设的艰难任务,并根据印度所处的国内外环境

---

① 陈小萍:《印度古吉拉特邦经济增长之谜》,《南亚研究季刊》2013 年第 3 期。
② 陈小萍:《从印度人民党的选举战略看莫迪政府政策走向》,《南亚研究季刊》2014 年第 2 期。

制定了一系列方针政策;此时的印共(马)积极在地方进行了社会主义探索与实践,对国大党的执政地位构成了局部挑战。① 在对印度社会主义道路不断探索的过程中,逐渐形成了自己的"人民民主革命"理论,并不断予以丰富和发展。

"人民民主革命"理论是印共(马)在长期的实践斗争中通过不断总结经验教训而逐步确立的,它有着较丰富的内涵,主要包括:对世界形势的判断;对印度国家性质和社会状况的认识;对"人民民主革命"的性质、任务、手段及阶级力量的阐述;对未来"人民民主"政府有关政策和纲领的说明;关于建设"群众性的革命党"的论述,对社会主义有关理论问题的阐述;等。印共(马)对印度人民党的政策持批判态度,并提出了自己的替代性政策,主要包括政治、经济、文化教育及对外关系等方面的内容。

印共(马)是印度在地方连续执政时间最长的全国性政党。在2004年印度全国大选中,取得了有史以来最大议会竞选胜利,并与国大党和其他一些世俗主义政党一起组成了统一进步联盟政府。竞选胜利后的印共(马)发展十分迅速,党员人数快速增加。以印共(马)为首的西孟加拉邦"左"翼阵线政府主要取得了以下的成绩:在资本主义制度的框架之内,实行了有效的土地改革;在全邦各地推行了"潘彻雅特"制度、制定了有利于农村发展的经济政策,并大力推进农村经济的发展。印共(马)长期坚持独立自主,拥有较广泛的阶级基础,在印度的政治发展进程中,积极采用合理的斗争策略。

未来印共(马)的发展也面临着诸多挑战,特别是"左"翼邦执政难度加大。印共(马)在2011年西孟加拉邦议会选举中落败,其连续执政34年的奇迹亦就此终结。而且,"左"翼阵线也在喀拉拉邦以微

---

① 杜小林:《印度左中右三大党不同历史时期作为之比较》,《当代世界与社会主义》2016年第2期。

小差距失去执政地位。印度"左"翼 30 年来首次同时失去两大邦的政权,印度仅有东北部的特里普拉邦仍为印共(马)执政,未来政治前景堪忧。

(五)泰卢固之乡党

该党为安得拉邦地方党,是印度最大的邦一级政党。1983 年 1 月成立。

总而言之,多民族国家的政治整合不仅需要制度建构,更重要的是要有国家建设。[①] 多民族国家在制度建构的同时,要从国家性,也即国家能力和内涵性关系建构上夯实制度存在的基础,从而保证国家政治整合的长期性与稳定性。多民族发展中国家加强国家建设,并不是否定民主建设。国家性建设只有与民主建设结合起来,多民族国家的国家性才能获得更为坚实的基础。

融合而稳定、持续的民主治理是超大型国家发展的关键。印度民主独特、多维、复杂,充满了难以解释的悖论。[②] 印度通过国家—民族构建而不是民族—国家构建来融合社会层面的族群分裂,通过集权联邦制而不是联邦制的顶层设计来实现适度的地方自治以防止过度分权化,以政治宽容来弥合基层民主的宗教派系冲突,使集权联邦制具有稳定的政治社会基础。

因此,地方性政党在印度政治发展进程中,各政党对政治目标的基本认同,构成了强大合力,成为印度政治发展有力的推进器,特别是在中央与地方利益博弈中既发挥了一种"协调人"的作用,又为不同政治利益集团参与国家政治提供了一种渠道,在一定程度上有益于印度政治的稳定。

[①] 常士訚:《国家性建设与多民族发展中国家政治整合——路径设计的反思》,《思想战线》2016 年第 1 期。
[②] 张毅、曹海军:《超大型发展中国家治理悖论——基于印度民主的反思》,《马克思主义与现实》2015 年第 4 期。

第二节　政治发展是印度发展的必要条件

无论从地缘政治的现实来看,还是从未来发展的趋势来看,印度的战略地位都在不断上升。近年来,随着综合国力的不断增强,印度已明确提出成为"世界六大力量中心"的战略目标,以便在多极化的世界中取得一席之地。在这种态势下,印度战略地位的变化日益引起世人的广泛关注,其中印度发展的一个有力支柱支撑的政治制度发展较为顺利。

早在殖民时期,印度人民深受英国殖民者掠夺与残酷剥削的同时,也领受了英国的政治制度,三权分立、人权保障、自由、民主、司法审查等西方法治思想与法律制度等伴随着英国殖民者的统治,在印度的政治文化中打下了深深的烙印。独立后的印度以英国的政治制度为模式,加以改造,从而形成了以西方政治体制为基础、以印度为特色的政治制度。

印度宪法于 1950 年 1 月 26 日正式生效。宪法明确规定了印度中央和地方的关系以及地方之间的关系、机构的设置等,并就国防及其组成部分、武装部队、海军、陆军与空军、中央情报和调查局、外交、领事和商务代表、联合国组织、战争与和平等从法律上作了具体规定。

作为一个异质化程度非常高的国家,印度能够长期维持国家的统一和正常运转,是多民族国家治理研究中非常重要的一个案例。印度多民族国家建设的成效来源于制度的有效性与稳定性,民主和联邦制为印度多民族国家的凝聚提供了重要的制度纽带:宪法设计中体现了对多元的包容与对统一的诉求,提供了基本的共识基础和权利保障;民主制体现了印度人民对民主价值观的共同追求,成为联结多样性的纽带与多元化表达的场所;联邦制的推行则为印度缓解民族自治要求和民族分离主义带来的压力保留了一定的制度空间和灵活性,是协调差异的制度性基础。① 但是,印度对社会分裂程度的控制仅停留在一个相对较低的水平上,印度的多民族国家治理仍面临诸多问题:民族主义政党在多党竞争的民主制度下发展,地方权力增长带来了外显的或潜在的分裂威胁,公民平等流于形式,等等。

一、印度发展进程中的地方政治制度演变

当代印度地方政治制度分为中央政治制度和地方政治机构两部分。

(一)邦成为印度独立后设立的地方最高行政单位

独立以来,印度的邦级区划经历了频繁的变动。独立初期的变动基本上围绕语言展开。但随着形势的变化,民族、部族、宗教、种姓、政党等因素也逐渐发挥了作用。通过中央与地方的反复较量,印度政府最终对邦级区划进行了多次变动,虽然在一定程度上助长了地方民族主义势力,但国家整体上长期保持了统一,民族、部族、宗教、种姓等多样性的社会特点得到了保护,对印度现代社会的发展发挥了一定的作用。但是,原有的许多问题在多样性得到保护的同时仍遗留了下来,通过邦级区划变动来解决所有经济发展和社会问题的希望并没有完全实现。

目前,印度行政区划主体上为4个层次和5个层次并存的格局,大致为:一级行政区、县、乡(市)、村(镇)四级制;邦(一级行政区)、专区、县、乡(市)、村(镇)五级制。实行邦、县、乡、村四级制的有16个邦和国家首都辖区共计17个一级行政单位;另外,联邦属地绝大多数也属于四级模式。而实行邦、专区、县、乡、村五级制的有11个邦。全国分为27个邦(Pradesh)和7个中央直辖区。邦下设县,中央直辖区下设立区。

---

① 常晶、常士訚:《印度多民族国家治理的制度经验与问题》,《世界民族》2015年第6期。

27个邦(按汉语字母顺序)如下：阿萨姆邦、安得拉邦、奥里萨邦、北方邦、比哈尔邦、查谟和克什米尔地区、查提斯加尔邦、古吉拉特邦、果阿邦、哈里亚纳邦、贾坎德邦、喀拉拉邦、卡纳塔克邦、拉贾斯坦邦、马哈拉施特拉邦、曼尼普尔邦、梅加拉亚邦、米佐拉姆邦、那加兰邦、旁遮普邦、泰米尔邦、特里普拉邦、乌塔兰查尔邦、西孟加拉邦、喜马偕尔邦、锡金邦、中央邦。

中央直辖区分别为：安达曼和尼科巴群岛、昌迪加尔、德里、达曼和第乌、达德拉和纳加尔·哈维利、拉克沙德维普群岛。

印度各邦都有自己的立法议会。其成员由本邦全体选民选举产生。印度的邦最高首长称为邦长，由总统任命，其在邦内行使的权力与总统在联邦政府内行使的权力一样。

印度各邦拥有自己的内阁，由首席部长领导，通常对民选的立法机构负责。

独立后，印度邦级区划变动较为频繁，掀起了两次比较大的重组浪潮。第一次重组浪潮以语言问题为依托，印度政府按主要语言将全国邦级区划从27个邦调整为14个邦、6个中央直辖区；第二次重组浪潮则以印度东北部为重点，是印度中央政府应对东北边疆民族问题的举措，该地区的邦级区划从1个邦、2个中央直辖区调整为6个邦。这两次重组浪潮是在特定时期或特定地域印度民族矛盾焦点的体现，①也是印度中央与地方博弈的结果，反映了印度政治区划改革的迫切要求，也是印度政治发展的需求。

经过多年努力，2009年，特伦甘纳启动了建邦进程，但直到2014年2月20日，印度上议院才通过了关于将印度南部安德拉邦的特伦甘纳地区独立为第27个邦的决议，②并获得了印度下议院支持。

---

① 马得汶:《印度建国后邦级区划变动中的两次重组浪潮探析》,《南亚研究季刊》2010年第1期。
② 刘晓瑜:《印度议会通过建立第29邦决议 媒体称或引抗议》,人民网2014年2月21日。

(二) 印度的选举体系保持了国家长期的稳定

印度是世界上最大的民主国家。拥有以宪法为基础的民主政体,实行的是议会制的行政体系。该体系的核心理念就是举行自由、公正的选举。通过选举来确定政府的组成、议会两院的成员、邦和联邦的立法体系。

根据印度宪法、选举法及其相关规定,印度定期举行自由、公正的选举。选举根据宪法中的相关条款和议会制定的修正案进行。其中最主要的依据是《人民代表法1950》,主要规定了选举名单的准备和修改。2014年大选,全国共有8.14亿登记选民。投票人数达5.37亿,投票率高达66.27%,[①]全国共设投票站93万个,耗资49亿美元,打破了1984年选举创下的纪录。

印度宪法规定:任何超过18岁的公民都可以拥有选举权,无论其阶级、信仰、宗教或性别的异同。

印度独立以后,把英国议会制的某些原则与本国的国情和文化传统结合起来,建立了议会民主制的政治制度。在基本上沿袭英国的议会民主制之下,政府拥有议会制度,其核心是承诺举行定期、自由和公正选举的选举制度。这个选举制度决定政府的组成、议会两院的席位、邦立法会和联邦议会,以及总统和副总统。印度的选举制度是印度争取民族独立斗争和维护民族独立成果在政治上的体现。印度政治制度对保持印度相对稳定的政局,促进经济发展发挥了积极作用。

当代印度政治制度以议会民主制为基础,而议会选举制度成为其核心。现代意义上的选举是指一国公民选择代议机关代表以及该国特定公职人员的政治活动,它是代议制的基础。印度议会选举已

[①] 邓晨曦:《印度大选第六阶段投票率高 但未走出暴力事件阴影》,国际在线2014年4月25日。

成为印度人民普遍参加的重要政治活动。

印度被称为世界上"最大民主选举国家",印度的选举规模在世界上是独一无二的,选举涉及政治动员和复杂的组织活动。当代印度选举体系体现了广泛性、普遍性、实用性和多样性等特点。印度独立以来,历次选举都保持了稳定发展的态势。这主要得益于印度选举体系的自我完善与组织部署,以及"简化有效、兼顾公平"的选举制度安排和"灵活多样、贴合实际"的选举组织实施,"规范、独立、有权威"的监督体系,成为印度选举的战略部署。[1] 该部署有利于克服印度经济落后、公民文化教育水平较低、社会多元、规模巨大等困难,保障了选举的长久稳定发展。

印度大选基本上保持了正常的秩序。历次大选的平均投票率达到了60%左右,每次大选后都实现了权力的平稳交接,保证了印度政权的基本稳定。进入20世纪90年代以后,印度还形成了执政党(联盟)与最大在野党(联盟)轮流执政、相互制约的政治格局。政权的更替不但没有中断经济改革的步伐,反而起到了加速改革的作用。[2] 同时,当一党或联盟执政时,在野党往往会扮演督促执政者全力发展经济的角色。

印度选举实行秘密投票制度。投票站通常设在一些公共建筑中。为了使尽可能多的选民能够进行投票,选举委员会的工作人员努力确保每名投票者就近投票,基本上在每2千米处就设有一个投票站。在选举日,每个投票站的开放时间超过8小时。从1998年开始,选举委员会开始采用了电子投票机取代了投票箱。在2004年大选中,在全国所有邦的选举中都使用了自主研发的电子投票机。

全国分为543个议会选区,每个选区选出一名下院人民院议员。印度宪法规定,当选的下院人民院的议员人数不能超过550人,另有

---

[1] 黄迎虹:《论当代印度选举的战略部署》,《南亚研究季刊》2012年第1期。
[2] 赵伯乐:《印度"大杂烩"民主:政治建构进行时》,《环球》2014年第4期。

两名议员可由总统指定。下院人民院的选举采用"得票最多者当选"的选举体制。印度全国被分成了不同的选区,每个选民可以投每个候选人一票,得票最多的候选人即获胜。

印度设有选举委员会,总部设在新德里,主要负责监督、指导与控制全印度的议会选举与邦立法议会选举的选民造册工作,并安排实施选举的相关事宜。选举委员会根据1950年的宪法成立,最初由一名首席选举委员管理该委员会。后来,政府于1989年和1993年,分别委派了两名额外的选举委员。只有通过议会弹劾才能罢免首席选举委员。

选举委员会遵循"少数服从多数"的原则决定有关选举问题。[①] 选举委员会主要负责进行国会、邦立法机关、总统和副总统办公室的选举,并负责准备、维护、定期更改选民名册,监督候选人的提名,政党登记,监督选举活动,包括候选人基金。

伴随着传统性与现代性交织的印度家长式分权结构的发展和宗教文化的影响,印度公民的政治参与性也在逐步提高。

印度是世界上最早实行文官制度的国家之一,也是发展中国家中实行文官制度历史最为悠久的国家。独立后,在继承了英国殖民者遗留下的文官制度的同时,印度政府对现存的文官制度进行了民族化的改造,使之成为促进印度实现国家政治现代化,服务于印度国家政治、经济、文化各方面建设的国家公务员制度。

印度文官制度在一定程度上促进了印度政治现代化的发展,其原因主要有以下几个方面:

第一,印度文官制度保证了国家政策实施的稳定性,削弱了国家内部各种势力的政治离心力,对维护国家政治稳定发展发挥了积极作用。

第二,推动了政府权力的现代化进程。印度文官制度有利于官吏管理的科学化和官吏选任的民主化及官吏队伍的高效化,促进了

---

① 李志鸿:《经济"调整"政策:印度人民党竞选获胜的重要筹码》,《当代世界》2010年第11期。

印度官制的现代化。

第三,文官制度加强了政府权力的制度化,加强了政府权力的理性化与世俗化,也维护了印度的政治稳定。

但是,目前,印度文官机构过于庞大,加重了国家财政的负担。而且,在文官中"长官意识"盛行,文官法规繁多且不统一,贪污腐败问题严峻,严重影响了印度文官制度的正常发展。

二、政治制度不断完善是印度发展的基本条件

独立以来,印度政治发展可以从其演变及地方自治制度两个方面来考察。

(一) 印度政治发展经历了两个主要阶段

第一个阶段(从1947年至20世纪80年代末):这是印度政治现代化模式的确立与巩固时期。这一时期,印度逐步建立和实施了西方议会民主制的政治现代化模式。这种西方政治现代化模式在印度被复制,并植根于印度政治环境下,逐步形成了极具印度本土特色的资本主义议会民主制;而国大党长期执政,形成了印度政治发展进程中罕见的"一党独大"局面,成为印度政党体制形成最重要的标记,集中体现出了某些东方威权体制的特征。

英国议会民主制移植到印度,并在印度本土环境下发展,这种异化了的政治制度深深地影响了独立后的印度政治体制,直接推动了印度政治发展进程。印度独立后不久,印度政治家们即开始设计与制定国家政治制度,并成立了制宪会议,确立了选举制、内阁制、中央机关系统、联邦和邦的职权关系、邦机构设置等众多制度内容。[①] 这

---

① 施雪华、朱宇新:《印度移植英国政治模式的困境、原因及其对中国的启示》,《学术研究》2015年第6期。

些基本的政治体制建设为印度政治制度的最终确立及以后印度国家体制的正常运转打下了扎实、有效的基础。

第二个阶段(从20世纪80年代末至今):为印度政治现代化模式的发展与变化时期。印度政治现代化模式经历了深刻的发展与变化,东方威权体制特征日渐削弱与消解,民主政治进入了新的历史发展阶段,印度政党体制开始转型,多党竞争联合政府成为政党运作的主要形式。由"一党独大"向多党联合的模式转型标志着国大党的衰落,印度政党体制发展呈现出了多党竞争联合政府的主要特征,多党联盟体制逐步形成。但传统宗教因素也被激活。印度政治现代化进程在传统与现代相互作用、延续与变革彼此交织中向前不断发展。

而且,在这一阶段,选举政治日趋普及,基层政治力量日益觉醒,民众参政程度稳定提高,推动了印度议会民主制进入一个新阶段。

在印度政党政治发展过程中,国大党发挥了决定性作用,在某种程度上说,国大党的力量左右了印度各党派势力的对比情况,推动了印度政党政治的新发展。国大党的兴衰沉浮也折射了印度政党政治的发展历程。

自1989—2014年,印度多党议会民主体制进入了一个"悬浮议会"和联合政府阶段。从1999年开始,印度政党制度开始逐步稳定下来,多党联盟轮流执政越来越呈现出了历史的规律性特征。印度正在从国大党"一党独大"体制过渡到了稳定的多党竞争联合执政格局之中。[1]

2014年5月16日,在印度人民院(议会下院)的选举中,印度人民党(BJP)领导的全国民主联盟(NDA)以压倒性的优势取得了选举胜利,首次单独成为议会多数党。

此次选举备受国际社会的广泛关注,集中在以下两点:

---

[1] 陈金英:《社会结构与政党制度》,上海人民出版社2010年版,第1页。

第一,此次选举是过去 25 年来,印度政坛首次出现单一政党成为议会多数,并在此条件下组建新的联邦政府;

第二,印度人民党总理候选人莫迪在古吉拉特邦经济改革的成功经验,以及"古吉拉特"模式有可能在印度全面推广。

2014 年议会选举的投票率高达 66.27%,创下历史最高纪录,印度人民党在下院中获得了 282 席,凭一己之力就已达到了组阁所需的 272 席,成为印度政党政治中具有分水岭意义的事件。而国大党在这次选举中仅获 44 席,[①]远远低于过去 114 席的最差纪录,标志着该党的家族统治传统(尼赫鲁—英迪拉—拉吉夫—索尼娅—拉胡尔)宣告结束。

2013 年也是印度政治发展进程中值得大书特书的一年,在这一年中,印度先后通过了《人民监察委员会法》和最高法院关于有罪议员的判决(以后也会形成法律)两个历史性的文件,标志着印度政治未来或将逐步走向较为清廉的方向。

《人民监察委员会法》(又称"Lokpal 法案")在过去近半个世纪的时间里未能得到议会通过。"Lokpal 法案"立法的目的是,要建立一个独立的、专门针对公职人员贪腐行为的监察机构——Lokpal(即人民监察委员会),其性质基本类同中国香港的廉政公署。此法案的通过将成为印度反腐败的利器。

人民监察委员会由 9 人组成,其人选由一个 5 人遴选机构集体决定,该机构由总理、议会下院反对党领袖、下院议长、最高法院首席大法官,以及由此 4 人共同推荐的一名法律专家组成;委员会有权监察包括政府总理(印度政治一号人物)在内的所有公职人员;委员会授命有关调查机构进行案件调查,并对调查实施领导和监督;委员会受理的案件须在 6 个月内完成调查;委员会有权向任何涉案的政客和公务员发起刑事起诉。

[①] 杨晓萍:《莫迪当选与转型印度》,《当代世界》2014 年第 7 期。

（二）地方自治制度推动了基层民主的发展

在印度乡村普遍实行了一种"潘彻雅特"制度（Panchayat System），即评议会（或译为乡村评议会）制度，它是由选举产生的农村地区各方面的代表组成的会议组织，是在原始社会时期的长老会议基础上发展起来的乡村自治制度，也是当今印度乡村最基本的政治统治形式。印度这种村社制度的发展日趋民主化，成为印度政府权力下放中的基层组织，以村"潘彻雅特"为基础实现了村自治，直接推动了印度基层民主的发展。"潘彻雅特"充分体现了古代政治制度中地方自治的特征。但"潘彻雅特"的工作实际进展不顺，[①]与印度长期存在的种姓制度不无关联。

现代"潘彻雅特"制度主要经历了探索阶段（20世纪50年代中期至1989年）和发展阶段（1989年至今）。

1. 探索阶段（20世纪50年代中期—1989年）

印度初步建立起以间接民主为主要特征的基层代议民主制成为探索阶段的特点。探索阶段又进一步分成了两个阶段：

一是20世纪50年代中期至1977年：印度政府根据贝尔汪达·梅塔委员会提交的《乡村发展计划与乡村服务研究报告》，在保留原"潘彻雅特"组织基础上，建立了三级潘彻雅特体制并引入选举机制。

二是1977年至1989年：印度人民党上台执政以后，任命阿卡索·梅塔委员会调查"潘彻雅特"制度的实施情况，该委员会向印度政府提交了《潘彻雅特体制研究报告》，建议将三级"潘彻雅特"体制转变为两级，并把政党引入"潘彻雅特"选举，从而最终在全印度形成了"潘彻雅特"组织由基层管理组织转变为基层政治组织的政治管理模式。

独立以来，印度农村的政治制度建设取得了显著成就，"潘彻雅

[①] 程同顺、高飞：《印度的混合式民主》，《学习论坛》2011年第10期。

特"制度得到进一步完善,印度每个村庄都成立了一个每年经选举产生的地方自治会,称为乡村自治委员会。该委员会具有较高的权威和公共权力,有权征收赋税,提供乡村的公共产品,并享有审判权。在长期自给自足的农村经济下,每一个乡村自治委员会管理下的村庄与外界几乎没有什么交往,再加上印度中央政府的执行力通常难以超越乡村自治委员会,因此这种农村的自治传统在农村政治制度和生活方式上得到延续。"潘彻雅特"制度成为印度农村地区基层民主的主要表现形式,也体现了印度地方农村社会组织制度的显著特色。

印度宪法明确规定,邦政府采取措施组织农村自治委员会,并授予自治委员会以行使自治政府职能所必需的权力和主权。联邦政府逐渐将发展农村及福利事业的任务赋予自治委员会,并且给予一定的财权和事权。使村自治委员会逐渐实体化,有利于发挥管理作用。

印度农村自治制度一般分为三级制,即县议会、乡自治委员会、村自治委员会。三级自治委员会在功能上有所区别,县自治委员会的职责是通过乡自治委员会来协调发展计划;乡自治委员会的职能是发展乡村、农业、小学教育、畜牧业、乡村卫生及家庭小手工业等;村自治委员会的主要职能是维护村庄道路、学校等基础设施建设。[①]三级委员会的收入来自不同税种的区别,以及政府间财政转移。而这些自治委员基本上通过其管辖辖区内的选民的选举产生,各种不同政党间也在这些自治机关内竞选。

1992年,印度通过了第73次宪法修正案,表明印度政府高层和知识精英认识到建立地方自治政府组织的重要性和紧迫性,将建立和完善"潘彻雅特"制度作为印度政治改革的重大课题。该法案的通过既受到20世纪90年代初苏东剧变的影响,也出于印度坚持的民主政治理念,同时还是推动印度经济发展的需要。但由于资金不足,

---

① 陈金英:《社会结构与政党制度》,上海人民出版社2010年版,第17页。

大多数邦政府在"潘彻雅特"组织建设中态度消极,[①]加之广大民众缺乏热情与人员培训不够等原因,该过程进行得十分缓慢与艰难。

2. 发展阶段(1989年至今)

1989年,印度政府为了保障基层民众参与乡村自治出台了《第64条宪法修正案》,并在《第73条宪法修正案》"潘彻雅特"体制中增加了村民大会条款,明确了村民大会的宪法地位,并规定村民大会是印度乡村的权力机关。村民大会宪法以及村权力机关地位的确立标志着"潘彻雅特"制度具备了现代民主政治的特征,从而在印度广大农村地区确立了基层民主监督机制与基层大众参与机制。

但是,目前印度并没有在全国完全实现中央-邦-潘彻雅特三级的政治架构。如果能将印度现有的中央-邦两级政治体制转型到三级政治架构,则可能在一定程度上改变目前印度普遍存在的权力过于集中在中央政府政客和地方邦官僚手中的状况。

而且,"潘彻雅特"制度在印度的推行效果欠佳:[②]地方邦政府在"潘彻雅特"制度建设中并没有发挥积极的作用,广大民众对此参与度和热情并不高;地方邦政府对"潘彻雅特"人员的培训也不够,加上"潘彻雅特"组织需要大量资金投入,完全靠中央政府拨款存在很大困难,靠地方邦政府自行解决也存在诸多矛盾,因此,"潘彻雅特"制度建设实际上步履维艰。

作为印度村一级自治机构的一种地方治理模式的"潘彻雅特"制度,在1992年印度通过了宪法第73次修正案后,才使"潘彻雅特"制度真正焕发了青春。[③] 印度现代"潘彻雅特"制度的演变与不断完善显示了极具印度现代化道路特色的特征,同时也表明印度政治现代化进程也是在民主道路上不断发展与不断完善的。

[①] 王红生:《论印度的民主》,社会科学文献出版社2011年版,第195—197页。
[②] 贺永红:《印度的基层自治》,《中国人大》2013年第1期。
[③] 同上。

第三节 本章小结

印度的民主政治制度是印度争取民族独立斗争与维护民族独立成果在政治上的体现，印度的民主政治制度的确立标志着印度在政治民主化方面迈出了关键性的一步。长期以来，印度这种以议会民主制为基础的政治制度的建立与逐步完善成为印度社会稳定发展的最根本保证。

作为世界上人口最多的民主国家，当代印度政治发展在全球独树一帜。具体而言，当代印度政治发展具有以下几个鲜明特征：

一、"印度式议会民主制"促进了当代印度政治发展

当代印度的政治制度在形式上与西方国家基本一致，都是以议会民主制为核心，形成了涵盖行政制度、司法制度和政党制度在内的一整套完整体系。印度的政治制度从英国移植而来，但经过印度本土化改造与不断演变，形成了具有印度特色的政治制度。

传统印度社会的一些基本特征为当代印度民主制的建立提供了某些有利条件。尽管印度现行的政治制度完全照搬了英国的三权分立的议会民主制度以及相配套的行政体制。英国殖民统治中所推行的以文官制度为基础的行政体系、西式教育和自由主义理念的传播等为当代印度民主制的确立奠定了基础。[1] 但是，源自西方的政治制度在印度这块土地上已经发生了严重变异，并衍生出了越来越多的本土化内涵。

印度独立后，确立了西方式议会民主制并对其进行改造，使其适

---

[1] 王红生：《论印度的民主》，社会科学文献出版社2011年版，第91页。

应了印度的国情,促进了印度政治现代化的进程。这种逐渐本土化的议会民主制在印度政治发展中发挥了一定的作用,即在推动印度政府权力现代化的同时,促进了政府权力的合法化,更强化了政府权力结构功能的分化,也推动了政府权力的制度化与民主化。

"印度式民主"已与西方式民主相去甚远,并非真正现代意义上的民主。"印度式民主"在形式上为印度民众建立了一座表达政治意愿的平台,但从本质上来说,"印度式民主"又体现出明显的不成熟态势:尽管在印度五千年的历史中,人们用知识与智慧,以及灵巧的手工艺,创造了一个独特的文化和社会制度与多种多样的社会阶层和群体,形成了一个充满矛盾却又牢不可破的社会结构。

在印度发展进程中,国大党一党独大制的弊端日渐凸显,导致其自身的发展与进步受到阻碍。[①] 在普选的运作之下,国大党一党独大的时代渐渐逝去,印度政坛也注入了新的活力,从而推动了印度多党政治的日益发展。

(一)印度议会制度与英国议会制度存在着诸多共同点

第一,两国议会制度都确立了下院多数党执政的内阁制。掌握立法权的议会与掌握行政权的内阁总理或首相负有连带的责任,印度总理和英国首相都是由议会下院的多数党领袖担任。

第二,两国中央一级议会都实行两院制。宪法都规定了民选的下议院比间接选举的上议院拥有更大的权力。

第三,无论是印度总统和英国国王都是国家元首。他们作为国家的象征,没有实权,只行使礼仪性职责。

议会民主制既缓冲了地方分裂主义的发展,也实现了中央对地方的有效控制。议会民主制也削弱了不同民族、种族、宗教、种姓造

[①] 郑豪杰、李忠人:《试述独立后印度普选与政党政治现代化》,《社科纵横》2016 年第 2 期。

成的政治离心力,从而在一定程度上缓减了印度历史上造成的分裂倾向,整合了中央与地方之间的关系。

印度实行民主制度以来,人权基本上得到了保证,特别是少数族裔和弱势群体的权益得到了维护,媒体开放程度较高,民众享有充分的言论自由。这些无疑保证了印度政治平稳发展,更直接推动了印度的学术研究。

(二) 议会民主制对当代印度政治发展发挥了一定的推动作用

第一,印度式议会民主制推动了印度选举政治现代化的进程。印度式议会民主制承认公民的普选权,保证了选举的正常进行,促进了公民政治参与意识与参与水平的提高,从而保证了政权更替的平稳过渡,避免了大规模暴力冲突的发生,[1]也推动了印度政府权力的现代化进程:它既强化了印度政府权力的理性化,又促进了印度政府权力结构与功能的分化,从而直接推动了印度政府权力的制度化和权力民主化建设。

第二,印度式议会民主制促进了印度政党政治现代化进程。印度式议会民主制促进了政党政治的规范化与制度化,避免了因政党夺权而引起的社会动荡。独立70多年来,印度式议会民主制度及其选举基本上保持了印度社会的稳定,没有因政权更替而出现过全印度政治、经济和社会的激烈动荡,更没有出现能改变社会局面的党派与组织间的恶斗现象。[2] 这种植根于印度的议会民主制度促进了政党政治的社会化与扩大化,推动了政党功能的扩大化。但在实行过程中,仍然存在着一系列问题,并影响着印度政治现代化的顺利发展。

第三,印度式议会民主制有利于印度国家的整合,其整合了印度

---

[1] 马加力:《发展中的巨象——关注印度》,山东大学出版社2010年版,第46页。
[2] 吴永年:《变化中的印度:21世纪印度国家新论》,人民出版社2010年版,第88页。

中央与地方的关系,同时它还削弱了不同民族、宗教、种姓之间所造成的政治离心力,有利于维护印度中央政府的权威性。

尽管印度从独立以来一直实行议会民主制,在发展中国家中并不多见,被西方学者誉为"亚洲民主的窗口",因而在世界政治发展史上占据着显著的位置,但印度民主发展的质量不高,种姓、宗教等传统势力未被彻底清除,政治发展缺乏经济发展的支持和强有力的公民社会的支撑,暴力冲突也一直困扰着印度社会。

印度实行代议制民主,具有两个显著特点:①一是印度"家族政治"影响广大,有相当一批议员依靠家族背景当选;二是与"金钱政治"和"暴力政治"相关,当选议员中有相当一批人是犯罪嫌疑人或已判定的罪犯,"政治犯罪化"问题也很突出。

二、印度式民主取得的成就及存在的弊端

(一)印度独立以来实行的印度式民主的成就

第一,基本上保持了国家统一。印度独立以来,脱胎于英国的民主制度,经过印度政治精英们的不断改良,这种"不土不洋"的民主体系持续保持了印度的统一。

第二,印度的政权交替都是通过选举和平进行的,印度也很少发生军事政变。这在发展中国家可以说是罕见的政绩。印度国家安全事务的最高决策机构是由总理和国防、外交、内政、财政四位部长组成的内阁安全委员会,军队首长不在其中。

第三,选举的安全和公正享有制度保证。印度宪法确定,由一个独立的选举委员会全权负责印度联邦议会、各邦立法机构以及总统

---

① 毛四维:《2013年——印度政治发生变化的一年》,[新加坡]《联合早报》2014年1月6日。

和副总统的选举事务,权威性大。选举委员会保证选举安全的主要手段是按地区分批投票,公开选举已开始成为印度政治文化中的一个重要部分。

第四,社会不公正得到相当程度的纠正。印度宪法规定废除种姓制度,并通过"保留制度"为"贱民"(即"不可接触者")和低种姓阶层在受教育和就业等方面提供一定的比例保证。

第五,"族群政治"开始让位于"发展政治"。印度是一个多种族、多种姓、多宗教的多元化社会,"族群政治"长期在政坛占据主导地位;但是,随着印度现代政治不断演变,"族群政治"作用逐步下降。

(二) 印度式民主的弊端

第一,政治犯罪化。印度不少地区经济和社会发展落后,金钱和暴力操控政治,以致黑社会人物轻易当选;

第二,议会议政能力下降。近年来印度议会因无法维持正常秩序而不得不休会的频率越来越高;

第三,中央政府决策能力弱化。印度社会多元化的特点必然在政治生活中有所反映,从而导致印度政治力量逐渐走向分散化、碎片化;

第四,印度式政治对经济发展构成了一定的障碍[①]。

20世纪80年代以来,印度式政治的发展进一步使现代化的范式遭遇困境,随着印度宗教、种姓、地方势力急剧膨胀,印度政治的去制度化和犯罪化趋势更趋突出,[②]"印度式民主"政治并没有降低和减少宗教冲突,显示出印度式政治脆弱之处。

三、政党林立、一党独大成为印度政治的常态

独立以来,印度在政党政治发展的第一阶段形成了"一党独大

[①] 毛四维:《印度民主的成败得失》,[新加坡]《联合早报》2014年3月15日。
[②] 王红生:《论印度的民主》,社会科学文献出版社2011年版,第10页。

制"的局面,国大党占压倒性优势而"一统天下",成为印度政党体制形成最重要的标记。多党林立、一党独大、三权分立成为这一时期印度政党政治发展的主要特点。作为执政党的国大党大权独揽,长期深刻影响了印度政治发展进程。

(一) 独立以来,印度大小政党林立

独立以来,尽管印度实行了议会民主制度,在民主逐步扩大的同时,印度也出现了相当程度的政治混乱与社会的不稳定。多元主义的优点与局限性在印度表现得极为充分。其主要表现为印度大小政党众多,从而导致印度政治斗争不断。

印度多党制呈现两个突出特点:一是数量多。据统计,印度正式登记的大小政党超过 750 个,堪称世界之冠;二是变换快。各政党不断发生分化、分裂和重新组合,政治阵线变幻莫测。这也是印度社会多民族、多宗教、多语言的一种客观反映。

1951 年印度举行第一次大选时,全国政党总数仅为 192 个,到 1991 年第 10 次选举时全国政党已超过 300 个。2004 年印度议会第 14 次选举中,有 753 个政党参选,选民人数近 7 亿。[1] 在这些政党中,属于全国性的政党只有 6 个;属于邦一级的有 42 个;其他政党只是"注册性政党",处于自发建党阶段,其政治目标多变、组织松散、行动无序、随意性和游移性很大。全国性政党都有比较明确的政治纲领,组织系统较为严密。

2009 年大选,除了 7 个全国性大党外,竟有多达 1 000 多个大小政党报名角逐,使得此次大选体现了选举民主性与群众性的一面。

印度各邦形成了独具特色的政党制度。随着国大党在中央政府中一党独大地位的衰落以及人民院中全国性政党实力的整体下降,联邦"悬浮议会"下的地方政党越来越成为印度政坛中的重要政治力

---

[1] 陈峰君:《印度特色民主甘苦自知》,《同舟共济》2008 年第 1 期。

量。从印度联邦的权力结构来看,地方政党改变了议会的权力结构,它瓜分了全国性政党的选票。

印度是一个高度多元化的社会,民族、语言、宗教、种姓错综复杂,不同的社会集团在争取和维护自己利益的过程中形成了各自的政治势力,政治势力的多元化带来的结果就是政党的多元化。

印度独立以来,各政党、地方势力、民族、宗教、种姓之间的斗争包括暴力冲突和流血冲突不断,多位国家领导人惨遭暗杀,现代政治体制与传统社会结构的矛盾一直无法消除,[1]导致印度政治发展艰难而曲折。印度议会体制对无法控制的腐败、种姓斗争等负有直接的责任。

印度的多党制打破了印度传统的政治权力平衡,使印度的政党政治逐步走向地方化,在一定程度上也改变了未来"联邦—邦"的关系模式,使印度政党政治发展更趋复杂化和碎片化。

而且,印度地方政治势力过于强大。从历史上看,印度历代王朝都未在南亚次大陆实现过完全统一。长期以来,小国林立和地方政治势力割据分裂已成为印度的一种历史传统,不仅使印度人形成了根深蒂固的地区意识、种族意识和语言意识,而且也使印度的政治文化具有广泛的多元性和分散性。

印度独立后实行了联邦制,分权的中央和地方之间的矛盾一直存在,地方性势力在一些地区几乎获得了垄断性的权力。20世纪70年代以来,地方政治势力的日益强大,而曾经的强势政党国大党却日趋衰弱。地方性政党势力的上升极大地削弱了中央政府的权威,而全国性政党影响力和支持率的日衰也将减弱国家的动员能力和凝聚力,甚至进而影响印度中央政府与各邦之间的关系协调,威胁着印度的政治稳定。

---

[1] Dwejendra Tripathi, Crisis of India Polity—A Historical Perspective, *Economic and Political Weekly*, March 11 – 17, 2010.

利益的差别和党派的斗争往往导致决策议而不决、政府频频更替、政局动荡不安以及政策前后不一致,从而延缓了整个国家的发展进程。

印度政府曾长期由国大党主政。印度人民党 1998 年开始执政到 2004 年,成为完成任期的第一个非国大党或其领导的联盟。因传统两党相争,第三势力偶有得利而能出线执政,但独立后印度政坛总体上体现了两党竞争的长期态势。

西方式政治制度移入印度后也发生了诸多变化。民主制度的许多美好理想与原则或者被破坏,或者与印度固有的价值观和社会制度相结合而变得面目全非。

印度现代化进程的速度不仅取决于印度能否最大化地利用各种优势,更在于能否把各种不利因素和消极影响最小化,同时还取决于印度政治精英们对全球化的认知态度和参与程度。

印度特殊的国情导致印度的民主政治只能是一种低层次、低水平循环的民主,这种民主使印度的民主体制缺乏效率。[1] 在印度这个所谓的民主政体中,公正的选举也是令人怀疑的,因为犯罪化的政治利用金钱和暴力左右选民。

印度特殊的国情形成了政治宗教化的局面。政治宗教化、政治民族化与宗教政治化、民族政治化之间的矛盾日益严重。

印度的民主制是一种建立在一个分裂的、受到教派主义严重影响的国家之上的制度。[2] 众多的民族使用不同的语言,归属不同的种姓,信奉不同的宗教,效忠不同的政治势力,结交不同宗教、民族的国家,使政治上分裂更趋严重。

种族问题是印度面临的最难以解决的社会问题之一,并与宗教

---

[1] General. V. N. Sharma, National Security: More Threats from Within, *Hindustan Times*, 18 December, 2012.
[2] 倪正春:《简析印度民主与现代化形成悖论的原因及解决途径》,《北京电力高等专科学校学报》2012 年第 1 期。

问题、民族问题交织在一起,长期成为危及印度政治稳定的隐患之一,从而导致印度在政治上分裂严重,[1]几乎所有的政党都代表一定宗教教派的利益,几乎所有的印度政党领导人及其成员都信仰宗教,而且各政党的宗教倾向也越来越严重。从民众的价值观念、生活方式到国家的政治、经济都深受传统宗教文化的影响。在民主制度下,政党出于狭隘的党派利益会相互攻击,为争取选票大肆煽动教派情绪、制造对立,造成宗教政治化。

因此,国大党元老莫提拉尔·尼赫鲁在印度独立前曾说过:"只要种姓制度仍然存在,印度就不能在世界文明国家中占据应有的地位。"

印度次大陆特有的夸夸其谈而少有实际行动的传统,也无形中一直影响着印度的政治进程,并在某种程度上成为印度的"负面形象"而遭国际社会的嘲弄。

现代民主制度的缺陷是其本身固有而非印度特有,但在印度的政治生态发展下就具有了鲜明的印度特色,即社会结构的多样性与分裂性。

在印度这种独特的历史传统和社会现实下,印度的现代民主表现出了集中不足,分散有余。但是任何一个社会都是多样性和一致性的统一,印度亦是如此,只是更加明显而已。在印度发展进程中,如何把有利的因素发挥到极致,变不利因素为有利因素是摆在每一个新兴大国面前的课题。

像印度这样的人口大国的发展,不能只陶醉于自己的人口数量优势,还要充分看到优势的对立面,并且要采取相关措施将其消极效应降至最低点。因此,良好的战略规划和领导能力才是印度发展过程中最需要解决的议题。

因此,作为发展中国家的印度,其政党应该根据时代发展潮流及

---

[1] 李忠林:《印度发展的优势和劣势及其辩证关系》,《和平与发展》2013 年第 2 期。

时调整政策方向,①尽可能地联合社会精英团体,重视党内建设,敢于突破与创新,才能为人民认可,促进自身发展与国家富强。

(二)国大党长期一党独大

在印度,独立以来所形成的国大党"一党独大"体制长期被看作有助于实现多元分裂结构之间的妥协和整合,在一定程度上是印度社会作为一个统一的政治体系得以维系的重要因素。知识精英是印度社会变迁的重要阶层。在英国统治时期印度的知识精英逐渐成长为政治精英,如:国大党从阶级结构层面来说就是知识精英与大资产阶级的政治同盟;国大党得益于其在独立运动中的历史传统和兼容并蓄的路线,建立起了独大型的政党制度。

20世纪90年代中期以后,政党之间的竞争逐渐从无序化状态转向妥协与合作。印度社会结构发生了一定的变化,政党制度从国大党一党独大的体制转向两大党制下的多党竞争格局。② 随着两大党制下的多党竞争格局的确立,印度政党政治也逐渐走向稳定。

印度政党体制的转换是一个渐进的过程,这一过程与国大党的衰落相一致。印度政党政治量变中出现部分质变,主要表现在反对党通过联合行动对执政党造成严重威胁,以及邦级政府呈现由多党联合掌权的趋势。

国大党作为印度政坛上一个强大的政党,在独立后的20年中,虽然也有几十个政党活跃在印度政坛上,但没有任何一个政党能够挑战国大党的执政地位。国大党成为整个20世纪印度政坛上最有影响、最具实力的政党。除印度共产党在1957年的喀拉拉邦选举中获胜之外,国大党在其他所有的邦都取得了绝对多数席位并处于执

---

① 杜小林:《印度左中右三大党不同历史时期作为之比较》,《当代世界与社会主义》2016年第2期。
② 陈金英:《印度超大规模联合政府的稳定性分析——兼论对联合政府理论的评述》,《湖北社会科学》2012年第6期。

政地位。

在印度政治发展进程中,现代政治制度与传统社会结构的矛盾使印度的政治发展产生了诸多弊端,从而在一定程度上阻滞了印度政治现代化的进程。伴随着社会的变革,政治力量对比发生了重大变化,从而导致了20世纪90年代印度政坛动荡、政府更替频繁。

国大党走向衰落的重要原因在于它未能满足广大民众的利益要求,使国大党逐渐失去了人心和政治号召力;而且,由于国家严重干预经济活动,各级政府官员中"寻租"现象普遍,贪污腐败之风盛行,广大选民深感失望与不满,也在一定程度上削弱了国大党的社会基础。

1991年时任印度总理拉吉夫·甘地遇刺之后,国大党内部人心涣散,民众支持率大幅下降,在1996年的大选中失败而沦为在野党。但是,在经过反思和调整本党选举策略后,在2004年的印度大选中,国大党获胜并为首组成了"团结进步联盟"联合政府。在2009年大选中,国大党再次胜出,获得了262个席位,其原因在于当时印度的经济、政治、族群政策等有利于国大党。新一届政府的内政、外交以继承前一届政府的政策为主。内政主打经济复苏和强化安全,外交则在体现延续性的基础上发生一些微妙变化。

独立后,印度确立了多党制。但是在相当长的时期内国大党独掌政权,形成了"一党独大"的政党体制。国大党一党控制国家的政治、经济大权,其他政党对政治大局的影响相对较小。在某种程度上国大党"一党独大"的体制促进了印度政治现代化的发展,为多党制的真正形成奠定了基础。

一党独大制有利于印度民族国家的整合,建立自治政府、安置难民、制止教派仇杀,独立后国大党迅速解决了分治带来的危机,实现了土邦的归并及行政区划的统一。

国大党政府通过实行政治非教派化和政治非种姓化政策推进了印度政治世俗化的发展,对印度政治现代化进程产生了重要影响,促进了印度民主政治的发展。而且,国大党的党政制约机制促进了执政民主化的发展,推动了印度议会民主政治的发展,在一定程度上提升了印度政治民主化水平。

国大党在印度政坛上曾长期保持一党统治地位,主要有以下几个原因:

第一,拥有雄厚的政治资本和广泛的社会基础。作为民族运动的领导力量,国大党为赢得民族独立作出了功不可没的贡献,使之在广大民众中获得了很高的声誉和雄厚的政治资本。民族主义运动的遗产为国大党独立后掌握国家政权奠定了广泛的社会基础。

第二,提出了颇能吸引人心和鼓舞民众的国家意识形态等理念。印度独立以后,以尼赫鲁为首的国大党政府提出了以社会主义、世俗主义和民主政治为建国三原则的思想。在社会、经济政策方面,提出了社会公正、经济平等和建立福利国家等主张,极大地鼓舞了印度民众,获得了更多各个阶层选民的支持。

第三,国大党组织机构较为完善。在领导民族独立的运动中,国大党建立了从村、区、县市、邦直至中央的各级党组织。这些组织几乎遍及全国各地,发挥了与政府机构平行的作用,在客观上给国大党提供了管理社会的实践机会并积累了一定的政治经验。独立以后,国大党又进一步发展、完善了它的各级组织机构并使之在政权和民众之间起到了重要的桥梁与纽带作用。

第四,国大党能较好地适应时代变化,尼赫鲁采取了避免极端与激进的"调和主义"政治,强调在制定重大国家政策时的意见一致。这种做法比较有效地抑制了党内的分裂和党外反对党势力的增长。在尼赫鲁总理执政时期,印度被普遍认为是非西方世界中少数几个政治稳定的民主国家。

但是,国大党这种政党体制也存在不少的缺点与弊端,容易产生个人专断,导致政策失误,破坏了政治的民主化;而且,国大党长期执政也滋生了腐败,引起人民的不满。

21世纪初期印度政坛经历的一系列大的变动,执政党的更替,国大党的沉浮,从一个侧面深刻揭示了印度发展进程中效率与公平和民心向背之间的关系。

四、宗教对当代印度政治发展进程的影响

印度是一个多民族、多种族、多宗教以及多语言的人口众多的发展中大国。宗教对印度政治现代化进程产生了一定的影响。

(一) 种姓制度影响了印度政治发展进程

种姓政治是印度社会特有的一种政治现象,它是印度传统的种姓制度在政治领域的反映。种姓制度就是由传统村社中的生存经济伦理形成的一种社会制度,而印度教成了与这种社会制度相对应的集体意识或社会意识形态。① 长期以来,"种姓"这个最不民主的制度一直以独特的方式影响着印度社会,传统的种姓因素在当代印度政治发展中仍有举足轻重的作用。印度教的种姓制度也对选举产生了深刻的影响。候选人提名、投票、竞选等活动都建立在种姓基础之上。农村的选票对每个政党来说至关重要,而农民在投票时往往取决于他们的种姓意识,投向代表自己种姓利益的候选人。因此每个党在大选前必须仔细研究各地区的种姓势力,选择在当地占优势种姓中有威信的人当候选人。多方考虑支持他当选的种姓社团的利益,从而使印度政治披上了浓厚的种姓色彩。

印度独立后,政府虽然从法律上废除了这种沿袭千年已久的将人依照种姓划分的制度,但种姓制度"死而不僵",依然存在于现实社会中:在许多农村地区,特别是在北方邦、比哈尔邦和中央邦等印地语地带,这种陋习依然盛行。在众多的种姓中,低种姓的人口占了绝大多数。他们处于社会最底层,不仅经济地位低下,而且备受社会歧

---

① 王红生著:《论印度的民主》,社会科学文献出版社 2011 年版,第 29 页。

视与压迫。印度政府为了促进社会平权与减少对低种姓人口的歧视,在公共部门为底层种姓族群提供一定配额的工作,但此举也引起其他一些高种姓族群的不满。由于种姓对立根深蒂固,加上高等种姓对低等种姓的经济剥削,高、低种姓之间的矛盾已经越来越多地表现为暴力冲突。而这些暴力活动多发生在农村地区,以比哈尔邦、北方邦和安得拉邦最为严重。

2016年2月,印度北部哈里亚纳邦农村地区的高种姓贾特人示威要求获得类似低种姓人的福利配额,并演变为一场暴力骚乱,导致10死、150余人受伤。暴力冲突导致多条重要街道和国家高速公路关闭,并一度使印度北部地区的铁路系统瘫痪,还引发了首都新德里的缺水危机。

种姓制度成为印度教基本教义,种姓制度的长期存在成为当今印度社会和贫富差距日趋尖锐化的重要原因,种姓制度渗透到印度经济、文化、宗教层次,维持并加深了社会分化,而强烈的社会分化又加剧了印度落后状况。[①] 尽管印度在政治理念、文化构建、经济评议等方面为保护低等种姓做出了不懈努力,最终以法律形式确立了民主平等的社会原则。但是,在现实生活中,种姓制度始终伴随着印度社会的发展而存在。[②] 种姓制度迄今仍对印度经济、政治与文化等各方面有着强大影响力。具体而言:

第一,在政治方面:随着印度种姓集团与地方势力的不断发展壮大,印度社会分层态势更趋明显,社会两极分化日趋严重,使政治种姓化和种姓政治化趋势不断发展。印度的政治选举已经成为"为种姓投票"的活动。种姓政治发展改变了印度的政治结构和运作方式,尽管种姓政治在一定程度上抑制了印度教民族主义的恶性膨

[①] 于时语:《印度大选后的国家展望》,[新加坡]《联合早报》2014年5月19日。
[②] 刘筱:《基于教育公平视角下的印度"种姓保留政策"探析》,《黑龙江民族丛刊》2015年第3期。

胀,①但种姓制度已成为印度政治发展进程中主要障碍之一,影响了印度政治民主化的进程。

印度教的种姓制度和政党结合在一起。有些政党完全以种姓为基础,即使打着世俗主义旗号的政党也或多或少打上了种姓的烙印。

随着印度教民族主义政党的不断发展,印度地方权势不断壮大,中央权势不断萎缩。② 印度"去中央化"政治格局趋显。

第二,在经济方面:由于种姓制度把经济分成不同的社会集团,因此彼此接触受到影响,他们大都考虑本种姓的利益,只对本种姓忠诚,缺乏民族同胞间的互助精神,非常不利于整体经济的发展;同时还产生或助长了一些人的懒惰思想,使之缺乏奋斗精神,限制、束缚了他们的创造精神与积极性的发挥。种姓制度一直对印度经济的发展产生消极影响。

第三,在教育与科技方面:印度各地不仅有各种种姓文化协会,还有许多种姓大学,甚至有的大学中各系分别由不同的种姓把持。而种姓制度实行的种姓内婚制使印度青年择偶范围十分狭小,导致农村中近亲结婚十分盛行,产生出畸形儿,也影响到印度人口的素质。

种姓化政治的特点就是不断分裂的政党宗派,原本的种姓矛盾演变成了政党间的矛盾,政党之间的斗争往往表现为种姓之间的斗争。种姓政治给印度政治民主化进程造成了三大障碍:种姓政治不利于现代国家的整合;导致了政局动荡;加剧了种姓冲突的暴力化。种姓政治严重影响了印度民主化进程。从而在印度政治发展进程中形成了"政治化的种姓"和"种姓化的政治"的奇特局面。因此,现代的印度政治实际上就是一种种姓化的政治。种姓制度已成为印度现代化前进道路上一个难以逾越的障碍。③ 长期以来,种姓制度在一定

---

① 王红生:《论印度的民主》,社会科学文献出版社2011年版,第340页。
② 肖军:《民主模式转型与印度外交政策趋向》,《南亚研究季刊》2015年第2期。
③ 王晓杰:《试析印度政府对弱势群体义务教育的管理》,《中国电力教育:上》2012年第4期。

程度上成为维护印度社会稳定的基础。但与此同时,种姓制度也是瓦解中央集权的一把利剑,使得印度中央集权的政治难度在无法彻底摆脱种姓制度的前提下变得愈加艰难。

印度的社会结构虽然具有复杂多样的特点,但是其中又有着基本的"一致性"。这种一致性的载体就是印度独特的、自成体系的文化。印度教不只是一个宗教或一个社会制度;它是印度文明的核心。虽然种姓制度造成了社会的分裂与相互隔绝,但种姓之间的冲突不会威胁到国家的统一。尽管印度教社会内部宗派林立,但所有印度教徒在基本信仰方面又是一致的;尽管各种宗教和种族有着不同的信仰、风俗习惯和社会结构,但是印度文化的长期熏陶使印度社会的主流在世界观、价值观、道德观等精神特质方面和生活习惯方面有着很大的相似性与基本的一致性。这就是所谓的"印度性"。

近年来,民主化伴随着城市化进程进一步发展。而且,拜金主义和世俗教育等都在冲击着印度传统的种姓社会结构。但植根于印度几千年的种姓制度,不但没有随现代化进程消亡,反而将外来的西方民主制度加以改造,印度独立后,传统的种姓政治与西方的议会民主制相结合,从而形成了独特的"印度式民主",也在一定程度上推动了印度民主本土化进程。与此同时,种姓制度又成为印度政治民主化进程中的最大障碍。随着印度民主化进程的推进,种姓政治最终将为印度政治所抛弃。

2013年在德里地区选举中,宗教矛盾、种姓纷争已不再是吸引民众关注的焦点,表明印度的选举政治可能正在由传统的"族群政治"向新型的"治理政治"转变。

种姓制度是一种印度社会独有的、非常严格的等级制度,它是阶级差别的一种形式。尽管独立后印度政府采取了种种措施以消除种姓问题,但种姓制度不但没有消亡,反而与政治进一步结合,导致种姓政治化和政治种姓化,并对印度的政治发展产生着消极影响。[①] 种姓制度主要存在于印度教中,对伊斯兰教和锡克教也有不同程度的影响。实际上,长期以来,种姓制度对印度社会、政治、经济、文化等诸方面产生了深远的影响。

(二) 宗教成为阻碍印度民主化进程的重要因素

历史上,印度的宗教与政治存在着密切关系。印度独立后,采取了西方的议会民主制,确立了世俗主义的立国原则,要把印度建成一个"非宗教性的民主共和国"。但世俗主义原则在印度政治生活中并没有得到彻底贯彻,随着印度政局的变化,宗教势力不断发展并向政治领域渗透,教派主义对印度政治的影响更加突出,直接影响了"印度式民主"进程。

宗教对印度议会政治的影响十分深远。在中央和邦议会选举中,教派政党都利用教派情绪,把自己装扮成本教派利益的代表者来争取选民。一些政党为了吸引选民,常采用教派主义的宣传鼓动方法。有的政党还在选举标志上做文章,采用带有宗教色彩的选举标志。宗教对印度政党政治的影响也呈不断上升趋势。一些教派组织不断向政治领域渗透,逐步发展为教派主义政党。典型的教派政党有印度教教派政党——印度人民同盟,穆斯林教派政党——穆斯林联合阵线,锡克教教派政党——阿卡利党。而一些非教派政党为了在选举中获胜,争取众多教徒的选票,也逐步向教派政党演化。

尽管印度在政治理念、文化构建、经济评议等方面为保护低等种姓做出不懈努力,最终以法律形式确立了民主平等的社会原则,但随着印度种姓集团与地方势力的不断发展壮大,印度社会分层态势更趋明显,社会两极分化日趋严重。印度的政治选举在一定程度上也已经成为"为种姓投票"的活动。

[①] 封嘉琪:《种姓制度对印度政治发展的消极影响》,《剑南文学:经典阅读》2012年第2期。

由于印度国内宗教、种姓和族群之间的矛盾加剧,在具体操作中也存在一些违背世俗主义原则的情况,尤其是政治因素的加入,使执政团体有时也会利用不同宗教之间的矛盾,采用拉拢印度教徒、倾向印度教徒利益的政策,使其政策打上了党派政治和选举政治的烙印,成为政治家捞取政治资本、进行社会动员的一种手段,从而使印度始终隐藏着一种不利于国家稳定与团结的潜在因素。

宗教势力成为印度政治生活中的重要组成部分。目前印度总人口中约12%为穆斯林,且多数生活在贫困之中。印度教教徒与印度穆斯林之间时常发生冲突,有时甚至爆发严重的流血事件。持续不断的宗教冲突也导致印度政局的动荡不安,经济发展萎靡不振。印度教教徒与印度穆斯林之间的冲突已严重影响了印度民主化的进程,宗教势力及其政党对印度政治的影响呈现上升趋势,并对印度社会经济发展造成了严重破坏。

实际上,种姓制度下的等级观念已成为印度文化的一部分,尽管受到现代文明的冲击,但是它对印度社会的影响仍根深蒂固,这种把人按种姓划分的制度直接影响、并在一定程度上阻碍着印度政治民主化的进程,并影响着印度公民的价值观。

正因为国大党世俗主义政策贯彻得不彻底,在20世纪70年代以后世俗主义原则日趋弱化,教派势力在政治上不断发展并最终执政。国际上伊斯兰原教旨主义的兴起也刺激了印度国内的宗教复兴。

在国大党走向衰落的同时,具有民族主义和印度教教派色彩的印度人民党却迅速发展。该党通过唤起广大民众对印度教传统文化的宗教热忱和强烈的民族主义感情而赢得了政治上的支持,迅速发展壮大了自己的政治力量。在1996年的大选中,成为议会第一大党并组织了政府。在1998年大选中,印度人民党再次成为获得人民院席位最多的政党,与十几个小党共同组成了联合政府。在1999年大选中,该党与其盟党组织了新政府。印度人民党在其成立后的几次大选中的得票率也反映了该党力量的增长和在选民心目中地位的提高。从第 8 次到第 13 次大选,它的得票率分别为 7.4%、1.5%、20%、25.5% 和 23.8%。[①] 2014 年、2019 年印度人民党连续获得了全国大选的胜利,莫迪也成为印度历史上继尼赫鲁、甘地和辛格之后,印度任期最长的总理。

印度教民族主义是一种带有强烈教派主义色彩的社会政治思潮,是一种强调印度教至尊的理论体系和政治运动。以萨瓦卡、戈尔瓦卡和乌帕德雅亚为代表的印度教民族主义者建立了各自的理论体系。这种民族主义一旦与政治结合,就会释放出巨大的能量,其作用往往是破坏性的。自 20 世纪 80 年代以来,印度的一个突出变化就是印度教民族主义逐步在印度政治中占据了重要位置,特别是通过印度人民党(Bharatiya Janata Party)在 1996 年、1998 年和 1999 年的三次组阁,2014 年印度人民党获得了历史性的大胜,重新上台执政,印度教民族主义已经逐步摆脱了政治边缘化状态,实现了主流化。印度教民族主义在印度政治中的主流化,集中体现在印度人民党上台执政后推行的民族主义政策上。

印度教民族主义是具有强烈印度教色彩的民族主义形态,以宗教改革和社会运动为契机,印度教民族主义在印度政治中实现复兴,并参与印度政治的多元格局中,扮演了催生印度大国意识的角色,使得印度与邻国关系进一步恶化,对南亚国际关系产生了重要影响。

印度人民党的经济思想经历了从甘地社会主义观念,到司瓦德西思想,再到自由主义政策的发展历程。印度人民党依靠民族主义和现实的社会经济政策赢得选民的支持,体现了印度人民党作为具有宗教民族主义特征的现代政党。[②]

而印度人民党在 20 世纪 90 年代的激进的民族主义政策就是过分的民族主义政策的鲜明表现。

[①] 邓乔:《印度人民党发展的民族主义理论的分析》,《青年与社会(中)》2014 年第 11 期。
[②] 同上。

印度教民族主义是印度社会特有的政治思潮和政治运动,印度教民族主义的兴起对印度的社会发展、政治生态的演变和南亚国际关系产生了重大的影响。

实际上,印度国家是一个政治与经济的矛盾体,它与印度社会的关系在自主与反应之间更替。解决经济停滞与日益增加的治理危机就是要重建民主国家的合法性与有效性。[①] 但是,印度现代政治制度的发展却没有很好地解决印度经济可持续发展问题。而且,现代政治制度与传统社会结构的矛盾使印度的政治发展产生了诸多弊端,从而在一定程度上阻滞了印度政治现代化的进程。

五、印度政治发展深受地方政府的影响

现代印度已基本上形成了一种带有明显中央集权特点的单一制政体国家。在议会民主制框架中运作的印度联邦制,适应了印度复杂的国情和独立时的客观环境。印度宪法详尽地规定了联邦与邦之间立法、行政、财政关系的内容。印度联邦政府的政策较为有力而得体,基本主导了中央与各个邦之间关系的良性发展。联邦制的框架及稳定而富有弹性的联邦与邦之间的定位促进了印度经济、社会的发展。尽管印度现行的政治制度完全照搬了英国的三权分立的议会民主制度以及相配套的行政体制,但是,源自西方的政治制度在印度已经发生了本质上的变异,并越来越多地体现出了本土化色彩,这种体制导致了中央政府与地方政治的动荡,从而使印度中央政治与地方政治处于一种不稳定的态势。"去中央化"正在印度蔓延,从而弱化了印度中央政府的权威性;而不断加快的印度城市化进程需要制定更完善的法律制度,在短期内印度中央政府难以出台切合实际的相关法律;而且,印度的中央政府难以控制地

---

① 王红生:《论印度的民主》,社会科学文献出版社 2011 年版,第 17 页。

方主义势力,①使得经济发展方针的贯彻执行步履维艰。

随着民主深入发展,印度社会固有的多民族、多语言、多宗教、多种姓的"多元特征"在国家政治生活中也逐渐凸显。进入 20 世纪 90 年代,政治势力多元化、分散化问题走向极端,如何解决这个问题却无法形成全国共识。

在当代印度政治发展进程中,地方性政党的作用进一步加强。政党利益高于国家利益,一些地方性政党出于自身利益考虑,与主要政党讨价还价,在一定程度上影响了国家政策的制定,并降低了执行国家政策的效率。尽管政党制度是政治制度的重要组成部分,但是印度的政党数目繁多,也容易造成社会的混乱与动荡。

在印度,不同政党执政造成了政策上的大幅度摆动,造成了资源与时间的浪费。随着印度经济不断发展,积聚的大量财富正在逐步为土地与房地产所裹挟,民众并没有得到真正的实惠;这些因素直接影响和制约了印度式民主的正常发展。

六、家族世袭政治严重影响了印度政治进程

印度被称为最大的议会民主制国家,但由于特殊的历史国情,印度独立后出现过长达数年的家族政治,从印度建国以来,统治整个印度的有 40 多个家族,地方党派基本上都是强人政治、家族政治。自 1947—1989 年,尼赫鲁家族三代成员担任政府首脑长达 38 年。2004 年及 2009 年大选,国大党获胜,家族政治仍然发挥着重要作用。② 家族政治显然与民主制原则相背离,使印度一度出现独裁专制现象,带来深远的消极影响,但家族政治在印度特殊历史环境下也发挥着一

---

① 倪正春:《简析印度民主与现代化形成悖论的原因及解决途径》,《北京电力高等专科学校学报》2012 年第 1 期。
② 洪共福:《印度议会民主政体下的家族政治》,《阜阳师范学院学报(社会科学版)》2011 年第 1 期。

定的作用。

1947年印度独立后,曾经历长达几十年的一党(国大党)独大的局面,虽然后来国大党衰落,初步形成了多党并立、执政党(联盟)和在野党分别执政的格局,但由一党独大发展而来的"家族政治"的影子一直挥之不去,尼赫鲁家族在印度政治中的独尊地位从没有消失。[1] 家族政治的烙印在印度政治发展进程中始终无法抹去。

长期以来,尼赫鲁家族对印度政治的垄断,从印度开国总理贾瓦哈拉尔·尼赫鲁,到其女英迪拉·甘地当选政府两届总理,再到拉吉夫·甘地,尼赫鲁家族一直执掌印度政坛,几乎渗透印度政治的每个角落,家族世袭已严重僵化了印度的民主政治进程,使印度民主政治的发展无法满足印度社会发展的需要。

从印度独立到冷战结束,印度政治权柄由尼赫鲁家族掌控,[2]使得印度政局具有明显的"集权化"特征。

在印度历次选举中不难发现印度政党政治中具有明显的家族化倾向。国大党及其背后的尼赫鲁家族,成为印度固有种姓结构和社会结构的一个缩影。一方面,国大党通过"民主主义、民族主义和世俗主义"等观念聚集了印度社会主要精英团体;另一方面,对于印度选民而言,基于尼赫鲁家族几代人为印度独立和发展做出的巨大贡献和牺牲,以及"尼赫鲁-甘地"符号所赋予的近似"神性"的认同力量,人们笃信"在印度,只有尼赫鲁家族能够跨越种姓、宗教、区域甚至阶级的利益,代表全印度"。[3]

印度能否走出家族世袭政治的阴影,真正走向民主政治阶段,可能超出了家族政治的能力范围,而这种家族世袭模式将不得不继续在印度政坛上持续。因而,所谓"印度式民主"将不得不大打折扣。

因为,印度宪法有总统治理条款,如果地方上台执政的与中央政

---

[1] 赵伯乐:《印度"大杂烩"民主:政治建构进行时》,《环球》2014年第4期。
[2] 肖军:《民主模式转型与印度外交政策趋向》,《南亚研究季刊》2015年第2期。
[3] 毛四维:《印度选出了一个政治强人》,[新加坡]《联合早报》2014年5月20日。

府执政的不是一派的话，总理可以申请总统治理，再从总统手里接过管辖权。这种体制导致印度中央政治与地方政治始终处于不稳定的态势。由于"印度式民主"已导致中央政府与地方政治的动荡，尤其是在经济方面，印度经济处于国企和寡头控制下，导致困难重重，腐败丛生。印度在一定程度上已陷入滞胀的不利局面。

印度名义上是联邦制国家，但这种联邦制徒有其名。独立后中央政府不断蚕食各邦的权益，在立法、行政区划、官员任免乃至财政支配等诸多方面仍掌控着地方政府。实际上，当今印度已基本上形成为一种带有明显中央集权特点的单一制政体国家。

近年来印度民主选举的演变发展呈现出了两个主要特点：一是党派过多，各种政治力量混杂，既有百年老党，也有新生力量，还有代表某一人群甚至某几个人的小团体。这些政党人数多者数百万，少者寥寥数人，其代表的利益诉求也五花八门。这种现象长期存在造成了印度政治舞台上出现多党同时执政而非选举上台的一党执政局面；二是选举逐步商业化，选举所花费的成本一次比一次高，耗资惊人，金钱在某种意义上对大选的结果起着至关重要的作用。由于当选之前曾投入了大笔金钱，一旦进入议会，候选人一定会寻求多方面的回报，拼命捞取好处以收回投资。这也是导致印度政治腐败的重要原因。

尽管印度选举法明文规定了候选人竞选经费超过限额将被取消竞选资格 6 年。但是，这些规定在实际操作中往往成为一纸空文。因为，在印度仅依靠公开的收入来源不可能竞选成功，接受私人财团的赞助已成为公开的秘密。

在全球化民主进程不断深入的当今世界，世袭制家族政治给印度政坛带来了诸多不确定因素。长期以来形成的印度世袭政治实际上是逆世界民主化而行，在某种程度上是民主的倒退，同时也使得"印度式民主"难以正常发展，而不得不呈现出一种畸形发展的态势。

从本质上来说，印度的民主是一种有缺陷的、不成熟的民主。世袭制家族政治的民主体制显然不符合当今世界政治发展的需求。而印度传统的保守势力与封建意识恰恰为这种家族式统治提供了土壤。尽管家族政治可以带来稳定和可预见性,但这种准君主制政体很难超越家族利益和国家与其家族的联系。长期以来,这种家族世袭政治已严重影响了"印度式政治"进程。

印度能否走出家族世袭政治的阴影,真正走向民主政治阶段,将直接影响到"印度式民主"能否实现可持续发展,也考验着能否真正实现向现代化民主转型。

当今,"印度式民主"面临着诸多挑战,同时又面临着难得的机遇。唯有顺应现代国际民主化潮流,克服和扬弃"印度式民主"一些固有的缺陷,推进民主变革,才能使"印度式民主"真正走上民主的轨道。

七、腐败问题已成为印度政治发展进程中的桎梏

自独立以来,印度逐步由一般性腐败发展到政治腐败,再到制度性腐败,说明民主制度本身并不能自动遏制腐败,在一定条件下它还可能成为腐败的催化剂。民主制度若要遏制腐败,必须建立真正的而不是形式上的民主。[1] 在印度,腐败已经成为一种"痼疾",甚至成为"一种机制",一种"生活方式"或"生活态度",[2]比如:国家下拨给穷人的救济款以及用于农村基础设施建设的费用,只有15%真正送到穷人手中或落到实处,其余的全都被截留了。[3]

印度独立至今,伴随着国家政治、经济发展,腐败问题始终成为影响印度现代政治发展进程的重要因素,其原因主要有以下几个方面:

第一,印度司法资源的匮乏及司法体系的紊乱、拖沓,严重影响

---

[1] 刘长江、周忠丽:《民主与腐败:以印度为个案的研究》,《江苏行政学院学报》2014年第6期。
[2] [英]爱德华·卢斯:《不顾诸神——现代印度的发展与发现》,张淑芳译,中信出版社2011年版,第62页。
[3] Ludia Polgreen, Indian State Empowers Poor to Fight Corruption, *The New York Times*, 24 December, 2010.

了反腐效率。从尼赫鲁时代以来,虽然司法系统是独立的,但是长期的拖延、对程序的操控以及有问题的司法任命,使作为反腐工具的司法系统严重失效。

第二,印度反贪机构对腐败案件查处受行政机关制约较大,不利于反腐工作的展开。由于中调局隶属联邦政府,它的一举一动无不受联邦政府的指挥和影响,因此常常带有某些政党的烙印和政治色彩。中调局成为执政党的御用工具。[①] 中调局局长由总理任命,在首都和全国各邦都建立了工作部,实行垂直领导;独立行使职权,每个工作部都是封闭性的,与所驻地方不发生利益上的关系。

第三,宗教与种姓等传统文化限制了反腐工作的展开。植根于印度民众之中的传统价值观念至今仍影响深远,家族文化、村社文化与部落文化等影响着印度政治生态,尤其宗教影响更大。传统文化对反腐败的影响是"无形"的,其负面影响也是"根深蒂固"的。

第四,印度公务员的薪酬体系和惩罚机制阻碍反腐工作的展开。印度公务员工资偏低,难以满足最低生活需要,往往成为公务员腐败的一个直接诱因。

第五,印度种姓制度也成为腐败蔓延的重要原因。种姓制度客观上影响着印度的政治发展和历史进程,也影响着印度民主制度的发展。但是,种姓制度所推崇的不平等,加剧了印度腐败的蔓延。

第六,印度式民主制度是造成腐败丛生的重要根源。国大党长期执政,在"国大党体制"下印度政治腐败主要集中在行政领域。如印度缺乏具有真正有效力的新闻自由保护机构,并且在新闻纸的分配方面受到政府干预等。尽管印度政坛上存在着众多的反对党派如印度共产党、人民同盟、人民社会党等,这些政党对国大党的不法行为进行了抗争;但是由于力量悬殊,这些政党既无力挑战国大党的执

---

① 余忠剑:《印度反腐败机制及其效果》,《廉政文化研究》2013年第1期。

政地位,[1]也无法以具体的反腐败行为抑制国大党的违法行为。

很显然,印度的政治进程取得了一定的成就,但印度的反腐败没有真正形成合力。在现代政治发展中显现出越来越多的不足,并成为印度"大国梦"的一个重要阻碍。印度政治制度化的水平很低,还称不上现代意义上真正的政治制度。因此,印度的政治建构进程还远没有完成。[2] 若不能妥善处理这些缺陷与漏洞,将直接阻碍和影响着印度政治现代化的进程。

印度社会与西方社会最大的区别就是政教分离的程度。印度既无法走教派主义的老路,也无法建立起真正的西方民主制,只能维持一种受教派主义严重影响的畸形的民主制。长期以来,印度的政治宗教化现象十分严重。[3] 印度的政党深受宗教的影响,不同政党之间存在着难以弥合的冲突。

印度不仅需要改变对西方现代政治制度的盲目推崇,而且需要对自身的政治传统进行必要的改造,并不断探索新的途径,使其更能适应印度的发展目标,并与其经济、社会发展相协调。只有这样,才能真正使印度政治发展进入良性循环的轨道,从而使印度真正迈入现代政治国家。

自1947年8月15日印度独立以来的70多年中,印度在政治上保持了基本的稳定,议会民主制已经逐渐形成了比较稳固的政治体制。但是,民主政治与传统社会结构的矛盾也使当代印度的政治发展产生了一些弊端,宗教、种姓的政治化现象阻碍了民主政治的进一步发展。

当代印度政治制度的经验与教训为广大发展中国家提供了可资借鉴的模式。长期以来,在一个充斥着错综复杂的种姓、民族、宗教于一体的国家,没有发生军事政变与军事独裁政权的现象,印度现代

---

[1] 张树焕:《"国大党体制"与印度政治腐败的兴起》,《南亚研究季刊》2014年第1期。
[2] 赵伯乐:《印度"大杂烩"民主:政治建构进行时》,《环球》2014年第4期。
[3] 倪正春:《简析印度民主与现代化形成悖论的原因及解决途径》,《北京电力高等专科学校学报》2012年第1期。

政治制度所体现出来的有利于国家稳定的功能以及形成与维护公共权力的功能发挥了积极的作用,功不可没。

印度的议会民主制已经连续实践了70多年,它给当代国际政治演变带来了可贵的印度经验。即:低经济发展也能启动民主实践。不过,印度这种政治体制也导致了地方势力越来越强;而且,印度在经济上也没有长远的发展规划。

印度现有的政治构架在一定程度上调动了社会各个阶层的政治参与度,拓宽了各种政治诉求的表达渠道,使得普通民众的民主意识逐步增强,起到了调节矛盾、凝聚民心和维持国家统一与稳定的作用。印度国内长期存在的社会群体矛盾维持在可控的范围内,印度社会虽"散"而不"乱",整个国家保持了基本的稳定。其原因在于印度是一种"补贴政治",每次选举,选民都能拿到补贴。而且,印度是通过血亲氏族的关系来稳定社会。

印度政治制度尚存一些问题,也面临着诸多挑战。

中央集权与地方分权的博弈从未停止,由于地方性政党的发展而演变为"战国混战",中央执政党与地方执政党的"万花筒"状态造成中央政府政令不畅,地方发展受到限制。政治腐败已经成为印度难以医治的顽疾,腐败现象无处不在。效率低下,大量的资源被用在无休止的争论和利益集团的讨价还价上,[1]繁琐的手续和各级各类部门之间的推诿以及腐败都使得体制的效能大打折扣。

地方村社的内聚与牢固性严重妨碍了印度中央集权政权的建立与延续。[2] 村社经济是一种生存经济,村社只为自身的生存而生产,无须外部势力的干预和帮助加以维系。印度这种与外部联系不甚密切的社会之所以能长期存在,原因就在于村社的独立性和种姓制度能解决共同体内部的事务,无须中央政权。

---

[1] 赵伯乐:《印度"大杂烩"民主:政治建构进行时》,《环球》2014年第4期。
[2] 王红生著:《论印度的民主》,社会科学文献出版社2011年版,第31页。

第二章

印度发展的地缘经济环境研究

印度幅员广阔，人口众多。自然资源丰富，矿藏近100种，其中铝土储量和煤产量均占世界第5位，煤炭蕴藏量位居世界第4，是印度能源保障和经济可持续发展的重要支柱；云母产量居世界第一位，其出口量占世界出口量的60%。其他主要的自然资源还有铁矿、锰、铁矾土、钛矿、铬铁矿、天然气、石油、钻石、石灰石和可耕地等。森林覆盖率为21.9%。印度的资源利用率很低，开发程度并不高。

印度是世界上最佳的油气投资场所之一。独立后，印度政府努力发展具有现代技术、高素质人员、充满活力和高效的石油工业。印度政府发起的第二阶段改革的目的在于解除对价格和市场的管制，并通过重组公共部门的企业和合资企业使油气工业国际化。通过自觉的政策转变（从中央控制的、公共部门为主的工业向竞争的市场经济转变），[1]更加注重私有者的投资，极大地促进了石油工业的发展。

印度独立后，积极促进经济独立来巩固政治上的独立。印度长期实行内向型的进口替代发展战略，严格限制商品进口，严格限制外国直接投资，并对外国投资实行"印度化"政策。直到20世纪80年

---

[1] 朱桂清：《印度石油工业——将发展成为有全球竞争力的工业》，《世界石油工业》2011年第4期。

代初期,印度政府进行经济政策调整时,仍坚持内向性经济发展战略。20世纪90年代初期,印度仍没有成为真正利用外国直接投资的国家。

印度独立后的40年时间里,经济一直呈低速增长经济状态,年均国内生产总值增长率只有3.5%。缓慢经济增长难以吸收迅速扩大的新增劳动力,导致失业人数不断上升,经济效益低下和经济结构失衡已经严重制约了印度经济的快速发展,绝大部分国民生活水平处于贫困线之下,印度在全球的经济地位也不断下降。

在政府长期保护下建立起来的印度工业缺乏国际竞争力,导致印度贸易逆差不断增加,国际收支赤字逐渐增多,印度外汇储备不断减少,到1991年印度终于爆发了独立以来最为严重的国际收支危机。拉奥政府接受国际货币基金组织的建议,开始大刀阔斧地进行以私有化、自由化、市场化和全球化为方向的经济改革,拉开了印度独立以来最全面的一次改革的序幕。自1991年至今印度经济改革可以分为三个阶段,即拉奥政府领导的改革的初期阶段,瓦杰帕伊为代表的联合政府领导的改革的加速阶段,辛格政府领导的改革的深化、发展阶段。实行经济改革以来,印度经济保持了持续快速增长的态势,实现了跨越式的经济高速增长,取得了令人瞩目的成就:经济增长速度明显加快、对外贸易增长强劲、外国投资不断增多、国际收支情况好转;而且,印度的产业结构出现了积极变化,高新技术产业异军突起。改革将印度一度迟缓的经济增长率提高到了每年8%左右,然后在2011年和2012年又回落了几个百分点。多年来,印度的经济增长率在全球大型经济体中一直仅次于中国,位居第二。[1] 特别是在第三产业方面,印度实现了跨越式发展。印度国内消费潜力巨大,成为一个新生的国际大市场。

而且,印度逐年深化经济自由化政策,欢迎外国对印投资、合作

---

[1] [印]阿马蒂亚·森:《印度为什么赶不上中国?》,《纽约时报》2013年6月21日。

和进行贸易,以促进本国经济发展。与20世纪80年代相比,投资环境已略有改观。

印度现为世界第五大经济国和第十大工业国。印度人口众多,据印度最新的人口统计数据显示,印度人口总量目前已经超过14亿,约占世界总人口的17.5%,成为当今世界人口第二多的国家,其中印度农村人口高达70%以上。[1]

尽管印度经济改革取得了一定的成功,但也存在着一些问题:公营企业改革效果不佳,经济失衡更为严重,中央政府财力不足等。

据世界银行报告,2014年的国内生产总值印度突破2万亿美元大关,目前已达到2.067万亿美元。仅在7年内,印度经济便增加了1万亿美元。印度已成为2022年世界经济增长最快的国家之一,其人均国民收入已增加至2462美元。[2] 但就收入而言,印度仍处于中等收入国家的行列。

截至2014年,印度在全球经济竞争力排行榜上名列第60,远低于中国的第29名。而中国的名次与韩国(25名)和法国(23名)等高收入国家相当。其原因在于印度长期经济繁荣基本动力不足。

尽管印度成为世界上经济增长最快的新兴经济体之一,但仍面临着贫困问题突出、发展不平衡、产业结构不尽合理、财政赤字居高不下等问题,经济改革面临诸多挑战。2011—2012年度,印度陷入政治、经济困局,在艰难中蹒跚前进。但与此同时,印度仍然具有经济持续增长的较大潜力,[3]但要释放出潜力尚需清除诸多障碍。

更为严重的是,长期以来,印度面临着严重缺水、水资源时空分布失衡、用水效率低下、水污染等严重危机,而且在短期内难以缓解,中长期也不容乐观。水危机及其应对方式已成为印度发展的决定性

---

[1] 白朝阳:《全世界约有12亿人处于极度贫困》,《中国经济周刊》2013年5月21日。
[2] 数据来源:印度统计和项目执行部2023年2月28日公布。
[3] 吕昭义主编:《印度蓝皮书:印度国情报告(2011—2012)》,社会科学文献出版社2012年版,第3页。

因素之一,[①]并直接影响到南亚地区安全与稳定。

印度的制造业整体发展水平落后,但医药工业和纺织业发展突出。

事实上,尽管出现了稳步改善,但印度公共健康和教育水平仍然十分低下(名列世界第102位)。此外,缺少足够的交通、通信和能源基础设施(名列世界第85位)也制约了印度的生产率增长。印度在产品和劳动力市场效率(分别名列世界第85和99位)上也落后于中国。只有克服这些劣势,印度才能吸引到足够的投资以提振经济增长。与此同时,印度应该扩张劳动密集型制造业,[②]从而为日益增加的劳动力大军创造就业机会。

第一节 印度发展进程中经济因素研究

印度在英国殖民统治下直到19世纪后半期才开始发展以棉、麻纺织业为主的现代工业。20世纪初,印度民族独立运动的兴起,极大地推动了民族工业的发展。1908年,塔塔家族创办了印度第一个大型钢铁企业。英国对印度的长期殖民统治,使印度农业生产落后,粮食产量下降,导致饥荒不断;而且使印度的工业分布极不合理,工业高度集中在几个沿海的大城市。沿海地区的孟买、加尔各答、艾哈迈达巴德所在的三个邦的工业产值占全国工业总产值的70%以上。

一、经济发展是印度发展最重要的驱动器

印度独立后,经过多年的建设与发展,印度已建立起一个门类较

[①] 曾祥裕、张春燕:《印度应对水危机的政策措施评析》,《南亚研究季刊》2015年第2期。
[②] [韩]李钟和: India's Chinese Dream, *Project Syndicate*, 24 July, 2014.

为齐全的、独立的和具有一定水平的工业体系。自20世纪80年代以来,印度工业集中分布在沿海地区的状况已经有所改善,工业分布趋于合理。目前,印度已经形成了5个重要的工业区。

(一)农业在当代印度经济发展中占重要地位

印度是世界第二人口大国,也是世界第二农业大国,现有耕地24亿亩,农业产值占国民生产总值的42%。印度地处热带与亚热带地区,有着优越的农业生产环境,3/4的国土是平缓的高原和平原,漫长的高温季节有利于热带和亚热带作物生长,雨季雨水丰富,几乎全年都可以从事农业生产。

农业在印度国民经济中的基础地位十分突出。印度是一个以农业为主的发展中国家,农业在印度国民经济发展中发挥了非常重要的作用,农业经济在很大程度上影响着印度整个国民经济的发展。农业的增长速度,在很大程度上决定着整个国民经济的增长速度,农业人口长期占总人口的70%。

印度经济以传统耕种、现代农业、手工业、现代工业以及其支撑产业为主。70多年来,印度历届政府始终强调农业在国民经济中的地位与作用,强调农业发展,十分重视农业生产,为农业发展提供了强有力的财政支持,以确保国内粮食安全。印度农业生产发展迅速,独立以来,经过几十年艰苦努力,印度从一个饥荒频仍、吃粮靠进口的国家,变成为一个粮食基本自给,并有少量出口的国家。[①] 在经济改革进程中,印度强调粮食安全,限制农产品进口。

印度是世界上最大的粮食生产国之一,拥有世界1/10的可耕地,面积约1.6亿公顷,人均0.17公顷,74%的人口从事农业,国内生产总值的1/3依赖于农业与土地私有。印度农村以农户为主,从事工艺品和农产品加工的作坊或家庭手工业。印度政府对建立乡村工

---

① 文富德:《入世以来印度保证粮食安全的政策措施》,《南亚研究季刊》2013年第3期。

业在提供补贴、减税、原料供应等方面予以支持。各个邦都设有小企业协会。

印度的耕地面积较大，在两次"绿色革命"后农业机械化运用程度也较高。特别是印度金融发展基础较好，对农村金融服务较重视，农村金融机构覆盖率较高，农村金融法律制度较为完善，保障了对农业的资金投入，对印度农村金融市场建设有明显的促进作用。印度农业发展也具有一定的可持续性。

20世纪60年代，印度开始实行一种以推广高产品种为核心、以迅速发展农业生产技术为手段的现代化农业发展新战略，即"绿色革命"。此项战略的主要内容是在农业生产的各个阶段集中使用以优良品种为主的各种配置的农业技术和投入，并选择一些耕作条件好、雨量充足又有水利设施的地区实施该战略。

此次"绿色革命"的成功促使印度从一个"饥荒之国"一举成为世界粮食出口大国，从而使印度从粮食进口国转变为粮食基本自给并有大量储备的国家，[①]在一定程度上改变了印度农业、农村、农民贫穷、落后的面貌，为印度现代化的进一步发展奠定了坚实的基础。

印度政府在全国实行主导型农业生产领域公共服务的供给，涵盖了印度的农业科研与技术推广服务、农村道路、灌溉、农村电力、农村通信等农业生产基础设施、农业信贷和农业保险服务等方面。印度农业生产领域公共服务供给的特点是：政府主导色彩浓厚，农民参与机制缺乏。

（二）经济改革标志着当代印度经济进入了新的历史阶段

1991年6月21日，拉奥在社会动荡、经济危难的形势下上台执政。新政府从一开始就把治理经济作为头等大事来抓，推出了以"自由化、市场化、全球化和私有化（四化）"为重点的新经济政策。其主

[①] 文富德：《入世以来印度保证粮食安全的政策措施》，《南亚研究季刊》2013年第3期。

要改革措施：

第一，取消或放松各种经济管制，基本废除许可证制度。对经济管制的取消或放松有利于搞活国内市场，促进市场竞争，加快印度与全球市场的互动。

第二，取消或削减各种不必要的财政补贴，改革税制，缩小财政赤字。

第三，实行市场自由化，引进竞争机制。经济改革的总设计者曼莫汉·辛格（后担任两届印度政府总理）任印度财政部长（1991—1996）期间，积极协助拉奥总理主导了印度经济改革，[1]将引入最佳市场化作为印度经济发展的着力点，使经济适应全球化快速扩张的进程，推动了印度经济显著增长。

第四，改革国有企业经营机制，实行有限度的私有化。

第五，改革银行金融体制，实行积极的金融改革举措。金融改革后的印度金融规模及结构变化与经济增长之间相互影响、相互作用，金融效率增长对经济增长产生了一定的积极影响，但经济增长对金融效率提升的促进作用并不明显。[2] 同时，在本国金融改革、政策外部调控的作用下，印度金融发展与经济增长之间的这种内在联系也呈现出不同的阶段性特点。

第六，降低关税，放松管制，实行外贸自由化。

第七，积极引进外国投资。

拉奥政府所推行的经济改革彻底抛弃了尼赫鲁的经济发展战略，使印度经济从半封闭走向全面开放，把20世纪80年代以来的经济改革推向了一个新阶段，自此奠定了印度经济自由化的大方向，而此方针亦未受以后印度政党轮替的影响。

---

[1] Harish Kapur, *Foreign Policies of India's Prime Ministers*, New Delhi: Lancer International, 2009, p.386.

[2] 张自力、丘书俊：《印度金融发展规模、结构、效率与经济增长关系研究——基于该国金融改革20年的数据分析》，《上海经济研究》2013年第1期。

拉奥政府所推行的经济改革思想是印度独立后发展理念的总结与升华,同时也是对经济全球化的一种积极回应,更是"自由化浪潮中印度理论家和政治家共同形成的印度特色的自由化改革思想"。

印度经济改革的进展令人瞩目,印度进入了历史发展新阶段。曼莫汉·辛格称经济改革为印度"工业和农业的第二次革命"。

近年来,印度经济发展迅速,保持了年7%的高速增长率。目前印度在金砖国家中发展最好、经济结构也最完善。但与此同时,仍有40%的国民生活在贫困线以下。

印度从1991年开始实行第一轮自由化贸易政策改革,涉及经济生活中的诸多部门,而真正意义上的农业贸易政策改革,是在1995年WTO《农业协定》生效以后才开始的,粮食贸易政策改革进展顺利。然而,农产品高关税、国有贸易企业垄断、关税配额和国内生产补贴成为目前印度农业贸易政策改革所面临的主要问题与挑战。

"国家农村就业保障计划"与"信息权利保障法案"是辛格政府改革的核心内容,以改革印度有缺陷的官僚体制,采取向农村村级选举官员提供充足资金与决策权的方式,保证资金的有效使用及帮助穷人摆脱中间商人的压榨。

作为世界贸易组织成员,印度对世界贸易组织农产品协定虽然未做出任何承诺,但是却根据本国人口众多、农村人口贫困、农业生产率低下等基本国情,采取了一系列相关对策,在继续增加粮食生产的同时,强调调整农村产业结构,加速农村基础设施建设,扩大农业新科技的应用,以尽快增加农民收入,消除农村贫困状况。

印度在经济建设和推动社会进步方面取得了很大的成就,综合国力取得了显著的增长。特别是1997年以来,印度成功地经受了亚洲金融危机的冲击,在经济改革和经济增长的道路上稳步前进,成为21世纪世界经济发展的一个亮点。

(三) 当代印度资本市场较为成熟

印度资本市场发展已有百年的历史，交易规模大，交易工具先进，监管有力，尤其是以风险投资为特征的高技术企业的发展，直接推动了印度资本市场的发展。

印度证券市场已经有130多年的历史，在市场结构、运作效率及质量方面号称堪与发达市场相媲美。目前全印度共有23家证券交易所，其中全国性证券交易所有NSE(National Stock Exchange,印度国家证券交易所)和BSE(Bombay Stock Exchange,孟买证券交易所)两家，全国有400多个城市可以访问其交易系统。印度的上市公司达10 000多家，位居世界第一，交易量居世界第3位，股票期货市场号称全球最大，交易非常活跃。印度证券市场资本总额占国民生产总值的比例与发达国家相仿，高于许多新兴市场。

印度股票市场在新兴市场国家中是一个相对成熟的市场。印度1991年对证券市场进行了改革，取得了较好的效果。印度证券市场的发展对本国经济增长影响在方向和程度上呈现出不同的阶段性特点。整体而言，印度股票市场对经济增长发挥了积极的促进作用，但其交易流动性给经济增长带来了一定的负影响。进入21世纪以后，股票市场发展对印度经济增长的促进作用尤为明显，[①]在资金的流通和融通方面直接推动了印度经济的发展。印度资本市场的体系建设比较完善，其效率和透明度也较高，为印度私营企业的发展提供了良好基础。印度多层次市场体系促进了高科技产业的发展。印度的多层次股票市场机制创造了一批堪与欧美大公司竞争、从事尖端的知识型产业的企业。

作为世界上第二大发展中国家，印度资本市场与高技术新兴产

---

① 丘书俊、张自力、范纯:《印度股票市场发展对经济增长影响的实证分析——基于该国金融改革20年的数据》,《武汉金融》2013年第4期。

业和传统制造业的发展印证了以英、美为代表的资本市场融资模式的路径,即资本市场与高技术新兴产业可以形成联动式发展。这种联动式发展模式促进了技术进步和产业升级,但也造成印度三次产业发展的不平衡,出现严重的二元结构。印度政府已经开始进行产业结构的调整,加速发展传统制造业,通过发挥资本市场的融资功能和并购功能,鼓励其开展海外并购,①以全面提升制造业企业的国际竞争力,实现印度经济的稳定可持续发展。

印度资本市场快速发展表现在以下几个方面:

第一,印度经济稳定增长和市场不断开放为其资本市场的发展创造了良好的条件。

第二,印度拥有一批现代企业,对资本市场发挥了巨大的推动作用。

第三,印度已形成了多层次的资本市场体系,资本市场国际化、证券市场网络化以及良好的监管体系进一步促进了资本市场的发展。

(四) 外国直接投资为当代印度经济发展增添活力

近年来,作为新兴工业体国家,印度对外贸易发展迅速,特别是1991年以来,随着印度引资政策的调整与投资环境的改善,流入印度的外国直接投资(FDI)持续增长。外国直接投资的产业流向和行业流向在强化国内产业结构升级与技术提升方面发挥了积极作用。究其原因,主要在于印度吸引的外国直接投资技术含量较高和印度国内拥有数量众多的高水平技术人才,为其提供了较强的吸收能力。印度独立后至20世纪80年代,采取了进口替代政策。1992年5月起,印度制定了较为完整、稳定的外资政策,对引进技术、促进出口和

---

① 戴永红、秦永红:《印度资本市场与产业结构调整的互动》,《南亚研究季刊》2012年第4期。

重点发展部门的国际投资予以税收和股权方面优惠,并开始注重吸引直接投资与技术的消化扩散相结合。

由于受国内政治与经济等因素的制约,长期以来,印度对外投资的发展相当缓慢。经过20世纪90年代的经济改革,印度对外投资开始缓慢增长,到2005年进入加速阶段。印度利用资源和劳动力方面的廉价优势,对外直接投资多为资源输出型和劳务输出型。印度与南亚各国在历史、文化、宗教等方面有认同感,该地区成为印度跨国公司的投资重点区域,而英联邦国家成为印度跨国公司对外投资的另一个重点区域。

进入21世纪以来,发展中国家掀起了对外投资的热潮,印度作为世界第二大发展中国家,同时也是当前经济增长最快的经济体之一,对外直接投资进入了快速增长时期。印度2006年对外直接投资已达到136.49亿美元。而在2008年全球金融危机爆发后,印度的对外直接投资呈现逆势猛增的态势。

近年来,印度企业的国际化经营态势越来越强,对外直接投资呈迅速发展之势,取得了令人瞩目的成就,对外直接投资额从1995年的0.38亿美元迅速扩大到2007年的65亿美元,增长了170倍。作为对外直接投资的载体,印度跨国公司数量不断扩大,在过去10年间增长了809%,而同期发达国家跨国公司的增长率仅为47%。[①] 印度的对外直接投资不仅在规模上扩展迅速,而且在主体选择、行业重点、地区格局、方式选取和投资绩效等方面也形成了鲜明的特点与竞争优势,并对印度本国经济产生了积极的带动作用。

总体而言,印度对外直接投资更具优势,尤其是在投资动机、区位与行业选择上有许多值得其他发展中国家学习和借鉴。

印度非常注重提高外资的利用效率。特别是2014年莫迪上台

[①] 蓝庆新、张雅凌:《印度对外直接投资的经验及对我国实施"走出去"战略的启示》,《东南亚纵横》2009年第3期。

后,他借鉴中国的成功经验,在印度提出了"改革开放,招商引资"的主张,利用印度人力成本低廉的优势,大力推动"印度制造"。外国直接投资对印度经济发展产生了一定的积极效应:

第一,外国直接投资增加了印度可用于国内投资的储蓄,弥补了印度经济发展资金不足,流入的资本直接形成了生产能力,在一定程度上促进了印度的资本形成与经济增长。

第二,外国直接投资对印度产生的技术溢出效应日益显著,提高了印度的全要素生产率,改变了产品结构,促进了国内研究与开发,提高了生产效率。

近年来,进入印度的外国直接投资主要流入以市场导向的基础产业和制造业部门。外国直接投资给印度带来了稀缺资源,通过产业前后辅助性投资形成了产业效应,使其产业结构不断调整与升级,并使就业结构也发生了相应的变化。

第三,外国直接投资对其进出口贸易、进出口商品结构以及国际收支等方面产生了一定的积极作用。

尽管印度实行的联邦制对印度经济的发展发挥了一定的积极作用,但外商直接投资及海外印度侨民投资形成了印度经济改革时期一个显著的特征,而印度出口导向投资的集中则构成了另一个重要特征。

2014年莫迪上台执政以来,积极通过改善商业环境以提高印度的竞争力,宣布了刺激保险、防务和通信方面的外国直接投资的措施,包括提高基础设施支出及新的鼓励储蓄和投资的税收激励。

2016年,印度政府在2012年地方政府首次向外资开放51%投资额度的零售市场基础上提高到100%,大大降低了外资进入门槛。而且,除国有银行以及国有上市公司之外,外国机构投资者对于印度国有企业的占股比例也从之前的24%提升到了目前的49%。[①]

[①] 陈韶旭:《印度:能否走出"新平庸"》,《文汇报》2016年4月15日。

但是,外国直接投资对印度经济发展也产生了一定的负面效应:

一是在经济全球化趋势下,印度绝大多数劳动力仍无力参与国际经济竞争,在吸引利用外国直接投资的过程中,印度的弱势群体进一步会遭遇"贫困陷阱";

二是外国直接投资与印度的目标利益存在一定的差距,其结果必然提高其利用外资的成本;

三是外国直接投资在一定程度上损害了印度的国家利益,导致其经济畸形发展,进而威胁到印度的经济安全。

(五)工业发展迅速

印度独立以来,基本上建立起了一个较为完整的、门类比较齐全的民族工业体系,工业品对外依赖逐渐减少,工业产品出口逐步增加。

印度主要工业包括纺织、食品加工、化工、制药、钢铁、水泥、采矿、石油和机械等。近年来,汽车、电子产品制造、航空和空间等新兴工业发展迅速。其中,纺织业是印度历史最久、规模最大的行业,其产出占GDP的6%左右,吸收了3 500万人就业。印度现已成为世界上第五大服装出口国。

自1991年,印度宣布新经济政策以来,印度工业各部门出现了巨大变化,并影响到印度的电信业。工业和电信部门所实施的新的法规和政策变化,给印度的电信网络市场发展以巨大的推动,使印度的电信基础设施迅速扩大,需求日益增长,迅速成为电信设备和业务供应商最具吸引力的世界市场之一。

二、印度发展进程中的经济发展特征

印度独立后,为了促进国民经济发展,印度实行了公私并存的混合经济体制,并在实行社会经济发展计划的同时注意发挥市场机制的作用。

长期以来,印度经济增长缓慢,并呈现出周期性的起伏波动。经过20世纪80年代的经济政策调整和20世纪90年代的经济改革,印度经济发展速度明显加快,呈现出了加速发展的态势,农业由严重缺粮到基本自给,工业形成了较为完整的体系,服务业发展迅速,占GDP比重逐年上升。印度已成为全球软件、金融等服务业重要的出口国。

印度经济可持续增长之路在于:目前印度正处于新兴市场不断上升的阶段,而且印度服务部门已成为经济增长的主要推动力;工业占价值增值的比例一直保持在25%,而小微企业占制造业就业的比重高达84%,印度已经从农业经济转变为服务驱动型经济。[1] 工业增长率低下,这是阻碍制造业和采矿业发展的政策所带来的后果。

2014年上台的莫迪政府需要改善印度的投资环境,通过改变规则以加速经商许可和环境许可的批准、简化劳动力监管和填补司法空白等手段推动改革,促进印度经济全面复苏。莫迪领导的新政府将继续强化"高效""务实""现实主义"和"国家利益"等执政理念。[2] 莫迪新政府重点关注的领域是社会及基础设施发展、行政与经济改革,以及通过解决政策瓶颈和改善国内外安全环境来提升印度的投资环境。

由于受国际金融危机的影响比较大,印度经济增长明显下滑,从金融危机爆发之前GDP接近年增长9%的水平下降到2014年的5%—6%;多年来大量财政赤字不断增加,经常项目逆差问题始终没有得到解决;国内通货膨胀居高不下,印度卢比汇率也持续贬值,这些都是印度未来需要解决的问题。

但印度经济正在逐步恢复。印度经济未来的发展前景与潜力较

---

[1] Gita Gopinath、Iqbal Dhaliwal, He Road Map of India Economy, *Project Syndicate*, 19 May, 2014.
[2] 杨晓萍:《莫迪当选与转型印度》,《当代世界》2014年第7期。

大。2014年以来,印度经济陷入低谷后出现了高速反弹现象,其中主要原因在于国际油价大幅下跌给印度创造了良好的外部发展环境;而且国际原料市场价格下跌及大宗商品价格大幅下降,印度的经常项目赤字大幅下降,外汇储备得到了一些改善,本、外币供需的变化有助于稳定卢比的汇率,也有助于改善国内通货膨胀;此外,物价下跌助长了印度国内的消费需求,使印度在2014年重新成为全球最大的黄金消费国。莫迪上台后主动改革,积极调整了引进外资的政策,不断扩大吸引外资,2014年外国直接投资增长了26%。国内外市场对印度的信心增强。在国外直接投资的强劲流入和印度经济的循环复苏作用下,2016—2018年,印度有望成为世界上增长最快的新兴经济体。

莫迪正在努力打造印度经济的持续腾飞,包括放宽外资进入、加大基础设施建设、改善招商引资环境、减少政府补贴支出和更多鼓励投资的货币政策等。这些经济政策有利于进一步推动国内经济改革,改善投资环境和提高政府治理经济的能力等。但印度要想彻底解决国内经济结构性矛盾,需要切实强化结构性改革,而这些改革并非易事,尤其是印度需要改变当前畸形的产业结构,提升制造业的国际竞争力,改变财政赤字过高和经常项目长期逆差的局面,[①]同时又要推进税制、劳动法、外商投资法等的配套改革。

(一)混合经济是印度经济发展的主要模式

独立后,印度在经济模式上采取了混合经济的发展模式。坚持国有化发展方向,混合经济偏重公营经济的发展,大力发展公营经济,以公营经济为主导,限制私营经济发展;强调社会公正,支持小型企业发展,更多地运用行政手段干预经济的运行。政府还通过各种许可证、关税和非关税壁垒实行进口替代政策,实现自力更生,并确

---

① 范辰言:《印度经济能否厚积薄发?》,《国际商报》2014年12月10日。

立了在推动经济增长的同时兼顾社会公正的经济发展目标。这种混合经济模式为印度经济发展奠定了一定的工业基础,但同时也带来了诸多问题,阻碍了经济的快速发展,使印度同东亚国家的差距越来越大。

(二) 内需是推动经济增长的主要动力

综观当代印度经济发展历程,印度经济增长主要依靠内需拉动,这是印度经济发展最基本的一个特征。

印度政府长期实行严格限制进出口贸易的政策,即实行对外贸易统制制度,明确规定商品进口原则,对进口商品实行分类管理,并征收高关税,对商品进口设置诸多非关税壁垒等措施,在一定程度上放慢了经济全球化进程,从而使印度对外贸易依存度及对外资金依存度长期在较低的水平上徘徊,制约了印度经济的深入、全面发展。

同时,印度还实行了优先发展重工业的经济发展战略,逐渐降低社会经济发展和人民生活对国外工业品的依赖,从而导致印度普遍存在着制造业发展不足、服务业比重较大、工业基础薄弱导致增长后劲缺乏等问题。而且,巨额赤字导致了印度经济在高通胀下运行,又造成了巨大的经常项目赤字。

印度经济改革的核心就是处理经济增长与社会公平的问题。[1] 实践证明,以经济增长为中心,适当兼顾社会公平的经济改革才是符合印度现实国情有效的改革。社会公平只能在经济稳步增长的基础上实现。

印度"弱"政府反而形成了更加富于竞争力和活性的市场体系。与此同时,印度也更加注重对知识产权的保护、对私有产权的尊重和对国际体系的接轨。经济增长仍然主要依靠要素(例如资源、资本与劳动)推动,并随着发展阶段的转化而衰减,制度在动员资源方面的

---

[1] 李好:《印度经济改革的核心:经济增长与社会公平》,《经济研究导刊》2011年第18期。

作用越来越小;随着经济发展进入内生增长阶段,印度在增长质量方面的优势例如技术创新、知识产权、市场机制等因素的作用将明显递增。印度大国经济发展的矛盾运动构成内在"动力",为政策演进提供了根本原因,起到内生决定性作用;国际环境的变化构成外在"压力",为政策实施提供了可行的条件,起到外生促进性作用;而印度国内政治、社会与文化结构等非经济因素构成制度性"约束力",影响着政策反应的速度和方式,起到客观制约性作用。

(三) 对外贸易发展迅速

印度经济在20世纪80年代的第一次提速、在20世纪90年代的第二次提速和在21世纪初期10年的再次提速,均与一系列旨在实现经济自由化和市场化的制度变迁、体制转轨和政策改革相关,尤其是1991年的经济改革,这场以自由化、私有化、市场化和全球化为主的经济改革使印度对外贸易焕发了生机,对外贸易的发展又对其经济的增长做出了重要贡献。经济改革、对外贸易、经济增长之间出现了良性互动,并构成了经济改革的重要组成部分。

印度对外贸易政策经历了由半管制、半封闭的内向型"进口替代"到市场化、开放型"贸易自由化"的转变,反映出印度式的"谨慎"风格。

印度对外贸易政策的演进与转向合乎国情、合乎规律,具有不可避免性。

第一,印度长期实行内向型"进口替代"战略与政策。经济改革以前的印度一直采用了独立初期实施的政策:强调优先发展重工业,对外贸易实施"进口替代"战略,采用严格的许可证管理制度对生产和市场进行管理,对外国直接投资严格限制,强调依靠自身资本积累发展国内产业。

第二,实行"谨慎开放型自由化"贸易政策,从有限开放到全面开放。20世纪80年代,英迪拉·甘地政府和拉吉夫·甘地政府对经济政策先后进行了调整,加大了促进出口的力度,开始向国际金融市场融资,注意引进外国直接投资,推动了印度对外贸易的发展,经济增长速度有所加快。20世纪80年代印度经济年均增长率达到了5.5%。但由于没有从根本上转变印度发展经济的指导思想,印度经济虽然有所增长,只不过是阻止了印度经济全球化进程的脚步而已。

1991年开始,印度开始放松对经济的严格管制,鼓励私营经济发展,同时逐步开放对外贸易,并向出口促进型战略转变,积极参与到世界分工之中。印度开始制定中长期货物贸易政策,以推动印度经济的高速发展。

(四)印度企业对外投资比例不断上升

1991年经济改革以来,印度企业对外直接投资进一步发展,投资量不断增大,行业分布广,投资方式多样,而且投资区位广泛,企业跨国经营遍布世界上绝大多数地区。印度已经成为国际上重要的对外直接投资者,而且印度在世界范围已形成了若干家大型跨国公司。随着经济全球化与印度经济的发展,以及新技术革命的刺激,印度跨国公司的发展进入一个新阶段。印度跨国公司具有以寻求市场和资源开发为主、投资地区相对集中与投资方式多样化和对外投资规模较小等特点。跨国公司促进了印度经济发展,有利于开辟国际市场,扩大出口,有利于融入全球化,吸收国外先进技术与管理经验,利用国外资源,促进印度经济发展。

(五)第三产业对经济发展贡献率逐年增加

印度实行经济改革以来,服务业发展较快,增幅在5.7%—10.5%,服务贸易的高速增长成为拉动印度经济增长的一支重要力量。其中,交通通信业和建筑业发展尤其迅速,"十五"计划(2002—2007年)期间年均增长分别达15.3%和12.9%,2006—2007财年增幅为16.6%和12%;金融服务业"十五"期间年均增长9.5%。2013—2014财年统计数据显示,第三产业仍是印度经济增长的最大推动力。[①]

铁路为印度最大的国营部门,拥有世界第四大铁路网。公路运输发展较快,是世界第二大公路网。海运能力居世界第18位。截至2010年6月,铁路总长度达6.4万千米,公路总长度达332万千米。

2014年6月,印度总统称新政府将进行经济改革,改革议程包括推出一般消费税、鼓励外国投资及加快重大商业项目的批准速度,打造全球制造中心。

莫迪领导下的新政府视城市化为重振印度经济的机遇,将新建100座城市,使全国5成人口住在城市,并"积极推进"对国有煤炭业的改革,以吸引民间投资。新政府将大力促进劳动密集型产业、旅游业发展,以增加就业;政府还将制订基础设施开发计划,包括高速铁路、公路和机场。印度政府首次提出了"铁道系统提升"发展计划,寻求外国直接投资。印度政府将建设孟买到古吉拉特邦的艾哈迈达巴德之间的首条高速铁路。

印度是一个自然和文化旅游资源非常丰富的国家,旅游业成为印度政府重点发展的产业,[②]也是重要的就业部门,它提供了2 000多万个岗位。入境旅游人数近年来逐年递增,旅游收入不断增加。主要旅游点有阿格拉、德里、果阿、斋浦尔、昌迪加尔、瓦格腊西、那烂陀、迈索尔、海德拉巴、特里凡特琅等。但由于各种原因,印度国际旅游服务贸易长期存在着明显的逆差。

独立以来,印度经济逐步形成了自己独特的发展特点:以服务业为主的第三产业成为拉动经济增长的主要动力,经济以内需为主导,对世界经济的依赖度较低。因此,印度经济增长具有较强的可持续性。

[①] 吕昭义、林延明:《印度国情报告(2015)》,社会科学文献出版社2015年版,第34页。
[②] 唐贞全:《印度旅游服务贸易现状及中印旅游服务贸易合作》,《南亚研究季刊》2011年第3期。

印度在职业培训方面,从规模投入和运作模式上来看,印度做得较为成功。

印度强调以政府为主导的三方协商机制对劳资纠纷化解的作用,充分尊重劳资双方对解纷程序的选择权,并积极引导劳资双方在企业内实现共同治理,从而从总体上控制了劳资纠纷蔓延的趋势。

面对严峻的就业压力,印度政府首先着力解决的是占劳动力多数的农业工人就业问题。2006 年 1 月,印度国会通过了首先在全国 200 个最落后的县实施的《国家农村就业保证法》。目前这一法案已经覆盖了另外 130 个县,已有 2 120 万户家庭受益于该法案。2004 年印度成立了国家制造业竞争力委员会,2006 年又成立经济特区发展制造业。在这一政策的带动下,截至 2006 年 12 月,经济特区直接为印度提供了近 50 万个就业机会。

第二节　经济发展是印度发展的内在动力

独立后,印度政府为把印度建设成为一个现代化工业强国,实行了具有本国特色的发展模式——公私并存的混合经济体制,即计划与市场相结合的宏观管理机制、现代工业与农业结合的经济模式、现代产业与传统产业结合的发展战略、利用国外资源与自力更生结合的发展方针等。

一、经济发展推动了印度发展的进程

经过几十年的实践,印度经济模式虽然存在着问题,但取得了一定的成功。而且,从 20 世纪 90 年代开始,印度开始推行以自由化、私有化、市场化、全球化为导向的经济改革,经济增长速度明显加快,这证明了具有印度特色的经济发展模式有力促进了印度经济实力的增长。

（一）经济改革推动了印度经济快速增长

拉奥于 1991 年上台后，开始实行全面经济改革，在发展理念上将增长放在了政策首位，改变了内向型发展理念。他提出了自由化、私有化和全球化的口号，加快了经济自由化和市场化的改革，以市场为取向，从根本上转变印度经济发展战略，变进口替代为出口导向，放宽进口限制，大幅降低进口关税税率，由政府过多干预转变为更多依靠市场调节，减少政府对经济活动的干预，放松对工业、外贸和金融部门的管制，取消许可证制度，逐步取消非关税壁垒措施，逐步使卢比成为可兑换货币。拉奥经济改革旨在使限制过多的经济体制转向自由竞争的市场体制：大力引进竞争机制，充分发挥市场调节作用，鼓励私营经济的发展，支持印度企业走向世界，改革外贸体制，扩大对外开放，促进印度经济向国际化转轨。这次经济改革极大地刺激了印度经济的发展，标志着印度经济发展进入了新的历史发展阶段。

经济改革成效显著，对印度经济发展起到了巨大的推动作用。改革涉及工业许可证、价格管制、小工业的保留等政策，并开始改革公营企业，实施减持等措施。在对外资和外贸领域的改革也进行得较为深入，同时还加大了对金融领域的自由化改革进程。1991 年实施的经济改革给半管制的印度经济带来了相应的激励机制，改变了印度同世界经济相隔绝的状况，产生了诸多积极影响，同时为未来经济的健康发展奠定了基础。

具体而言，经济改革使印度对外经济关系迅速发展：1980—1981 年度至 1990—1991 年度，印度进出口贸易额从 158.68 亿美元上升至 240.75 亿美元，增幅超 50%，在政策的引导下，印度出口快速增长，从 2000—2001 年度 505.36 亿美元，[1]2002—2003 年度出口 509

---

[1] 文富德著：《印度经济全球化研究》，四川出版集团、巴蜀书社 2008 年版，第 118 页。

亿美元,2004—2005 年度出口达 808 亿美元。同时,印度对外服务贸易增幅很快。仅以软件服务出口为例,经济改革前,印度每年软件服务出口额不到 1 亿美元,但目前,印度每年软件出口额达 150 亿美元。外包服务也从无到有,目前年收入接近 50 亿美元。

1992 年印度开始实施出口导向型政策。一是改革汇率机制。在卢比大幅度贬值的基础上,实行双重汇率。二是兴建一批出口工业园。在园区内,政府为企业提供完善的基础设施和免税环境,延长企业贷款偿还期,同时给予一定的出口补贴。三是建立经济特区。2000 年印度开始建立经济特区,特区内企业享受出口货物免关税、进口货物免检、保留 3 年外汇盈利和简化会计审查程序等优惠政策。

1992—1996 年,印度实现了经济年均增长 6.2% 的目标。

1998 年以后,瓦杰帕伊联合政府上台执政,积极以 IT 为龙头的高新技术产业成为政府扶持的重点,并加快了国有企业的改革步伐,积极推进经济私有化、自由化和市场化的进程,把发展的重点放在了资本与技术密集型的产业。

2004 年曼莫汉·辛格上台后,调整了改革的重点、方向和力度,强调农村农业发展的重要性,加大对农村的投入,加强基础设施建设,缩小地区差异和减小贫富差距,并逐步提高教育经费在 GDP 中的比例。

随着经济改革的不断深入,印度总体经济形势出现明显好转,但是印度的开放度和全球化程度相对还较低;改革本身还面临着一些困难与挑战,包括农业部门和劳工市场的改革等。这些都是较为敏感问题且涉及人群较广,因而改革阻力比较大。在当前经济中也还存在诸如高额的财政赤字和基础设施瓶颈等问题。

"九五"计划(1997—2002 年)期间印度经济年均增长 5.5%。"十五"计划(2002—2007 年)期间,印度继续深化经济改革,加速国有企业私有化,实行包括农产品在内的部分生活必需品销售自由化、改善投资环境、精简政府机构、削减财政赤字,实现年均经济增长 7.8%。

2003—2004年度印度经济增长率为8.5%,2004—2005年度略有下降,为7.5%,2005—2006年度猛增到9.5%,2006—2007年度保持在9.5%,2007—2008年度达到了9.8%。①

(二)"五年"计划助推印度经济发展

印度于2006年推出"十一五"计划(2007—2012年),提出保持国民经济10%的高速增长,创造7 000万个就业机会,将贫困人口减少10%,大力发展教育、卫生等公共事业,继续加快基础设施建设,加大环保力度。

2008年以来,受国际金融危机影响,投资、消费和金融资本市场受到严重影响,印度经济增长速度放缓。具体表现为经济高速增长的势头有所减弱、失业率增加、股市下跌、金融资产严重损失、卢比急剧贬值、出口减少、外贸逆差扩大、贸易赤字持续增加和投资规模下降、国家资产有所损失、基础设施建设受影响等诸多方面。② 同时,也暴露出印度政府在政策制定方面缺乏连贯性、低效率,以及财政补贴过度、基础设施建设滞后、城市贫困人口集聚等体制机制问题。

2008年以来,印度GDP增长速度在2010年第一季度达到9.5%的最高峰值。在这之后的两年里,各个季度的增长速度呈逐季下滑趋势。金融危机对印度经济产生了严重的影响,作为亚洲地区重要的增长助推器的印度正在明显失去其活力。具体表现为经济高速增长的势头有所减弱、通货膨胀长期居高不下、失业率居高不下(高达9.5%)、股市下跌、出口和投资规模下降、基础设施建设受影响等诸多方面。

全球性金融危机给印度经济竞争力和经济增长带来了相当影响,冲击了印度金融资本市场:造成了国家资产损失、股市震荡下跌

---

① Government of India, Economic Survey, 2010 - 2011, Economic Division, Ministry of Finance, New Delhi, 2011, pp.1 - 4.
② 王秋实:《印度经济发展模式对我国中长期发展战略的启示》,《财经界(学术版)》2014年第1期。

和金融资产严重损失；加剧了印度卢比贬值，造成了资金流动性不足；对印度外贸也产生了一定的影响，导致出口减少，扩大了外贸逆差，贸易赤字持续增加；并对印度就业产生了不利影响。

2009年下半年以来有所好转。国内生产总值达446 408亿卢比（约合9 653亿美元），国内生产总值增长率为7.4%，国民总收入达到了443 970亿卢比（约合9 600亿美元），国民总收入增长率为7.3%，人均国民收入为33 588卢比（约合726美元），人均国民收入增长率为5.6%。但是，年度通货膨胀率达到了4.8%（2008—2009财年），失业率为6.8%（2008—2009财年）。[1]

全球性金融危机反过来又促使印度政府不得不转变其经济增长模式，努力改善经济发展环境，推进经济改革进程，印度经济出现了积极而缓慢复苏的迹象：经济下滑速度放缓、工业生产大幅回升等。印度经济能迅速复苏的原因主要在于：曼莫汉·辛格政府积极、冷静地应对这场世界性金融危机，印度中央政府积极应对全球金融危机，采取了积极适当的政策举措；印度以内向型增长为主的经济发展模式"功不可没"，保证了农业稳定增长；而稳定的外部环境促进了印度经济的缓慢复苏。

根据世界贸易组织的数据，印度人均GDP增长缓慢，2012年为3 851美元，远低于中国的9 146美元。根据官方公布的数字，2011年印度的失业率是中国的两倍以上。全球反腐败非政府组织"透明国际"公布的全球清廉指数将中国排在全球第80位，印度的排名更靠后，为第94位。

印度实行中央和地方财政分立制度，预算也分为联邦和邦两级。每年4月1日—次年3月31日为一个财政年度。多年来，印度一直推行赤字预算以刺激经济发展，中央和邦级债务累积占GDP的80%。"十五"计划（2002—2007年）期间，中央财政收入年均增加

---

[1] 印度中央统计局，2010年5月31日公布。

16.2%,其中税收收入年均增加20.7%。2009—2010财年,印度财政赤字4.12万亿卢比(约合889亿美元),约占GDP的6.7%。截至2008年12月底,外债为1 638亿美元。截至2010年3月,外汇储备约2 770亿美元。①

近年来,印度对外贸易中进口激增,出口增长缓慢,贸易赤字扩大,成为国际收支失衡的主要原因。

高通胀、高财政和经常账户赤字一直拖累着印度的经济发展,2013年以来,这些数据尽管有所改善,但仍处于高位态势。

印度结束了2004财年到2011财年年均8.2%的高增长,进入经济增长的慢车道。受全球经济大环境不景气影响,2011—2012财年经济增长率仅为6.5%,创下10年最低。2013—2014财年,印度宏观经济形势在总体上依然趋于稳定,主要表现为:政府财政赤字率控制在预定目标内,物价水平明显回落,对外贸易赤字和国际收支情况有所改善等。按照新系列统计数据,印度在2013—2014财年的经济增长率为6.9%,②通货膨胀率高达8%。③ 2016—2017财年,印度经济增速为7.1%,较上一财年的7.6%明显回落。

2016年11月,莫迪政府宣布废除大面额500卢比及1 000卢比纸币,旨在打击腐败、黑钱及非法现金窝藏行为,但误伤了印度经济。废钞令已经对印度经济产生了不利影响,并导致了印度经济增速放缓。④ 但印度仍是世界主要经济体中增速最快的国家之一。

印度经济遭遇瓶颈既有周期性因素,也有结构性问题,特别是产业结构不合理,制造业远远落后服务业发展。电力、交通等基础设施发展相对落后严重影响外国投资在当地的发展,这些都将制约印度经济发展。

---

① 印度中央统计局,2010年5月31日公布。
② 吕昭义、林延明:《印度国情报告(2015)》,社会科学文献出版社2015年版,第34页。
③ 冯创志:《中印关系是否真的"山重水复"》,中国网2014年6月9日。
④ 《印度官方服软:首次承认废钞令损害经济!》,俄罗斯中文网2017年2月5日。

从 2016 年 8 月印度国会通过宪法修正案之后,至 2017 年 3 月 29 日,印度议会完成了《商品服务税法》(GST)的最终立法工作,标志着具有"里程碑式"意义的全印度统一税法正式出台,该法将有助于形成统一的印度国内市场。莫迪政府完成了印度千年以来未完成的全国统一税制。

二、信息产业成为印度发展进程中的主要支柱

印度作为世界电子信息产业后发国家,经过多年的快速发展,已经形成了一定规模。印度软件外包产业独具特色,在世界软件外包市场中占据很重要的位置。在印度政府一贯而强有力的扶持下,印度信息产业发展迅速,已摆脱了单纯的劳力出口模式,印度软件出口每年以 60% 的速度增长,2000 年,印度软件出口总额达到了 62 亿美元,占印度全部出口额(440 亿美元)的 14%。2008 年印度软件产值达 850 亿美元,其中出口创汇达到了 500 亿美元,占印度出口总额的 33%。2014 年,印度政府出台了一系列促进本国电子信息产业发展的政策措施,目的是稳定和促进电子信息产业的发展,包括加大对电子信息基础设施的投入、打造产业集群、扶持本土企业等政策措施,其产业全年增长 7.4%,较上年增速提高了 0.7 个百分点,产值预计达到 65 098 亿卢比。2014 年,印度政府为进一步巩固其软件外包产业的世界领导者地位,加大了对软件外包企业的扶持力度,产业继续保持快速增长势头,对印度国民经济的贡献率超过 50%。[①]

印度大力发展信息产业,政府积极扶持信息产业的发展,加上英语基础、人才培养与储备、重视管理以及开放等有利因素,印度的信息产业发展很快。而印度政府 IT 业法律的出台使网络通信、电子商

---

① 洪京一主编:《工业和信息化蓝皮书:世界信息技术产业发展报告(2014—2015)》,社会科学文献出版社 2015 年版,第 74—79 页。

务在印度有序地发展;对"黑客"、传播电脑病毒、网上色情的打击有法可依;规定由政府部门设立专门机构,对开设网页、网络广告和电子商务进行监控,以保证网络经济的安全。

以计算机软件为主的信息技术业在印度以强劲的增长势头迅猛发展,在全世界软件开发人员中,印度人占了30%。在人才济济的美国硅谷,美籍印度人经营的公司多达700多家。在20世纪80年代后期,印度政府根据现代信息技术发展的潮流,制定了重点开发计算机软件的长远战略,并于1991年6月在班加罗尔建立了全国第一家计算机软件技术园区。为了鼓励投资,印度政府对进入高科技园区的海内外公司都实行优惠政策,免除进出口软件的双重赋税,放宽中小企业引进计算机技术的限制,允许外商控股75%—100%,全部产品用于出口的软件商可免征所得税等。这些优惠政策大大刺激了国内外投资。世界上许多著名的信息业公司,如微软、英特尔、苹果、国际商用机器公司、西门子、惠普、康柏、摩托罗拉、奥瑞克公司等都在印度设有研制中心和生产基地。一些公司甚至已经把它们在全球一半以上的软件研究和开发项目转移到印度进行。如今,得益于政府重视与政策优惠,以及印度注重信息技术人才的培养与引进和立法保障,再加上政府金融支持等有利因素,[①]班加罗尔已发展成为印度软件之都,吸引了海内外400多家著名信息技术业公司,[②]被誉为世界十大硅谷之一。

为了进一步发展计算机软件业,印度政府又将软件技术园区由南向北推进,形成了全国性的软件技术网络。印度软件业的发展极大地推动了印度经济的整体发展。

印度软件产业的发展成就主要有:软件产业出口绩效显著,出口

[①] 王俊周:《印度班加罗尔信息技术产业迅速发展的奥秘探源》,《新西部(理论版)》2012年第2期。
[②] 闵杰:《被低估的印度——班加罗尔:"世界办公室"里的年轻人》,《中国新闻周刊》2014年第18期。

服务领域多样化,软件技术园区地位突显,软件从业人员不断增加。

印度软件产业发展的宏观动因主要包括:印度政府积极引进人才、培养人才,发挥人才优势和语言优势以及劳动力成本优势,采取产业政策倾斜和直接参与方式积极扶持软件业的发展,印度在融资保障方面成绩斐然;在吸引外资和融资优先方面向软件业倾斜,并建立健全了风险投资体系与协调机制,通过法律规范、加强质量管理与行业协调大力推动软件产业的发展。推动印度软件产业发展的宏观因素主要有:政府扶持、人才优势和人才培养、资金支持与融资保障、法律保障、技术开发、重视软件质量管理、成立软件行业协会加强组织协调以及各种发展机遇等。这些因素相互交织,共同推动印度软件产业发展,其中政府的作用尤为关键。而且,依托软件技术园区形成产业聚集,发挥班加罗尔软件产业园的聚集效应来带动全国软件产业的发展,成为印度软件产业发展的内部动力和深层原因。

总体而言,印度积极利用优秀的、成本低廉的软件人才优势,通过政府全方位政策扶持及相关配套机制,以软件技术园为依托,积极开拓国际软件市场,形成以软件现场服务和异地服务出口为主的软件产业发展模式。

印度将软件产业作为振兴国家经济的支柱产业。在印度政府的大力扶持下,印度的软件产业取得了迅猛的发展,成为全球第二大软件出口国。印度软件产业的快速发展的根本原因在于采取了产业集群的战略,包括产业集群的支持体系、产业集群的竞争优势与经济效应以及印度软件产业集群中企业的自主创新能力、合作与竞争、低成本以及印度产业集群的外部经济效应、学习效应、区域品牌效应等。

独立以来,诸多科研机构在班加罗尔落户,[①]如印度国家科学院、印度太空研究机构、国家航空实验室、国家软件科技中心等。数以千计的工程师、科学家来这里工作。近年来,班加罗尔信息产业集群取

---

① 张晓东:《软件外包:"世界办公室"的能量》,《看世界》2015年第12期。

得了快速发展,成为发展中国家发展高科技产业的成功范例。

近年来,得益于英语为印度官方语言之一的优势,印度在IT领域,尤其是在软件领域取得的成就引人瞩目。从"科技兴国"到"信息技术超级大国"的战略目标,连续几届印度政府一直坚定不移地扶持印度信息产业的发展,其主要经验有:产业优惠政策支持,培养和储备IT产业高端人才,执行严格的知识产权保护,发挥行业组织的桥梁纽带作用。经过十几年的发展,印度已经成为仅次于美国的全球软件大国。印度软件业快速发展的主要原因有以下几个方面:市场需求不断扩大有利于印度软件业发展;印度政府的大力支持成为印度软件业快速发展的保障;系统、完善的人才培养模式保证了印度软件业快速持续发展;印度政府积极发展软件技术园区,严格实施知识产权保护政策;积极发挥行业组织桥梁作用等直接推动了软件业的快速发展。[①] 而且,印度经济持续增长也有利于推动印度本土基于信息产业的服务需求增加。

但是进入20世纪90年代后期,印度软件业也面临以下困难:国内软件市场狭小,内需不足;出口过度依赖海外单一市场、出口结构不合理、软件产业附加值低;与国内经济体系脱节;软件基础研究十分落后;缺少拥有自主知识产权的核心技术产品及其相应的技术创新能力;等等;而且,印度软件产业成本优势正在不断缩小。

三、制药业成为印度经济发展的另一主要支柱

印度经济增长主要依赖少部分高科技制造业,如IT、制药等。印度制药业成为印度经济发展的主要产业之一,印度药品占全球药品销售量的8%,位居世界第4,同时也是世界第五大散装药生产国,还是全球非专利药品生产与出口大国。

---

① 李艳芳:《印度服务外包发展趋势分析》,《印度洋经济体研究》2014年第5期。

医药行业已发展成为印度财政收入的主要来源之一。印度在发展医药工业方面有两大优势：一是劳动力成本低；二是印度大量的患者和多样化的基因，使印度成为新药临床试验的理想地。

由于西方国家制药业工作岗位的锐减，印度制药业获得了更兴旺的发展机遇，印度制药行业依托自己的努力开拓销售网络，正在向高端的专利药物领域进军。

印度制药企业经过30多年的发展，已成为以原料药和仿制药为核心优势的制药强国。[1] 印度制药业的快速发展主要有以下三个方面的原因：

第一，印度的政策对仿制药非常宽松，能够在美国FDA上市的药品，在印度上市不需再做临床试验，只要印度的企业能够做出和在美国上市的药品同样的产品（即经过印度药政当局测试，两种产品成分一致）即可。这样的结果使印度的仿制药品在美国产品上市后的9个月内就能够上市。

第二，印度股市的成熟与发展为医药行业集资提供了便利条件。在印度，医药公司很容易上市，而竞争的压力使它们将集资来的钱尽量投入扩大生产和技术研发中去，而不是主要用于宣传炒作。

第三，印度制药企业向核心技术人员提供了高工资待遇，吸引了大批医药技术人才，积聚了一支实力雄厚的科研队伍，并拥有了冲击世界尖端医药科技的实力。随着印度对专利法进行强化管理，加上西方各大名牌药品生产商受成本压力所累，以生产基本药品为主的印度制药业将在全球药品市场发挥更为重要的作用。印度正在发展成为全球药品市场的制造基地。

印度制药业发展的成功经验主要有：

一是通过并购与合作，为扩大生产打好基础。

二是引进与外包并举。由于印度拥有大量的劳力成本低廉的优

---

[1] 刘亮、楼铁柱：《印度生物仿制药监管政策分析》，《中国新药杂志》2016年第4期。

秀人才,很受西方制药企业青睐,目前已有一些西方药品制造,包括包装乃至成分配方印制也在向印度转移。

印度在生产高质量、低价位药品方面拥有明显优势,未来几年间制药业价值链上的各个环节都会向低劳动成本的地方转移,印度将依此获取巨大收益。

三是研发更尖端药品,包括为世界制药巨头研发并开发专利药品。由于印度人力成本低廉,因此印度有能力以低成本大规模研制新药。尽管印度制药业发展潜力很大,但也存在药品质量控制和知识产权等问题。

四、成熟的金融体系促使印度较好地融入全球经济之中

在 1947 年独立之前,印度就拥有庞大的金融体系,其银行业就已经发展良好,拥有多样化的金融机构和品种丰富的金融工具,经过独立后 10 多年的改革和发展,尤其是在 1969 年银行国有化之后,印度金融体系发展迅猛,[1]已经位居发展中国家前 4 位。印度独立后的历届政府非常重视银行金融事业的发展。通过采取诸多银行金融政策,加强对国有化商业银行的干预。

20 世纪 90 年代以来,印度围绕着金融发展和金融稳定两大目标实施了一系列重大的、效果显著的金融改革,从而使印度金融体系的效率、竞争力都有了明显提高,[2]并积累了较为丰富的经验。

20 世纪 90 年代,在严峻的经济形势逼迫下,印度进行了以下几个方面的金融改革:

第一是银行改革。印度 1991 年改革前后银行处于压抑状态,主要表现为利率管制,实际利率为负,而且准备金率高,有超 50% 的资

---

[1] 文富德:《印度银行金融发展与改革的经验教训》,《南亚研究季刊》2015 年第 2 期。
[2] 王小敏:《改革中的印度金融体系》,《中国金融》2011 年第 5 期。

金不能自主支配,银行市场垄断严重等。由此,印度从以下三个方面进行了改革:一是充分发挥市场机制的作用,放宽管制,包括降低准备金率,有步骤地放开利率等;二是进行产权改革,逐步扩大国有银行中私有产权的比重;三是加强市场结构的调整,允许外资银行进入银行市场,鼓励国内私人银行的发展。通过这些改革,印度银行机构数量倍增,市场结构改善,存贷款市场竞争更加激烈,国有银行在全部商业银行资产中的份额逐步下降;同时银行业效率提高,资产充足率提高,不良资产水平降低,生产力水平提高,运营费用下降,纯利息比率降低。

印度银行改革坚持以国有商业银行为主导,重视引进外资的质量、建立"一元化"银行监管体制,坚持"先立法、后规范"等,取得了明显的成效。其重要原因在于印度经济的私有化基础较好,[1]混合经济程度较高,从而银行部门与经济中其他部门如财政部门和国有企业部门之间的利益相关程度较低,因此降低了银行改革的复杂程度。

第二是金融市场改革。印度金融市场方面的改革主要集中在股票市场、债券市场,以及货币和外汇市场领域。1991年以来,印度股票市场进行的改革主要是在发行市场上放松管制,在流通市场上注重拓宽市场基础、提高市场流动性、加强风险管理、维护市场稳定,同时扩大股票市场开放、加强股票市场监管,并改进股票市场交易手段、完善基础设施、提高交易效率。

经济改革以来,印度股票市场发展迅速,上市公司数量急剧增加、市值明显放大、交易量剧增,股票市场流动性以及资源配置能力大为增强。同时,投资者众多、市场组织发展壮大、境外战略投资者的作用加强。印度在广大农村成功设立了若干个微型金融机构,[2]用于为农民提供金融服务等。

---

[1] 张坚、吴蕾:《印度银行改革对我国银行业发展的启示》,《江苏商论》2014年第20期。
[2] 范文静:《新常态下农村信贷市场研究》,《合作经济与科技》2015年第11期。

第三是国债市场改革。在改革前,国债市场是财政赤字货币化的一种途径,国债利率受到严格管制,国债市场规模小,交易平淡;改革后,政府激活了国债市场,积极鼓励银行对公司信用增级;同时,印度政府对外国投资者投资印度的债券市场设定限额,并采取措施引导外国投资者进行长期的稳定投资,国债市场效率得以提高。

印度金融结构的变化主要体现以下三个方面:

首先,从宏观结构来看,印度金融自由化程度不断上升,金融相关费率和货币化比率提高,金融发展呈现明显的阶段性特征,储蓄率和投资率也发生了重大的变化。

其次,从产业结构来看,印度金融发展主要表现为货币化程度的逐步加深,股票市场发展迅速但不太稳定,银行业发展相对滞后,债券市场发展滞后且结构不合理,其他金融机构有所发展。

再次,从微观结构来看,印度居民的资产选择多样化,银行存款在其总金融资产的比重下降,保险基金的比重增加;印度企业融资结构变化,倾向于内源融资,在外源融资中更倾向于债券融资,私募债券融资比重较大。

印度金融改革分为两个阶段。在亚洲金融危机之前,印度金融改革重心在于实施自由化,放松管制,包括逐步推进利率自由化、放宽准入限制、减少进入壁垒等;鉴于亚洲金融危机对危机国经济和金融的破坏严重,印度在亚洲金融危机后自觉地加强了金融稳定方面的改革,及时调整了改革策略,把金融稳定作为金融改革成败的重要指针,采取了一系列旨在促进金融稳定的重要改革措施:印度修改了相关法律并完善了金融监管的组织体系;改革和完善了监管方式,在现场监管的基础上引进了非现场监管,统一监管,加强协调,及时对金融混业经营制定了监管政策;进一步完善了金融危机干预制度,加强了存款保险制度的改革,制定了紧急纠错法案,治理了问题银行,并制定了金融机构风险暴露的相关标准;印度还加强了银行资本充足率监管、对银行投资的监管,强化了市场对银行的约束;等等。

这些改革措施促进了印度银行业的稳定发展。

具体而言：在20世纪90年代印度经济改革进程中，印度政府通过逐渐减少对银行金融业的干预（放松银行网点设置的限制、放松银行信贷批准的控制、放松指令性计划的控制、放松银行放贷利率的限制）、调整银行金融业结构（改革公营银行管理、放松建立私营银行的限制、稳步对外开放银行金融业）、加强银行金融业市场化改革（逐渐降低法定流动性比例和现金储备率、逐渐放松对银行利率的管理、改善对外汇的控制）、增强银行金融体系抗风险能力（逐渐提高银行资本充足率、注意推进商业银行合作、加强银行金融监管）等措施，在一定程度上促进了印度银行金融业的发展，①进一步推动了印度银行金融业市场化、自由和全球化。

但是，莫迪政府于2016年11月推行"废钞令"，2016—2017财年印度经济受此影响，增速同比回落至6.5%—6.75%，低于此前预计的7.1%。"废钞令"增加了市场不确定性，地产价值下降导致个人财富缩水，一些使用现金较多的行业失业人数上升。②

2017年7月1日，印度正式启动独立以来最大规模的税制改革，旨在统一税制的印度商品与服务税，以简化目前印度复杂、混乱的税收制度，在中央和地方建立税率相同、简单明晰的统一消费税征收体系。

新税法根据商品性质的不同将税率划分为5%、12%、18%和28%4个等级，③基本商品税率最低，奢侈品税率最高。该法案将有利于改变印度各邦各自为政的碎片化税收格局，有效降低商品交易门槛，减少跨邦间贸易手续，提高全印范围内的物流效率，有利于改善印度的投资环境，也有助于提升印度经济。

---

① 文富德：《印度银行金融发展与改革的经验教训》，《南亚研究季刊》2015年第2期。
② 印度财政部：《经济调查报告》，新德里2017年2月。
③ 《印度启动独立以来最大规模税改》，中国评论通讯社北京2017年7月1日电。

五、政府重视小企业的发展

印度的中小企业分为微型、小型和中小型企业三类。根据投资厂房与机器的金额大小来划分类型,不足 6 万美元的为微型企业,6 万—12.5 万美元的为小型企业,12.5 万—250 万美元为中型企业。

独立初期,印度政府采取了一系列政策措施保护小型企业发展。随着经济的发展,这些保护措施已不能适应印度发展的需要,其负面效应逐渐显露。在这种情况下,印度政府认识到必须调整小型企业的发展政策,将初期的过度保护逐渐调整为合理引导。近年来,印度中小企业已发展成为推动国家发展的重要力量,成为印度国民经济重要的组成成分,在促进经济发展、吸纳劳动力资源就业等方面发挥了不可替代的作用。[1] 实践证明,印度小型企业在政府合理引导下,加上自身努力,取得了举世瞩目的成绩。

印度积极采用政府主导性金融支持中小企业发展。[2] 随着印度政府相关政策的完善,印度小型企业快速发展,产值逐年增加,占 GDP 的比重呈上升趋势。按 1999—2000 年价格计算,2002—2003 年度印度小型企业产值占 GDP 的比重为 5.91%,2003—2004 年度为 5.79%,2004—2005 年度提升到 5.84%,2005—2006 年度为 5.83%,这以后出现了一个大幅上涨的趋势,2006—2007 年度提升至 7.44%,2007—2008 年度则达到 8%。6 年间,印度小型企业产值在 GDP 中的比重稳步增加。

随着国家政策支持的调整,印度很多小型企业发展成为具有一定实力的高科技企业,并在印度经济发展中发挥着越来越重要的作用。印度小型企业的发展经验充分表明,发展中国家由于存在市场

---

[1] 万媛:《印度中小企业的发展现状与政府作用》,《经营管理者》2014 年第 7 期。
[2] 魏燕、蒲佐毅:《产业结构升级的金融支持国际经验借鉴——印度案例剖析》,《北方经贸》2015 年第 4 期。

缺失和企业自身不健全等问题,需要政府发挥第一推动力的作用以启动经济,但随着发展的深入,政府推动的效率和利益将递减,如果政府仍然一味地干预市场,将成为发展的阻碍。因此,政府的市场监管机制绝非固定不变,而是随着社会经济发展不断调整与完善的。

六、贫困问题延缓了印度经济发展

印度地理位置对其生产力影响很大,炎热天气特别是极端高温加剧了印度北部地区空气污染、农作物歉收,削弱了印度"社会发展目标"实现程度,并对印度民众健康构成威胁,加剧国内不平等,降低国内减贫的努力。尽管印度经济持续快速发展,但印度贫困问题并没有得到好转,贫困人口数量巨大。如按照印度各邦的人均收入差异来计算,可以把印度分为三类地区:最穷的邦为曼尼普尔、比哈尔、奥里萨、中央邦、北方邦和特里普拉邦等;中等收入的邦为阿萨姆邦、泰米尔纳杜邦、安得拉邦、克拉拉邦、拉贾斯坦邦、卡纳塔卡邦和喜马偕尔邦等;最富裕的 5 个邦为旁遮普邦、哈里亚纳邦、古吉拉特邦、马哈拉施特拉邦和西孟加拉邦。

独立以来,印度政府在反贫困与社会保障制度建设方面成绩较为显著,通过不断完善与调整,基本上保证了印度底层人民的生活。

印度经济增长是一种符合穷人利益的经济增长,其重要原因在于印度联邦和各邦主体、地方政府,将 1/3 的财政支出用于教育、医疗、救济等社会领域,从而建立和维持了一套较为完善的社会保障体系,其中重要的一项是农村社会保障。[1]

作为世界上贫困人口最多的国家,印度的贫困问题尤其是农村贫困问题一直是印度政府关注的重要问题。消除农村贫困,实现社会公正,始终是印度政府制定每个五年计划的重要目标。为了有效

---

[1] 贾雅琴、林晓敏:《印度农村社会保障制度》,《中国劳动》2011 年第 3 期。

地缓解农村贫困严重的情况,自独立以来,印度政府先后制定了各个时期的反贫困战略,并不断进行调整。但与此同时,印度包容性扶贫也存在财政赤字严重、政策执行力弱、教育投资顾此失彼、经济制度缺陷、产业结构断层等问题。[①]

独立70多年来,尽管印度的经济发展取得了诸多成就,为消除贫困尽了很大的努力,也取得了一定的成果,但贫困人口的绝对数字几乎始终保持在3亿以上,从而使印度发展面临着"贫富差距扩大化"的尴尬局面,而且贫困人口的数量还在增加,已严重影响到印度政治和社会的稳定,阻碍了经济发展与社会进步。

在印度农村,土地占有存在着严重的不平等现象。尽管印度中央政府是全印土改的倡导者,在推动地方土改方面发挥了积极的作用,但是实际上作用仍相当有限。75%以上的农民仅占有25%的耕地,而2%的大农户却占有全部耕地的20%。

随着人口的不断增加,土地日益成为稀缺资源,农民对土地的饥渴也在增长。不同种姓、不同阶级之间,当地人与外来移民之间为争夺土地或其他资源的暴力冲突屡有发生。

印度的贫困人口总数仍高居世界首位。尽管印度总人口中35岁以下占2/3,但是,由于印度贫困人口基数过大,2011—2012年约有2.6亿贫困人口,较2009—2010年的2.9亿数字有所下降。2012—2013年为3.7亿,贫困人口约占全国总人口的25%。[②] 印度不得不应对人口过多所带来的资源、环境压力。而且,印度的劳动年龄人口将很快达到世界总量的1/5。[③] 为这些劳动力提供更好的工作成为印度社会的当务之急。

世界银行发布的数据显示,2010年,全世界约有12亿人处于极

[①] 王志章、刘天元、贾煜:《印度包容性增长的扶贫开发实践及启示》,《西南大学学报(社会科学版)》2015年第4期。
[②] 杨舸:《日、韩、印人口结构变动趋势及给中国的启示》,《北京社会科学》2013年第4期。
[③] 杨亚琛:《印度面临的人口挑战》,《国际贸易译丛》2014年第3期。

度贫困状态中,每天生活费不足 1.25 美元。全球 1/3 的贫困人口居住在印度,使印度成为目前世界上贫困人口最多的国家。2010 年,印度极贫人口占全球极贫人口的比重高达 33%,高于 30 年前的 22%,印度成为世界极度贫困人口主要居住国家之一。[1]

印度农村面临较为严重的贫困问题,主要表现为:

第一,贫困人口队伍庞大。印度全国的贫困人口超过了 3 亿多,其城市贫困问题与农村贫困问题一样严重;根据印度全国的抽样调查组织公布的数字,表明农村贫困人口从 2009—2010 年的 29%,下降到 2011—2012 年的 24.5%,城市脱贫较快,从 16% 下降到了 15.5%。

印度农村的贫困与农业密切相关。贫困地区人口外流也可能是农村减少贫困的因素。

第二,贫富差距呈现进一步扩大化趋势。印度农村贫困人口多为无地农民和缺地农民,城市贫困人口多为无业游民和从事低收入职业的人群。由于农村人口为寻找就业机会大量涌进城市,造成城市人口急剧膨胀。而流入城市的大量农村人口只能生活在贫民窟中,生活条件十分恶劣。这些贫困人口受到社会歧视与排斥,游离于主流社会之外,难以享受到经济增长带来的成果。

印度政府实行了一系列政策措施,通过大力发展农村经济、努力增加农村就业、积极实施农村综合发展计划、切实解决无地农民的生存与发展问题等,加大了农村扶贫力度,取得了一些成效,使一部分农村贫困人口摆脱了贫困。但是,由于历史和现实原因,印度农村总的贫困状况并未得到根本改善,尽管印度政府每年都制定各种消除贫困的计划,向表列种姓、表列部落和落后阶层提供各种福利和援助,但贫困人口总数并没有减少,扶贫发展迟缓,返贫现象严重。

印度是一个农业大国,农民占总人口的 65%。[2] 第一产业发展

---

[1] 白朝阳:《全世界约有 12 亿人处于极度贫困》,《中国经济周刊》2013 年 5 月 21 日。
[2] 裴恩奎:《印度:新市场,新商机》,《商业文化》2016 年第 24 期。

长期滞后,远远落后于第二和第三产业。①农业发展滞后的困境,难以在短期内有大的突破。印度的农村贫困问题将长期存在,反贫困任务相当艰巨。印度政府必须注重反贫困政策的实施效果和强力监督,保持经济持续快速的增长势头,加大人力资源的开发和投入;加强基础设施建设,改善投资环境;缩小地区发展间的不平衡,缩小两极分化;控制人口增长,提高人口素质;提高国民教育水平和福利状况,加强社会保障体制的建设和发展;加强和扩大民间机构在反贫困中的积极作用。

独立后,印度政府把消除贫困,特别是消除农村贫困作为工作重点之一,从20世纪70年代起,印度政府针对严重的农村贫困问题,实施了一系列扶贫计划,如"绿色革命""白色革命"和"蓝色革命"等一系列措施以解决农村人口的粮食等问题,对于缓解农村贫困起到了一定的作用。20世纪80—90年代,印度的农村扶贫工作取得了十分可观的成绩,但90年代后期则显得迟缓,且返贫现象较为严重。进入21世纪,印度政府通过开展"第二次绿色革命"等措施继续开展农村反贫困工作,但由于各方面的原因,印度的农村反贫困工作并未真正使大部分农村贫困人口脱贫。

2013年年初,印度政府在全国20个地区推出了一项帮助贫困人口的大型现金补贴计划即"福利直接转账"(DBT)计划,拨出3万多亿卢比的资金。计划在初期将使至少20万人获益,至2013年年底,其规模将涵盖整个国家,以帮助印度最贫困阶层的民众"进入主流社会"。

2013年6月,印度内阁批准了《粮食安全法案》,②这项新的粮食补贴政策,旨在为印度民众提供廉价的配额粮食。该政策将惠及8亿人,覆盖印度75%的农村人口和50%的城市人口。同年8月,经

---

① 罗薇:《印度当前经济形势极其发展动因》,《国际研究参考》2016年第11期。
② 王海霞:《〈粮食安全法案〉为何不合理》,《世界知识》2013年第14期。

过辩论和 300 处修正后,该法案由印度人民院通过,成为世界上最大的福利计划之一。① 根据该法案,未来 3 年内,政府每年将拨发 1.25 万亿卢比的专款用以向 67% 的印度人口,即 8 亿印度民众每月提供 5 公斤廉价粮食,其中大米为每公斤 3 卢比,小麦为每公斤 2 卢比,粗粮为每公斤 1 卢比;孕妇每月可获得 6 000 卢比的补助,6 个月至 14 岁的儿童将获得一定的配额补助等。此前,印度政府所认定的 2 430 万最贫困家庭每户每月仍可领取 35 公斤的粮食。

但是,印度要想真正减少贫困,还需要一整套综合治理方案,中央政府必须坚持不懈地努力为贫困人口谋求就业出路。

第三节　本 章 小 结

印度的现代化是一种外生型的发展模式,是在国际环境影响下,受外部冲击而引起内部思想和政治的缓慢变革,从而推动经济变革的道路。经济持续快速发展成为印度发展的内在动力。

一、印度经济增长模式具有一定的可持续性

长期以来,印度经济增长主要是由消费拉动而非投资拉动、由服务业推动而非工业化推动、由内资驱动而非外资驱动的,这种经济增长模式具有一定的可持续性。

1991 年印度经济改革以来,印度经济持续快速增长,1990—2000 年,印度的国内生产总值年均增长 5.9%;2000—2006 年,年均增长 7.4%;2003—2004 年度至 2007—2008 年度,年均增长 8.8%,为印度历史上的最高水平。其经济快速增长的主要动力在于制度变革、资

---

① 廖培宇:《印度推行全球最大粮食福利》,《农村工作通讯》2013 年第 23 期。

本积累增加、私人消费增长、技术进步、人力资源开发、产业结构调整等因素。[①]

印度产业结构调整机制经历了从指令性向指导性的转变,从高度集中的计划经济向市场化的转变,第三产业比重迅速上升,产业政策与市场机制相结合,促进和改善了产业结构的调整,使印度经济在较长的时间里保持了持续快速增长。

同时,国际大宗商品价格的下降客观上也改善了印度国内经济环境。

印度经济改革以来,中产阶级迅速扩大,有利于印度经济的发展与社会的稳定。印度1991年实行改革开放以来,年均经济增长达到了6%。而随着全球化不断深入,印度与世界其他各国的相互依存度不断加大,相互依赖程度不断加深。

2014年莫迪上台后推出了一系列振兴经济、改革政府的政策措施,试图通过改革推动经济发展战略转型,并修正印度经济的结构偏向问题。施政9年多来,莫迪政府的发展战略转型取得了一些成效,[②]"莫迪经济学"助推印度经济加速发展,"印度制造""数字印度""智慧城市"和"清洁印度"等发展计划推动了印度经济进一步发展。[③]但也引发了国际社会对本轮印度经济增长可持续性以及中印经济竞争是否进入转折期的广泛争论。

印度在其发展的过程中,形成了这种有别于其他东亚国家的独特的发展模式,这种发展模式依赖国内市场而非出口,依赖服务业而非制造业,但把劳动力排除在现代经济之外,造成了大量农村劳动力闲置、制造业发展不足等问题。

随着经济近年来持续高速增长,印度已迈入世界主要能源消费

---

① 殷永林:《印度经济持续快速增长的动力因素分析》,《东南亚南亚研究》2010年第1期。
② 李艳芳:《印度莫迪政府经济发展战略转型的实施、成效与前景》,《南亚研究》2016年第2期。
③ 罗薇:《印度当前经济形势极其发展动因》,《国际研究参考》2016年第11期。

大国之列,本土能源资源的不足以及对海外能源依赖的加深对印度的发展和安全构成了严峻挑战。作为亚洲乃至世界的主要能源进口国之一,印度将确保海外能源供应视为国家战略安全的当务之急,在现实地评估各种与能源相关的地缘政治因素基础上,近年来,印度积极推行以双边和多边能源合作为特色的"能源外交",以实现在动荡的国际与地区安全格局中保障印度国家利益的战略目标。

印度在发展经济的进程中面临着重重阻碍,[①]如:工业结构不合理,农业改革滞后,贫富两极分化严重,失业率与文盲率很高,等等,其国民经济的整体实力并不强盛。

实际上,在国民经济宏观管理过程中,印度长期对社会经济发展实行了计划控制与市场调节相结合的机制,由于更多地强调政府在宏观经济调控中的作用,导致印度经济难以产生应有的活力,并在相当程度上阻碍了印度经济的快速发展。

二、影响印度经济发展的若干因素

印度经济发展模式有不少可取之处,如重视发挥本土资源对经济增长的拉动作用、注重对本土企业的培育等。但是,以下诸多因素已严重影响了印度经济进一步发展:地区发展不平衡、贫困人口较多,人民群众生活贫困化问题严重,私有化扩大,财富分配不平等,两极分化加剧、社会不平等趋势加大,政府债台高筑等,印度的基础设施建设整体落后:印度长期电力短缺,公路、机场等基础设施建设落后,限制外资投资印度,以及对外资企业种种盘剥等导致印度营商环境低下等,这些都是制约印度经济增长的主要因素。印度经济落后状况导致其经济缺乏国际竞争力,从而限制了印度融入全球经济的程度。[②]

---

① 文富德:《印度经济转型与经济增长前景》,《印度洋经济体研究》2015 年第 5 期。
② 同上。

(一)长期存在的社会政治矛盾影响和制约了印度经济发展

印度独立以来,长期存在的社会政治矛盾严重影响和制约了印度经济发展。印度教与伊斯兰教之间的矛盾与冲突成为阻碍印度经济发展的主要因素之一。而且,印度人口严重过剩与种姓制度根深蒂固已成为印度可持续发展主要阻碍之一,印度教的种姓制度使印度社会丧失了若干生机与活力。种姓之间的利益与权力和暴力冲突的加剧严重影响了印度社会的稳定和经济的发展。等级阶层制度阻碍人才难以有序流动,贫富阶层鸿沟较深,难以逾越,造成民族凝聚力与国家向心力低下的不利局面。

印度不完善的民主制度在一定程度上影响了政府效率与政府改革进程。[①] 印度政治的不成熟对印度经济发展造成了一定的阻碍。

印度在城市化过程中农村劳动力向城市和非农产业转移迟缓,出现了凝滞状态;转移后,就业结构与产业结构也呈现出不均衡的发展态势。

低种姓人口不但难以分享印度发展成果,而且连教育、就业、住房、吃饭、安全等基本民生问题都难以解决。

印度经济发展中存在的诸多问题,虽然严重影响了印度经济的快速发展,但是在一定程度上促使印度政府和政治家们决心进行经济政策调整与改革,成为印度政府进行经济政策调整和全球化经济改革的重要动力,促使印度政府转变观念,把工作重点转移到经济发展上。

具体而言,影响未来20年印度经济发展的风险主要有以下几个因素:

第一,国际油价上涨带来通胀压力。印度炼油厂所需原油的70%需要进口,因而国际油价上涨将对印度经济产生严重不良影响。

---

① 罗薇:《印度当前经济形势及其发展动因》,《国际研究参考》2016年第11期。

油价上升增加了进口成本,导致通胀率上升,居民可支配收入降低,有效内需受到抑制,对经济增长形成压力。如何在避免投资紧缩的前提下有效控制通货膨胀是政府目前面临的直接挑战之一。而且,印度现有的能源供给远不能满足需求。[1] 供求缺口在 8%—10%,最严重时甚至达到 18%—20%。

第二,巨额财政赤字阻碍了民间投资与经济的快速增长,给政府造成了巨大负担。印度政府在短期内解决赤字问题并不乐观。

第三,自然气候变化在很大程度上决定了印度农业的短期性波动,并成为印度整体经济起伏的重要动因之一。作为发展中的人口大国,农业长期是印度经济的重要组成部分,气候变化对宏观经济的冲击难以避免。

第四,失业和贫困长期存在。居民消费是印度经济增长最主要的拉动力量,失业率和贫困率长期居高不下,限制了居民购买力的实质性提高,对未来经济发展形成潜在障碍。

(二) 人口数量大和人口素质低下严重阻碍印度社会经济发展

印度的人口数量和人口素质已经成为印度社会经济发展的沉重包袱,并成为印度发展难以承受的负担。印度人口的爆炸性增长减少了就业机会,造成大批人员失业,导致生活水平下降,[2]造成贫困,形成了一种恶性循环,引发一系列严重的社会问题。

人力资源是构成现代国家综合实力的重要组成部分。人口作为潜在的战略资源,需要转化为生产力才能在国家发展中发挥作用。由于印度人口自身的能力有限,并没有有效地发挥人口自身优势,将其转化成促进印度经济发展的人力资源。贫困的印度农村妨碍了印

---

[1] 王淑仪:《印度能源战略再思考》,《世界科学》2015 年第 6 期。
[2] A. N. Agrawal, Indian Economy: Problems of Development and Planning, *Wishwa Prakashan*, 2004, p.47.转引自李忠林:《印度发展的优势和劣势及其辩证关系》,《和平与发展》2013 年第 2 期。

度工业化进程。① 众多贫困人口使得左翼思潮在印度仍有很大市场。据世界银行2008年的报告,印度每日生活费低于1.25美元的人口有约4.5亿,约占印度总人口的42%;有8.28亿人每天生活费不足2美元,占其人口总数的75.6%,这一比例甚至超过了撒哈拉沙漠以南的非洲地区。

尽管印度的人口在数量上激增,但是,其人口质量却不占优势,印度人口的增长只是为印度的经济发展提供了巨大的劳动力,但同时也给印度增加了巨大的消费力量,②一旦无法转化成战略资源,反倒会成为阻碍印度发展的"负资源",并可能成为引发印度社会动荡的因素。

尽管莫迪上台后大刀阔斧地进行经济改革。但是,莫迪的改革计划所欠缺的是大力扩大印度的劳动密集型行业。

(三)劳动力市场的过度监管和工会组织过于袒护劳工使印度经济失去活力

印度的经济结构转型和可持续增长将取决于其建立灵活劳动力市场的努力,其核心是放松过时而复杂的就业法。劳动力市场的过度监管让印度企业家不敢雇用低技能工人和投资劳动密集型制造业,这意味着印度政府需要在这方面加倍努力地实施改革。而且,印度工人特别是年轻人需要持续提高技能的机会。与此同时,印度还将面临1.3亿中等技能工人短缺。③

印度劳动力市场供需失衡和非正规就业矛盾突出,加剧了印度未来就业形势的恶化。而印度长期实行严厉的《劳工法》成为阻碍制造业发展的又一因素。该劳工法最大的特点就是保护雇工的利益,使企业不敢在印度国内扩大投资,难以扩大经营规模。而且,种

---

① 王红生:《论印度的民主》,社会科学文献出版社2011年版,第43页。
② 李忠林:《印度发展的优势和劣势及其辩证关系》,《和平与发展》2013年第2期。
③ [韩]李钟和:India's Chinese Dream, *Project Syndicate*, 24 July, 2014.

姓制度限制了印度人口的流动,限制了劳动力市场的发展。

(四) 基础设施落后影响了印度经济发展

目前,基础设施落后已成为印度经济发展的瓶颈,脆弱的基础设施已经阻碍了印度经济的发展,影响了印度的对外形象,也阻止了海外投资者的热情。

(五) 就业形势严峻

人的因素决定着一个国家尤其是大国发展的进程。[①] 印度是世界第二人口大国,目前印度平均每年新增劳动力约 700 万。新增人口就业压力巨大,庞大的失业队伍和贫困人口的存在,不仅成为印度经济发展的严重障碍,而且还是印度社会动荡的根源。

(六) 贫富差距巨大不利于印度经济发展

在印度,经济与政治之间的互动缺乏有效的制度制约机制。尽管印度的议会民主制具有实质及内容上的合理性,但由于在具体操作中的不恰当性,阻碍了印度经济改革。社会分配不公造成印度两极分化日趋加剧,贫困问题严重,贫富差距越来越大,城乡矛盾日趋严重。印度独立后几十年的经济表明:印度的经济是"有增长而无发展",其原因主要在于落后的制造业极大地制约了印度经济的发展,形成了有增长无发展、有增长无就业的局面。

(七) 现有的土地制度无法助力印度经济发展

印度现存的土地制度成为发展制造业的一大障碍,在经济发展中企业需要征地建设产业园区,但现有的土地制度却成为印度扩大经济深入发展的"绊脚石",无法推动印度扩大再生产,而复杂的政治

[①] 李忠林:《印度发展的优势和劣势及其辩证关系》,《和平与发展》2013 年第 2 期。

体制又很难改变目前的土地制度。

尽管印度的 GDP 在近 50 年中显著增长,但是印度的发展一直成为政治家们和经济学家们头痛的问题,印度在平等、教育、医疗、环境、文化和社会福利等发展的问题上远远没有做到事实上的公平、公正。时至今日,印度的贫富差距、文化差异、种姓制度和精英代沟并没有随着印度经济增长而有所改观。

印度社会长期存在的印度教与伊斯兰教之间的矛盾,穆斯林的经济和社会地位较低,对印度经济发展和社会稳定存在着潜在的风险。

2008 年以来,由美国次贷危机引发的全球性金融海啸,全球经济的发展受到严重的阻碍并开始衰退。印度虽然处于正在迅速发展的态势,但不可避免地也受到影响。具体表现为:经济高速增长的势头有所减弱、失业率增加、股市下跌、出口和投资规模下降、基础设施建设受影响等。全球性金融危机对印度金融资本市场产生了巨大的冲击:造成了国家资产损失、股市震荡下跌、金融资产严重损失;加剧了印度卢比贬值,资金流动性不足等;同时也重创了印度的对外贸易,印度出口减少,扩大了外贸逆差,贸易赤字持续增加。2011 年,印度经济增长放缓,其经济结构弊端暴露。在空前依赖外国资本的情况下,卢比自当年 5 月以来贬值了 20%,成为新兴市场货币中贬值最严重的一种。由于卢比急速持续贬值,2013 财年印度国内通胀继续加速。但与此同时,全球性金融危机倒逼印度转变经济增长模式,努力改善经济发展环境,从而推动了印度经济改革的进程。在全球性金融危机不断蔓延的态势下,印度能较快地走出困境,经济迅速复苏,其原因主要在于印度应对全球金融危机的政策举措积极适当,以及印度长期实行的内向型增长模式和印度政府保证农业稳定增长的一系列政策。同时,稳定的外部环境在一定程度上促进了印度经济的增长。

水资源安全问题已成为印度可持续发展的一个重要因素。印度面临着水资源短缺、时空分布失衡、用水效率低下、水污染严重、地下水超采等严峻的水安全问题,[①] 严重影响印度可持续发展。印度86%的疾病与饮用水质量有直接或间接的关系,[②] 水安全问题已严重影响到印度国民的健康,对印度可持续发展构成了现实挑战。

尽管印度还存在一些薄弱环节,但它具备政治自由、社会多元、机制完善等优势,印度经济以其高速增长和日益庞大的总量带来了印度经济的发展,[③] 较易融入世界经济之中,对全球化与多极化趋势的发展功不可没。

而且,经过莫迪政府不断改革,特别是2017年3月29日,中央政府提出的四项法案,即GST法、(规范各邦税务的)综合GST法、GST给各邦财力补偿法和联邦领地的地方GST法在印度国会获得了通过,为印度最终建立真正统一的国内市场和国内税制奠定了法理基础,将极大地促进印度经济发展,从而使印度早日走向现代化国家行列。

从中长期来看,印度政府一系列深层次改革,令其有望成为新兴市场国家的主要经济增长点和领跑者之一,[④] 为印度增添了发展成为世界大国的有利条件。

[①] 曾祥裕、张春燕:《水安全问题对印度可持续发展的影响》,《南亚研究季刊》2016年第1期。
[②] Prasenjit Chowdhury: Mismanagement of Water Resources, *Deccan Herald*, 18 April, 2014.
[③] 邓远秀:《试析国际能源环境对印度经济发展的影响》,《南亚研究季刊》2012年第1期。
[④] 李大伟:《印度经济改革促长期增长》,《中国投资》2014年第9期。

第三章

印度发展的地缘文化环境研究

作为世界四大文明古国之一的印度,以拥有绚丽多姿的文化资源和旅游资源而闻名。①

印度河文明是多种文化融合的结果,它不仅是印度文化的源头,也成为人类文明史的重要内容之一。几千年来,印度灿烂的文化通过宗教经典、文学、戏剧、歌舞和神话故事等诸多形式不断地宣传和普及,早已深深扎根于普通百姓的观念中,诸如包容、大度、慈悲、博爱、宽容、忍让、非暴力、和谐、合作、和睦等这些深入人心的观念,正成为今天促进印度社会和谐、进步的重要文化元素。

印度文化经历了与雅利安文化、伊斯兰文化、西方文化的冲突与融合、交流与碰撞,在全球化的大背景下形成了自身的文化多样性。②印度文化的多样性具有"双刃剑"效应,一方面有利于印度社会的和谐稳定和民主政治建设,有利于印度成为世界文化大国,参与全球文化交流与竞争,并为印度经济、社会和科技的发展提供文化基础;另一方面又会对国家的治理和整合形成一定的障碍,导致经济和社会

---

① 孟丹:《感知印度舞蹈的魅力》,《文化月刊》2015年第7期。
② 李云霞、史纪合:《印度文化多样性初探》,《国外理论动态》2015年第4期。

发展在地区、民族、教派和种姓阶层之间产生不均衡,延宕社会改造和社会发展的进程,激化宗教矛盾和种族矛盾,成为国家不稳定的因素。印度正谋求成为文化大国,印度政府维护文化多样性的措施已成为保障国家政治稳定与社会和谐的基本国策之一。但是,与此同时,印度也面临着如何将这种多样性的力量加以有效整合,并使之变成促进现代发展积极力量的问题。

印度文化以多元、包容著称,在频繁的外族入侵下形成了一个独具特色的文化拼盘式发展。英国征服印度并对其进行了深刻的西方化改造,印度传统文化发生了异化发展。①

印度文化是以印度教为主体的多元文化的综合体,具有顽强的生命力、高度的凝聚力与同化力。它不断吸收和融合外来文化,得到充实和丰富。因此,印度文化与西方文化在冲击和碰撞中不断融合、吸收,成为一个价值重塑、体系调整的过程。现代化和传统通过独特的连续性和变化过程互相补充。

多元复杂的社会结构,使印度社会基本上处于分散、不平衡状态,使社会难以整合形成共同的民族凝聚力。多民族、多宗教和多教派的存在使各种文化冲突不断,各种势力此消彼长。印度社会进一步多元和疏离,使印度呈现出传统与现代交织、发达与原始混杂、文明与落后并存、富豪与赤贫同在的现实,这种状况很难使印度形成政治上的统一、行动上的一致,更难以在印度形成一种共同的意志。这种多元的深层结构是超稳定的,外来的冲击、政治体制的变动、权力的更替、新思潮的传播等,都很难破坏这种深层社会结构。

当今的印度在政治、经济、社会、文化、意识形态以及思想观念上正在发生着广泛而深刻的变革。印度文化的传统性已成为印度进步的桎梏,而文化的多样性也使得印度在现代化的发展道路上步履

---

① 刘黎:《从文化角度看英国殖民统治后印度文明的异化》,《人民论坛》2014 年第 8 期。

维艰。

印度改革开放以来,印度思想、文学艺术和生活方式等领域发生了诸多变化,这些变化是经济全球化的必然结果。而在思想领域,尤其是价值观的变化方面成为印度最根本的变化,它决定了其他领域的变化,也决定了印度文化今后的发展方向。

在印度传统日常生活中,广大民众的小生产心理积淀甚为深厚,并且延续至今,成为印度市场化进程中的主要障碍之一。

印度已绵延几千年的种姓制度,作为印度教社会的基本特征,在现代化进程中始终是印度社会难以解决的问题。尽管今日种姓制度已不再合法,[①]但在印度社会却难以真正废除和彻底根除种姓意识与种姓观念,因为种姓制表现出的顽强的与现代社会共存的调适性使之在印度社会长期留存。

作为世界四大文明古国之一,公元前 2000 年左右,印度创造了灿烂的古代文明。公元前 1500 年—前 1200 年,雅利安人迁入,他们带来了雅利安文化,成为印度教以及印度文学、哲学和艺术的源头,开始了恒河谷地文明。约公元前 6 世纪,出现了婆罗门、刹帝利、吠舍和首陀罗四大种姓,为奴隶制度的萌芽时期。公元前 6 世纪—前 5 世纪是印度文化史上灿烂的阶段,形形色色的哲学流派和社会理论蓬勃涌现,产生了世界三大宗教之一的佛教。

印度文化在世界上曾经产生过巨大影响,发挥了举足轻重的作用。印度文化具有十分鲜明而又强烈的宗教性、多样性和包容性。印度的价值观更接近西方,这有益于印度发展与西方国家的关系,印度面对的国际环境要比中国宽松,原因之一就在于印度的意识形态更加西方化。

---

① 钟有为:《对印度现代化进程中种姓留存的若干思考》,《合肥工业大学学报(社会科学版)》2011 年第 2 期。

第一节　印度发展进程中文化因素研究

一、悠久的文化传统在印度不断弘扬

(一) 节日众多体现了文化多样性共存的态势

印度节日名目众多,全国性较大的节日达上百个,再加上各邦自己的小节日,节日数不胜数。印度节日主要分为宗教性节日、历史性节日、政治性节日、季节性节日,其中以宗教性节日为主,各种节日格调各异,绚丽多彩。

印度的重要节日主要有:共和国日(Republic Day)每年1月26日,独立日(Independence Day)每年8月15日。除此之外,印度还有以下几个重要节日:

洒红节(Holi Festival),又名霍利节,是印度教的四大节日之一。每年公历三四月间的月圆之夜举行。全国各地举行洒红节,同欢共庆,相互祝贺,彼此洒水,洒红取乐。该节日正处于印度冬去春来、春季收获季节,因此也称为春节。但各地城市和农村庆祝的时限与方式不尽相同。一般城市庆祝两天,第一天焚烧霍利(柴草堆),第二天洒红。大都市一般庆祝一天,上午八九点钟开始,下午五六点钟结束,有的持续到夜里11点。农村庆祝时间较长,有的长达1个月左右。节日期间,人们手提装满五颜六色粉末的口袋,走街串巷,相互拥抱恭贺,嬉戏对骂,没有男女之别、老幼之分、种姓之隔,无所顾忌。

灯节(Diwali Festival of Light),又称"排灯节":印度最隆重的节日,相当于中国的春节,也是印度教徒最大的节日,全国庆祝3天。相传罗摩战胜十首王返回阔别14年的首都阿逾陀城时,阿逾陀人全都点上油灯,昼夜庆祝欢迎,从此,印度教徒把这一天看成是罗摩战

胜十首王、正义战胜邪恶、光明战胜黑暗的节日。灯节在每年气候宜人的 10—11 月举行。灯节庆祝活动长达半个月。

胜利节,也称德喜合拉节,是印度教的主要节日之一,主要是纪念罗摩在神猴哈奴曼率领的猴子军和狗熊军的援助下,与十首王罗婆那及其儿子迈克纳特和弟弟恭婆迦罗那大战 10 天,最终获胜,救出被抢走的妻子悉达的节日。胜利节每年 9 月底开始,10 月初结束,时间一般为 10 天,有些地方则长达 1 月之久。对胜利节的庆祝,不管农村还是城市都很隆重,主要是在舞台上表演罗摩的生平故事,故事以十首王罗婆那全军覆没而结束,人们把每年表演罗摩衍那的故事称作《罗摩里拉》。

杜尔迦节,即拜杜尔迦女神的节日,是印度教的主要节日之一,也是孟加拉邦最大的节日。杜尔迦节每年 12 月 2 日开始,连过 5 天。

(二) 瑜伽文化提升了印度"软实力"形象

瑜伽起源于五千年前的古印度,[①]它是古代印度哲学六大派别中的一派。"瑜伽"源自梵文,其含义为"一致""合一""结合""联合"或"和谐",意味着身心处于稳定、平衡状态,象征身体与意识的合一。练瑜伽的目的是要达到身、心、灵三者的完美结合。据《瑜伽焰口施食要集》记载:"手结密印,口诵真言,意专观想,身与口协,口与意符,意与身会,三业相应,故曰瑜伽。"瑜伽是一项起源于印度的古代身体、心理、精神的练习。

瑜伽具有较高的审美价值与健身功能,有助于提高人们的身心健康水平。瑜伽的真正内涵是用有限的生命去寻求无限的存在的工具,追求身心平衡、恒久喜悦的一种生活方式。[②] 同时,瑜伽的历史发

[①] 武乐玲:《太极文化和瑜伽文化的对比研究》,《教育》2016 年第 6 期。
[②] 高程丽:《正确认识和运用瑜伽》,《体育科技文献通报》2013 年第 3 期。

展与流行,具有较高的文化健身价值。瑜伽文化与世界文化的融合蕴涵各民族的特点与创新,从古典瑜伽的发展到现代瑜伽的世界流行,都与瑜伽的健身价值有着密切的关系。瑜伽发展至今约有五千多年的历史,它不断发展、变化,成为现代人喜欢的一种健身运动。瑜伽有一定的特点,对心肺功能、心理健康、身体形态及柔韧性、肥胖等都有一定的影响。瑜伽教育具有增进身体健康、心理健康和社会健康的价值。

瑜伽的瘦身美体作用显而易见。它通过瑜伽体位的练习、冥想的减压、调息的调节和瑜伽的饮食方式、饮食习惯,以及高温瑜伽独特的热环境等来达到减肥塑形、瘦身美体的效果。形式美是瑜伽美学特征的外在表现,体育美是瑜伽最突出的美学特征,艺术美是瑜伽鲜明的美学特征。瑜伽练习者集审美主客体于一体,瑜伽与体育、艺术的结合不仅丰富了美育功能的内容,而且使其美学价值在更广阔的空间得到了体现。瑜伽的呼吸法、冥想术和瑜伽的背景音乐等具有养生价值,人们在进行瑜伽身心修习的过程中,受益于它的养生功效。

瑜伽文化之所以能够经久不衰,主要因为其自身发展过程中的价值选择。古典瑜伽由于选择了与具有个性的、处于核心地位的古代印度的宗教信仰和哲学观的融合,所以成为印度文化中的主流;现代瑜伽因为选择满足人们的健康需要和审美需要这种具有共性的实用价值观相结合,从而风靡世界。

印度瑜伽体系都源自八分支瑜伽。八分支瑜伽是最古老的瑜伽,现在盛行的很多瑜伽体系都是在它的基础上演变而来的。目前较为流行的主要有哈他瑜伽、艾扬格瑜伽、阿斯汤嘎瑜伽、热瑜伽、流瑜伽等几种。

瑜伽以其崇尚自然、愉悦身心的独特健身文化理念备受人们的青睐,深得健身爱好者的推崇和喜爱。2014年9月27日,印度总理莫迪在纽约联合国大会发表演讲,莫迪建议联合国设立一个国际瑜伽节,以推广类似的印度传统宗教、文化思想。① 同年 12 月 11 日,联合国在第 69/131 号决议中宣布将 6 月 21 日设为"国际瑜伽日"。2015 年 6 月 21 日,莫迪率领 36 000 多人在新德里举行了集体瑜伽表演。② 同日,印度政府与全球 192 个国家共同举行了瑜伽节活动。

二、印度文化在吸收异族文化过程中不断发展

印度是具有悠久历史文化的世界文明古国,印度文化属于世界五大文化圈之一,对世界文化的发展做出过巨大贡献。印度河流域文明,亦称印度河文明,在世界上曾经产生过巨大的影响。在印度河文明被发现以前,人们普遍认为印度文化源于雅利安人的侵入。然而,20 世纪 20 年代开始在印度河谷地发掘出的遗址表明,早在约公元前 3000 年,这里的文明已经达到了相当高的水平。

迄今为止,印度文明的发展经历了三个阶段,即古代阶段、中古阶段与近现代阶段。目前印度文明正在稳定而明确地走向第四个阶段,即真正意义上的现代阶段。再经过 50—100 年的发展,印度文明将呈现出既有传统底蕴又有现代特征、既繁荣富强又生机勃勃的面貌。

印度灿烂多彩的文化,是在不断吸收异族文化的过程中发展和丰富起来的,具有以下几个鲜明的特色。

(一) 宗教性成为印度传统文化的最显著的特色之一

印度文化从来就不是凝固的、一成不变的,而是在不断吸收异族文化的过程中发展和丰富起来的。印度文化具有十分鲜明而又强烈的特色。从印度河文明至今天的经济改革,从吠陀本集至当代文献,

---

① 何星宇:《印度总理莫迪在联大发表讲话 为印度入常打伏笔》,国际在线 2014 年 9 月 28 日。
② NDTV: 192 Countries Celebrated International Yoga Day, 24 June, 2015.

可谓一脉相承,生生不息。宗教性成为印度传统文化的显著特色之一。

宗教居于印度文化战略的工具性资源和理念性资源的核心位置,是印度文化战略的内容主体和实施主体。[①] 印度文化根植于宗教,发展于宗教,繁荣于宗教,宗教之于印度文化战略具有决定性的和支配性的影响,是印度文化战略首选的资源。

印度历史上曾先后产生并流行多种宗教,印度教、佛教、耆那教和锡克教均起源于印度。印度教在印度是占有统治地位的宗教。印度文化在宗教方面能派别丛生而千姿百态,又在"轮回""梵"的一贯主题的统一下,汇集在一起而组成了现代的印度教和印度文化。这种一贯性特点使印度教成为印度文化的集中表现和核心部分。印度教历史悠久,是印度最古老、最主要也最正统的宗教。

长期以来,印度教深刻影响了印度社会进程和文化发展。各种宗教在印度的长期共存和印度人民对宗教的虔诚信仰,形成了印度文化独特的宗教性。印度教、佛教和伊斯兰教在印度形成了灿烂的宗教文化。

印度独立之后,首任总理尼赫鲁把世俗主义作为建国方针之一,旨在遏制教派冲突和国家政治宗教化,从根本上影响了印度文化的走向。时至今日,现实主义以及各种现代流派已逐步成为印度文学艺术的主流。印度文化表现出来的现代性和世俗性已经十分明显。与那些政教合一或政治宗教化的国家相比,印度社会发展的活力和成就显而易见。

(二) 多样性是印度传统文化的又一鲜明特色

印度是一个多宗教、多民族的文明古国,印度文化吸收了许多外

---

① 姜景奎:《宗教对印度文化战略的影响》,《南亚研究》2013 年第 1 期。

来文化的因素,①多样性成为印度传统文化的另一个鲜明特色。富饶的印度大平原吸引了世界上其他民族的人民,长此以往,先后有来自非洲、欧洲和亚洲的黑种人、白种人和蒙古人来印度定居生活。各民族和众多的部落形成了自己的宗教信仰与文化传统。使用不同语言并信仰不同宗教的不同民族产生了不同的文化,使印度文化具有多样性的特征。但印度文化本身具有完整的文化形式,是一种具有自身一贯性追求的文化范式。印度文化体现出了和谐精神、出世精神和包容精神。

外来民族在长期的融合中逐渐与印度民族同化,具有显著的同一性。这种同一性体现为对精神生活的重视,也体现为鲜明的地域特色。

而印度教精神在为印度社会提供同一的意识形态的同时,强调"和而不同"的精神,②也促进了印度文化多样性的发展。

(三)包容性成为印度传统文化的特色之一

在印度文化发展中,包容性是印度文化的又一特征。③ 印度独立以来的社会和文化的发展相当平稳,传统文化并没有遭到人为的禁锢与破坏。而外来民族来印度定居繁衍,与本土文化逐渐融为一体,互相包容,长期共生。

印度是一个善于学习的民族,在积极吸收世界上的所有先进文化过程中,也不断丰富和发展印度的民族文化,从而形成了自己独特的个性与价值体系。印度文化的演变植根于历史,又面向现实,在吸收外来文化成果方面,印度人具有得天独厚的语言优势。印度软件业的发展,既得益于印度人的数理逻辑能力,也得益于他们的英语能力。印度英文图书的出版数量在世界上位列第三。

---

① 肖光辉:《英国的殖民统治与印度法律的变化》,《广西社会科学》2010年第7期。
② 王红生:《论印度的民主》,社会科学文献出版社2011年版,第33页。
③ 朱林:《印度文化发展对中国文化走出去的启示》,《边疆经济与文化》2016年第5期。

第二节　文化环境是提升印度的"软实力"

独立以来，印度历届政府在国际舞台上积极宣传印度文化，以提升印度的"软实力"。

一、印度电影、舞蹈艺术发展迅速

（一）印度影业誉满全球

传统歌舞在印度人精神生活中占有重要地位。长期以来，传统歌舞对印度电影风格的发展产生了一定的影响，并成为印度电影所坚守的主要特色所在，同时又进行了卓有成效的创新与探索，实现了两者的相互促进和平衡。

印度电影优美动听的歌舞场面，给印度民族带来了最为纯粹的视听愉悦感。印度的影片生产量在世界上首屈一指，有"电影王国"之称。印度电影业成为印度的支柱产业之一，年产 1 500 多部，全国拥有 18 个电影中心[①]、65 个制片厂和 38 个洗印厂，向近 9 000 个电影院提供 15 种语言的影片。每年的票房收入达 2.56 亿美元，成为印度全国第 7 位最大的企业。平均每天就有 2 部新的故事片搬上银幕，这还不包括纪录片和动画片。宝莱坞是印度电影业的基地和中心，已经成为印度电影业的代名词。宝莱坞孟买地区制片厂，平均每 23 个小时就能产生一部新影片。

印度作为世界第一电影生产大国，将独特而又神秘的音乐风格结合变幻多姿的舞蹈融入电影中，是印度在国际电影业中独占鳌头

---

① 毛晓晓：《印度电影为什么卖得火》，《经济参考报》2016 年 7 月 5 日。

的重要砝码。

印度影人将创作灵感根植于其特有的历史文化资源,在浓厚宗教、神学氛围的强力渗透下将多元、复杂、包容的文化传统呈现在丰富的电影影像中,对印度社会文化、世风民俗予以深刻关照,在精心构造的故事中映射出印度人独特的审美取向、价值观念、思维方式及道德规范。而其深入骨髓的宿命轮回、家庭至上、神明崇拜、生死解脱等观念及对文化认同的思考更是构筑当代印度电影的重要文化基石。[①] 印度电影音乐以鲜明的民族特性、良好的传承性在世界音乐中占有了一席之地。印度电影民族音乐是印度音乐精华体现,它的成功,无疑是印度民族音乐的成功,是保留民族音乐特点、吸收时代元素成功的范例。

印度电影中艺术元素丰富,涉及印度的文学、戏剧、雕塑、建筑、绘画、音乐、舞蹈等众多艺术门类,宗教文化特征贯穿于电影之中。[②]

印度是一个电影高产大国,印度电影无形中成为印度国家形象传播的重要手段。[③] 印度电影充当了印度社会文化的"大篷车",推动了印度成为世界上为数不多的"电影产业化"国家,直接提高了印度文化"软实力"。印度电影中所呈现的强烈的爱国意识、宗教情怀和印度的热情与生命力以及印度人的爱情观、女性观,组成了强烈的印度电影符号和其独特的国家形象。

进入21世纪以来,印度电影在西方市场取得了根本性突破。在北美外语片市场中,它以世俗化、跨国经验、普适性价值有效地融入西方世界,以显著的数量优势占据了重要份额。作为后发现代性国家的文化产业,印度电影注重挖掘本民族的文化传统中积极向上的

[①] 李妮乡、付筱茵:《当代印度电影的文化形式与内涵》,《电影新作》2015年第4期。
[②] 曹丽娟:《印度电影中的宗教文化研究》,《文艺生活·文艺理论》2015年第4期。
[③] 孙友欣:《印度电影中的国家形象建构》,《青年文学家》2015年第33期。

正价值,在文化层面上完成了对民族国家的肯定、维护①。印度电影真正发挥了文化的综合功能,充分体现出国家形象的建构性。

印度电影业在经历了20世纪80年代由于资金缺乏而受控于黑社会的动荡以及90年代初由于题材老化、剧本江河日下、预算庞大而收益锐减等因素造成的不景气之后,在90年代中后期又出现了欣欣向荣的局面。

作为世界上最大的电影生产者,和仅次于美国的世界电影市场占有者,印度电影无论是场景、人物设置、拍摄手法、片长、节奏及舞美灯光设计,都自成体系。

民族化、大众化的审美定位、集群化的生产模式以及有效的制度保障等,②成为当前印度电影业得以实现高产量、高投放率的重要路径。

印度电影不仅在南亚次大陆拥有大批观众,而且发行到了海湾国家、中东地区、非洲、俄罗斯、中国、远东甚至拉美。宝莱坞电影对印度以至整个印度次大陆、中东以及非洲和东南亚的流行文化产生了重要的影响。

宝莱坞电影因为其载歌载舞的老套形式,而让观众厌倦,加之用印地语和泰米尔语等印度当地语言拍摄,被认为很难打入国际市场。然而面对全球化趋势的不断发展,世界文化艺术走向多元化,印度宝莱坞在吸取美国好莱坞商业片成功经验的同时,努力保持着自身独特魅力,在印度传统风格与好莱坞商业元素的勇敢融合方面做了很多积极的尝试。

作为东方古国,印度舞蹈一直以佛教文化为基础,其艺术形式多表现得较为含蓄内敛,无论是其眼神、手势,还是其动态造型,并非一个简单的动作而已,在其背后蕴含了深刻的宗教含义。

---

① 陈林侠、杜颖:《当下印度电影的文本特性、世俗化及其政治功能——基于北美市场的实证研究》,《电影新作》2013年第6期。
② 付筱茵等:《印度电影产业经验》,《北京电影学院学报》2012年第5期。

印度电影的历史在亚洲来说相对较早,在1895年法国卢米埃尔兄弟发明活动电影机的第二年的7月,印度孟买的一家叫瓦特森的旅馆里就开始放映电影,电影的名字叫"活动电影机的出现",即卢米埃尔兄弟拍摄的一部分短片。印度的电影从此诞生。不久之后,印度便具备了拍摄短片的条件,一位叫巴特瓦泰柯尔的静物照相摄影师和照相器材商从英国购买了一部摄影机,又请了两位摔跤手在公园表演,并将这种表演拍摄成胶片,这就是第一部真正意义上的印度电影,也开创了印度电影的历史。1901年前后,加尔各答电影创始人希拉腊尔·森(1866—1917年)拍摄《阿里巴巴》《萨拉尔》《如来佛》等舞台剧片段,他还摄制了《反隔离示威》《德里印度王室》等新闻纪录片。1990年1月11日,一种加尔各答使用的印度纪念邮戳上出现了这位印度电影先驱者的肖像。[①] 被称为"印度电影之父"的是印度人巴尔吉,1870年4月30日生于印度纳西克城,青少年时期曾先后就读美术学校和艺术学院,具有多方面的艺术才能。1913年,他拍摄的《哈里·钱德拉国王》题材选自印度神话故事,成为印度国内第一部故事片。这部电影为印度电影企业奠定了基础,同时也为印度电影的形式和内容提供了具体的模式,而这种模式直到今天还在印度电影中使用。巴尔吉还是印度的第一位电影制片人。

印度电影风靡世界,印度文化中包含着深深的现实主义精神,体现在电影中,歌舞、喜剧不过是为了吸引受众的一件世俗外衣,[②]其核心依然是这个民族对现实的关注和深深思考。

电影在印度人民的生活中有很重要的意义,印度人的民族特性也在电影中得到充分发挥。从19世纪末期开始,一批讲述神话故事、富有印度歌舞特色的默片被搬上了银幕。20世纪30年代有声电

[①] 郑德辅:《印度电影家解读》,《上海集邮》2009年第8期。
[②] 张晓世:《英语外壳下的民族精神之核——印度电影的现实主义溯源》,《电影文学》2013年第3期。

影开始出现,从此给印度电影带来了歌声。中国观众熟悉的拉吉·卡布尔从20世纪50年代开始活跃于电影舞台,他主演的《流浪者》曾轰动中国。

在印度电影百年的发展史中,电影审查制度经历了早期的剧院内部萌芽、《电影法》的正式出台、重新修订到逐步走向成熟的发展过程。

印度每年的影片发行量、观影人数、电影从业人员数等均居全球之冠,目前在印度已形成了宝莱坞、托莱坞、考莱坞、莫莱坞和桑达坞五大电影制作基地,相继推出了《摔跤吧!爸爸》《小萝莉的猴神大叔》《三傻大闹宝莱坞》等一批过亿票房的影片。

1995年上映的《勇夺芳心》被称为印度影片打入国际市场的标志,自此之后的20年里印度电影在国际市场的影响力逐年提高。随着全球电影业资源在国际市场上流动和配置越来越自由,印度电影的选题也发生着新变化,[1]表现在影片对于宗教题材、政局题材、种族题材的大胆选取与突破。

(二) 印度舞蹈具有较高艺术欣赏价值

在全球范围内,真正自成系统、影响面较大又历史久远、特点鲜明的文化体系的国家,世界上只有4个,即中国、印度、伊朗、希腊。其中能够建立起古代灿烂的舞蹈文化系统并在今天仍能完好保存,同时又在当代社会审美活动中占有重要地位的,则只有印度。印度舞蹈作为一种最主要、最绚丽的艺术形式之一,伴随着富有文化悟性的发展而不断发扬光大。

印度是东方文明古国,这不仅体现在古代印度的文明程度上,更表现在人类最初的行为——舞蹈之中。印度舞蹈有着非常悠久的历

---

[1] 姜博:《论国际化视野下印度电影选题的大胆突破》,《戏剧之家》2016年第8期。

史,对印度人来说,舞蹈不仅仅是一门艺术,更是一种宗教意识。[1] 印度舞蹈最初是表演者在寺庙为祭祀神灵而舞动的。

作为民族文化表征的印度舞蹈与印度宗教信仰有着密切的联系。印度舞蹈的色彩与肢体舞蹈动作是分不开的,[2]它将色与形完美地结合在一起,对中国佛教舞蹈发展有着深刻的影响。

印度舞源自对神无比虔诚洁净、无私的爱,舞者借由本身的手指、手臂、眼睛、五官、身体,表达和诠释宇宙间的万事万物。所以,一些印度舞只在庙里表演给神看,印度舞也因此多了一层神秘色彩。在印度,舞蹈拥有至高无上的地位,[3]人们通过它走向灵魂的救赎。

印度拥有非常丰富的古典舞蹈。印度人很容易从他们各自独特的曲风、服装和化妆等方面区分出某种舞蹈来自何地区,每一种古典舞蹈都源自民间,具有强烈的地方色彩。迷人优雅的肢体动作与手势所呈现的独特气质,展现出了一致的舞蹈风采。

印度音乐与舞蹈都有着悠久的历史,印度文化的多样性特征、印度艺术同宗教千丝万缕的联系、印度艺术与原始思维的密切联系等等特点都在音乐和舞蹈中体现出来。总体而言,印度音乐的美学特点体现在多样化的统一、象征性、大众化与实用性、独特的调式、旋律与节奏等方面,而印度舞蹈的美学特点更多地体现在宗教的象征性与叙事性方面。

印度舞蹈以努意他、努意雅、拉格与塔拉为基础,题材来源于古老的传统的神话和传说,受到地域、民族、宗教、风俗的影响,印度舞蹈已经形成了丰富的形式,如婆罗多舞、奥帝西舞、卡塔卡利舞、曼尼普里舞等。印度舞蹈已成为世界艺术中的一朵奇葩,为印度人民所

---

[1] 陈箐菡:《印度佛教舞蹈对中国少数民族舞蹈的影响》,《艺术教育》2011年第4期。
[2] 李智敏:《略论印度舞蹈色彩及其在中国的传播》,《吉林省教育学院学报》2012年第11期。
[3] 安然:《灵魂的救赎——印度舞蹈》,《青春期健康:人口文化》2011年第5期。

自豪和骄傲。

印度舞蹈文化承载着传统之光,在现代社会中依然妩媚动人。传统和地域的艺术芳香,把这朵奇异的鲜花装扮得格外惹眼,使其成为当今世界上一个非常独特而充满艺术灵动的景象。印度古典舞是印度舞蹈文化中的主体,直接受印度教影响而发展起来,至今仍是印度社会中最重要的艺术品种。

(三) 印度文学深受西方文化的影响

现代印度文学与世界文学的横向联系在于印度文学接受西方文学的影响,这种影响促进了印度文学的现代化。印度文学现代化的过程也是走向世界的过程,[①]许多重要作家的作品在世界范围内产生了影响。印度英语文学的活跃也是印度文学走向世界的一种方式。

宗教在印度无处不在,印度文化是一种以"超自然"为中心的、"神本主义"的文化,宗教也反映在印度的文学艺术中,文学成为表达宗教信仰的一种形式,广义上可以归纳为"宗教文学"和"文学宗教"的范畴。

《诗镜》是古代印度文学理论的总结,由公元 7 世纪的诗学家檀丁(或称执杖者)所著。这部诗学论著像镜子能照出事物的影像一样,把印度早期各种诗体的修辞技巧反映出来,并涉及有关形象思维的概念。

印度文学理论经历了萌芽期、古典梵语诗学、印度中世纪文论、印度近现代文论和当代文论(印度独立以来)等发展阶段。印度文学理论的发展具有自己的特色,[②]它既受到宗教、语言、文学等传统文化的渗透和影响,也受到近现代西方文化的影响。

印度文学成为印度宗教的一种诠释,体现出了宗教性特征。印

[①] 朱林:《印度文化发展对中国文化走出去的启示》,《边疆经济与文化》2016 年第 5 期。
[②] 尹锡南:《印度文学理论的发展轨迹》,《南亚研究季刊》2012 年第 2 期。

度文学表现了印度民众重精神轻物质的倾向,视精神的解脱为生命的永恒价值;而且,"万物有灵"观对印度人的审美思维和行为方式产生了深远影响,它弥合了人与宇宙的鸿沟;由于印度的宗教禁欲与纵欲并存,对性爱大胆和率真的表现成为印度宗教文化重要特征之一。

浓厚的宗教神秘主义是印度民族文化传统的核心组成部分。印度大诗人泰戈尔闻名遐迩,生长在这片神秘的宗教文化土壤上。他的诗歌真正将爱与美、诗歌与宗教融为一体。长篇诗作《吉檀迦利》展现出其特有的诗哲情怀,也传达其深邃邈远的宗教沉思。《吉檀迦利》中的梵我合一、有限与无限、爱与美三个主题集中表征了印度文艺神秘主义的美学特质。[①]

现代主义小说是印度 20 世纪文学中的重要构成部分,其发生、发展大致经历三个阶段,各时期的创作成就分别以泰戈尔、阿葛叶与布塔代沃·巴苏和"新小说派"作家群为代表。泰戈尔实现了印度小说叙事手段的现代性转型;阿葛叶与巴苏为印地语、孟加拉语现代主义小说的发展奠定了基础;20 世纪中后期出现并得到繁荣发展的"新小说派",借鉴、吸收西方现代主义文学观念和表现手法,融合本土小说叙事基因,强化现代性诉求,坚持立异标新,有效推动了印度文学现代化进程。

二、文化遗产促进了印度旅游业发展

(一) 印度拥有众多的世界级文化遗产

印度十分珍重自己的文化遗产和优良传统。古老灿烂的印度文

[①] 唐宏伟:《印度文学的神秘主义——从〈吉檀迦利〉试窥印度文艺的一种美学特征》,《大众文艺》2013 年第 5 期。

化,给后人留下了宝贵的精神财富。不同种族所建造的风格各异的建筑,充分体现了印度各个时期建筑、雕刻、绘画和青铜制作等领域的成就。

截至 2016 年,印度入选的世界遗产包括 27 项文化遗产和 6 项自然遗产,[①]并拥有大量的文物保护级纪念性建筑,散布在全国各地。这些建筑及其周边地区的保护和协调开发,对印度文化旅游的增长十分重要。

世界自然遗产具有自然地理的整体性和差异性特征,而文化遗产的宗教特征比较普遍。自然遗产主要分布于印度次大陆的边缘地区;而文化遗产主要以历史上比较强大的国家政权和外来势力的统治中心、海陆交通枢纽和环境适宜为分布取向。其中,各类宗教性遗产呈南北向地域分异。这些特征是在印度地缘环境的相对独立性、地形和炎热多雨的气候,以及悠久但发展极不平衡且以分裂为主的历史、外来势力、经济发展和本土文化基底的共同影响下形成的。

(二)旅游业促进了印度文化的发展

印度拥有优越的自然地理条件和深厚的文化历史,得天独厚的条件让印度旅游业的发展潜力无限。在促进印度经济向前发展的众多因素中,印度的旅游业发挥着一定的推动作用,旅游业为印度增加了外汇收入,促进了就业,协调了地区性发展。近年来,旅游人数和旅游收入呈现加速上升的趋势。印度旅游部官方网站公布的数据显示:2010 年,国际游客人数达到 578 万人,旅游收入为 14.193 亿美元;2011 年,入境旅游人数增加到 629 万人,旅游收入达到 25.8 亿美元。旅游业在印度现代化进程中发挥了不可替代的作用,印度旅游业的发展对其社会和文化的进步也起着潜移默化的影响。

---

① 尹国蔚:《印度世界遗产的类型与分布特征》,江苏社科界学术大会学会专场应征论文,2015 年。

旅游业对加速印度社会和文化现代化发挥了重要作用，但由于诸多原因，印度旅游业对印度经济发展的作用相对有限。对印度旅游业的竞争力与弱点、机遇与挑战的分析表明，这一行业增长潜力仍十分巨大。

印度旅游业的主要竞争优势是其古老并且延续至今的文明，它是世界上四大宗教哲学的发源地，也是上千年的旅行和通商之道。丰富的自然景观伴以古老的文化遗产，现代化的建筑象征着对未来的希望。印度与外来文明的接触反映在其人民丰富多样的文化中，以及语言、饮食、传统、习惯、音乐、舞蹈、宗教活动和节日、巫医传统和手工艺术等方面。

旅游业缺乏竞争力的主要原因是政府的重视不足。旅游业难以成为印度国民经济发展的重点，其原因主要在于对国际旅游市场寄予太高希望而忽视国内旅游，主要景点环境质量极差，地区安全形势影响印度的安全旅游目的地形象，景点设施和服务质量低，交通服务的数量和质量不高，相关基础设施落后，外国游客入境手续繁复、高额税收，缺乏旅游咨询服务，用于规划和管理的统计数据缺乏深度、精确度和可靠性，缺乏国际和国内市场的市场调研，缺乏资金和有效政策争取旅游开发用地，在主要城市以外的地区特别是农村地区缺少高质量的设施和服务，以及在遇到挑战的时候缺少行业内协作。这些问题使旅游业在印度的经济发展过程中只能扮演次要角色，致使其预算有限、政府合作和协调能力不足，并且无力实施已有的战略性计划与项目。

印度国内旅游客源主要集中在城市，多以休闲娱乐和欣赏自然风光为主。尽管印度国土广阔，国际地位重要，拥有诸如新德里、孟买等大城市，但其会议与展览旅游在国际上所占的比例甚少。这不仅对印度的旅游业发展不利，而且也不利于印度发展国际与国内商贸。

目前印度旅游业的发展存在着诸多问题：基础设施不完善、环境污染严重、政府工作效率低下、旅游从业人员素质低下、索要财物等方面成为印度旅游业健康发展的障碍。

三、较为发达的新闻出版业促进了民众言论自由

印度在地域、语言和文化等方面的多样性,使其呈现出多媒体同步增长、全业态百花齐放的态势。

（一）印度新闻出版业稳步发展

印度作为新兴经济体的典型代表,在全球报业受金融危机影响面临沉重打击的情况下,印度报业却逆势增长,[①]保持了良好的发展态势。

印度新闻业的发达程度远远超前于经济与社会发展状况。目前印度注册报刊有4.3万种,其中日报近5 000种,周刊1.5万种,数量远远超过美国(日报1 500种左右)、英、法、日(日报各100种左右)等发达国家。印度报纸的销量仅次于日本、美国、德国而位居第四位。不过,人口众多成为其中的原因之一。

目前,《印度时报》是世界上发行量最大的英文日报,[②]日均发行达330万份。作为一个新闻业较为发达的发展中国家,印度媒体的鲜明特色和管理模式在发展中国家数一数二,其所标榜的"新闻自由"在印度的现实国情、政治生态、经济发展水平等因素作用下受到了一定的限制。

印度新闻业发达:印度不仅拥有居亚洲第二位、世界第四位、总数约为22 648种之多的报刊,而且拥有五大通讯社,还拥有以全印广播电台和全印电视台为主体、遍布全国的广播、电视网络。

---

① 张辰韬:《印度报业发展现状分析与市场前景预测》,《出版广角》2014年第9期。
② 史安斌、张耀钟:《印度传媒业的发展:挑战与前景》,《青年记者》2015年第25期。

作为独立于政府的新闻咨询机构,印度新闻委员会是政府与媒体相互妥协的产物。新闻委员会的人员组成有广泛的代表性,其职责是调查新闻业发展状况,为政府提供政策咨询,向议会提交立法与修改法律的建议。

实践证明,印度新闻委员会在维护媒体独立和新闻自由方面发挥了重要作用,[①]成为协调印度政府与媒体之间关系的第三方机构,较好地维护了媒体权益和新闻自由。

印度政府非常谨慎地对待外资进入媒体问题。印度政府目前尚无计划在该领域进一步放开外国直接投资限制。

印度新闻广播部决定成立电子媒体监控中心(EMMC),以监听和管理印度国内各电视频道以及进入印度市场的外国频道的节目内容。成立电子媒体监控中心,旨在确保各频道播出的内容符合 1995 年有线电视(网)法中有关节目与广告的相关规定。

印度报刊大多属私人和财团所有。截至 2007 年年底,共有报刊 35 595 种,涵盖 96 种语言文字,总发行量 9 900 万份,居世界第二位。印地文和英文报刊分别占总数的 37% 和 16%。最大的三家日报依次为《印度时报》《马拉雅拉娱乐报》《古吉拉特新闻》。主要印地文报纸有《旁遮普之狮报》《今天日报》《印度斯坦报》等。主要英文报纸有《印度斯坦时报》《政治家报》《印度教徒报》《印度快报》等。

(二) 印度主要新闻机构和通讯社

(1) 新闻发布署:相当于政府中央通讯社,拥有 1 100 多名国内和 180 多名国外特派记者,电传网覆盖全国各地,向 8 000 余家新闻单位供稿。设有 8 个地区总分社和 27 个分社。

(2) 印度报业托拉斯:印度最大通讯社,半官方性质。成立于

---

① 王生智:《印度新闻委员会职能的历史考察》,《湛江师范学院学报(哲学社会科学版)》2011 年第 4 期。

1947年8月，后兼并印联合通讯社和路透社印度支社，于1949年元旦开业。现设136个国内分社和11个海外分社，员工1000多名，海外记者30多名。英文日发稿量超过10万字。在中国北京派驻记者。

（3）印度联合新闻社：印度第二大通讯社，系报业同仁的合股企业，1959年登记成立，现有分社100多个。目前向4个海湾国家及新加坡、毛里求斯提供新闻服务，在迪拜、华盛顿和新加坡设有分社，向22个国家派驻记者。

（4）印度斯坦新闻社：私营，主要编发印地文、马拉地文、古吉拉特文和尼泊尔文的新闻。

四、当代印度电视发展概述

30多年来，印度电视传媒业取得了长足的进步，[①]特别是印度的电视剧从1984年开始发展，现已成为世界上最大的电视剧生产国。

全印广播电台隶属政府新闻广播部，广播网覆盖全国人口99.1%。对内使用24种语言和146种方言播音；对外使用27种语言广播。

全印电视台于1959年9月试播，1976年脱离全印广播电台成为独立机构，隶属新闻广播部，是世界最大的电视网络之一。截至2005年3月，全国共有56家电视台，23个卫星频道。电视网覆盖全国陆地面积的77.5%和人口的89.6%。成熟的电视业造就了活跃的印度电视市场。电视广播公司、有限电视转播公司和节目制作公司各自独立，又相互制约，形成了一个产业链条。印度有80多家电视广播公司、6000多家节目制作公司和35000多家有线电视转播公司。

[①] 毛小雨：《南亚次大陆的生活镜像——从历史、制作、受众看印度电视剧的三重维度》，《河南大学学报（社科版）》2015年第6期。

印度适应形势的变化,结合国情探索印度特色的传媒发展道路。[①] 为其他国家的传媒在全球化形势下如何发展提供了有价值的借鉴。

印度电视网是当今世界上最大的电视网之一。它有 18 个节目制作中心和 228 个高低功率的发射台,覆盖全国人口的 72%。当今印度电视节目有三大类:地方性节目、全国性节目、教育性节目。

对于印度观众来说,只有在摆脱了国家电视台的独家垄断后,才意识到当年的电视市场多么沉闷和枯燥。从印度电视诞生到 1991 年,国家电视台——杜达山垄断电视市场长达 32 年。作为中央政府部门的一个组成部分,国家电视台力图使自己与中央政策保持一致,节目选题都限制在政治框架内。

印度实行的是由国家电视台垂直领导的电视体系。总部和播出中心都设在首都新德里,在各邦的首府设立了节目制作和播出中心。各邦政府一律不再设立邦级电视台。这种体制减少了邦级政府的"克隆"电视台,减少了公共频道资源的浪费。国家电视台现在有 21 个电视频道。除了用印地语和英语播出的新闻频道、娱乐频道、城市频道、体育频道之外,大部分频道都是针对不同语言邦的地方频道,如孟加拉语频道、特鲁固语频道等。

2006 年 9 月 26 日,印度直播卫星电视服务供应商 Tata Sky 有限公司宣布,在其提供的 DTH 数字电视服务中增加印度 Zee - Turner 系列频道。至此,Tata Sky 卫星电视为订户提供的 DTH 电视频道已超过 100 个。同时,Tata Sky 还提供 10 个音乐广播频道以及 8 种交互式电视服务。此举表明,Tata Sky 向建成印度最大的直播卫星电视平台的目标又迈进了一步。

2007 年 12 月 5 日,印度 4 个直播卫星电视系统——由 SunTV 公司推出的 Sun Direct 系统透过当年 4 月投入商业服务的 Insat 4B

[①] 史安斌、张耀钟:《印度传媒业的发展:挑战与前景》,《青年记者》2015 年第 25 期。

卫星(93.5°E)Ku 波段开始为印度电视家庭传输 DTH 电视节目。Sun Direct 系统也是印度第 3 个经由国产通信卫星传输。①

2013 年,印度的互联网用户达到 1.12 亿,并成为世界第三大互联网市场。② 互联网在印度的未来前景良好。

第三节 本章小结

印度传统文化是南亚次大陆独特的地缘环境和漫长的历史变迁进程中所形成的多民族、多宗教、多文化的产物。它内涵丰富,包罗广泛,影响深远,尤以浓厚的宗教文化而著称。在近代西方殖民者入侵以前,印度的上层建筑、文化领域和精神支柱以印度教为主的宗教哲学为基础。

印度文化是在不断吸收异族文化的过程中发展和丰富起来的。印度文化具有十分鲜明而又强烈的特色,即宗教性、多样性和包容性。

印度特殊的社会结构和文化传统直接影响了当代印度的发展。印度在政治、经济、社会、文化、意识形态以及思想观念上正在发生着广泛而深刻的变革。在现代化的进程中,印度文化的传统性与多样性以及印度传统文化的极端顽固性等成为印度现代化发展的桎梏,使印度现代化的发展道路异常艰难。

一、以印度教为核心的印度文化深刻影响了印度现代化进程

近代西方文化的扩张与非欧民族传统文化的现代化转型是近代

---

① 谢丰奕:《印度第四个直播卫星电视系统启播》,《卫星电视与宽带多媒体》2008 年第 2 期。
② 赵瑞琦、刘慧瑾:《印度的新媒体发展现状及影响》,《对外传播》2014 年第 1 期。

东、西方文化冲突的产物。而印度可谓是近代遭受西方文化渗透和冲击最早且持续时间最长、影响也最为深远的亚洲国家。以基督教文化为核心的近代西方资本主义商业—工业文明在与以印度教为主的印度传统文化之间发生了激烈的冲突与碰撞的同时,也不断与印度本土文化融合,[1]直接促进了印度传统文化向现代化的转型。

(一)宗教性成为印度文化体系的核心

印度民族是宗教思想和宗教意识极其强烈的民族,其文化心态和文学追求在很大程度上呈现出宗教性的特征。印度教是印度的主体宗教,也成为印度文化的基础与核心。[2] 印度教尊奉的《吠陀》《奥义书》和《薄伽梵歌》《摩奴法典》等圣典,其本身即是印度民族文学体系中的精华所在;印度教信仰的三大主神为印度文学提供了恒定的主题。印度教作为印度文化体系的思想核心,对印度文学的影响很大。

印度是一个多民族、多宗教的国度,印度教、伊斯兰教、基督教、锡克教、佛教和耆那教成为印度六大宗教。

根据印度公布 2011 年全国人口普查数据,[3]印度教人口占比自 2001—2011 年减少 0.7%,为 79.8%,总数约 9.6 亿人。同期穆斯林人口占比增 0.8%,达 14.23%,总数约 1.72 亿人。穆斯林成为 2001—2011 年这 10 年间,人口占比唯一正增长的宗教人口。锡克教徒占全印人口的 1.7%,约 2 080 万;佛教徒的人口占比为 0.7%,总数为 840 万人;耆那教徒占总人口数 0.4%,总数约 450 万人。在印度人口构成中,印度教徒与伊斯兰教徒人数占全印度人口总数的 94% 多。

---

[1] 洪共福:《印度政治变迁中的传统文化因素》,《红河学院学报》2015 年第 1 期。
[2] 张弛:《印度教政治哲学中的王权与正法》,《国外理论动态》2016 年第 1 期。
[3] 秦文:《宗教多元化背景下的印度婚姻家庭法改革刍议——以印度教与伊斯兰教为例》,《泰山学院学报》2014 年第 1 期。

长期以来,印度各教派之间的冲突和斗争不断,成为印度社会的主要矛盾之一,严重阻碍了印度的社会进步和经济发展。

(二)宗教促进了印度文化民族主义的发展

长期以来,一方面,以印度教为主体的印度多元文化,具有顽强的生命力、高度的凝聚力和极大的同化力,[1]在全球化进程中不断发展,并形成了不失民族特色的独特文化;另一方面,印度文化一直缺乏创新。几千年来,浸润着宿命论和精神修炼的宗教文化在一定程度上造就了印度人内向、封闭和因循守旧的心理特征。与其他民族相比,印度人遵从传统的意识显得更为强烈。印度教的主导地位直接影响和推动了印度文化民族主义的发展,促进了印度文化的繁荣,并扩大了印度文化在南亚地区的传播。

(三)文化精神促进了印度文化转型

"文化精神"是一个区别于"文化特征"的范畴,它将不同民族文化视作一个主体性的存在,探讨其价值追求和文化理想。相对于"文化特征"而言,"文化精神"更能体现文化主体的本质。

一个国家对外政策的形成和选择通常受其传统文化思想、本国的实力地位和执政者的素质与水平等诸多战略文化因素的影响。

印度文化虽以其多元复杂性著称,但印度文化本身具有完整的文化形式,是一种具有自身一贯性追求的文化范式。印度文化精神可以概括为和谐精神、出世精神和包容精神。

以 1947 年民族独立为标志,现代化进程中的印度文学分为现代和当代两个部分。印度现代文学的政治与社会背景是轰轰烈烈的民族独立与解放运动,这种民族独立与解放运动的特殊背景推动着印度文学左右旋转,从而使印度文学打下民族解放与民族独立的烙印,

---

[1] 彭秋虹:《印度应对民族分离运动的措施及启示》,《江南社会学院学报》2012 年第 1 期。

直接影响了当代印度文化的转型,为印度文化精神注入新力量。

印度文化精神极大地影响了当代印度文化的发展,[①]使印度文化有别于其他民族的文化,这种集"和谐、包容、轮回"于一体的文化精神影响了一代又一代印度人,并深深影响到了印度政治、外交和教育等领域的发展。

二、印度文化对印度政治与社会发展的影响

目前,印度社会正由农业文明向工业文明转型,以人的现代化为核心的经济社会的全面发展成为社会的主导,印度文化受到前所未有的冲击与挑战。

(一)印度文化发展对印度现代政治进程的影响

印度创造了超世价值体系,或来世价值,无论是印度教还是佛教、耆那教,都在追求超世价值,"不伤害生命、非暴力、苦行、修行、安静、空虚、超世"等价值追求,构成了印度价值的核心。印度价值中的非暴力精神、众生平等精神、修行苦生精神,对近代印度民族独立影响深远。这些精神塑造了印度精英的超世精神追求,使印度国民普遍都怀有一种信仰,并形成为强大的精神动力,在一定程度上推动了印度独立自由民主政体的建立与发展。

印度还向世界贡献了多种价值理念,如伦理责任与业报轮回、宽容与忍受,苦行、修炼与超脱、思想(冥思)与辩论、证悟与梵我,如众生平等与和平共生、施舍与慈悲、守静与空虚、虔诚与神人合一,等等。

实行经济改革以来,印度向世界开放市场,不仅促进了经济的发展,也在一定程度上加速了印度与世界文化的交流,缓慢地促进了印

---

① 赵畅:《印度文化与服饰设计之美》,《科学中国人》2016年第15期。

度传统观念的更新。传统文化与现代化的结合过程,也就是传统文化现代化的过程。

印度文化在从传统向现代转型的过程中,逐步表现出了与时俱进的一些特征:

第一,珍视民族传统。印度独立以来的社会和文化的发展相当平稳,传统文化没有遭到人为的禁锢和破坏。印度人十分珍重自己的文化遗产和优良传统。

第二,文化的宗教色彩逐渐淡化。印度独立之后,首任总理尼赫鲁把世俗主义定为建国方针之一,以遏制教派冲突和国家政治宗教化,从根本上影响了印度文化的走向。今日,现实主义以及各种现代流派已经成为印度文学艺术的主流。现代性与世俗性特征已体现在印度文化转型上。

第三,印度文化在不断吸收异族文化的过程中发展和丰富起来。积极地吸收世界上的所有先进文化,不断丰富并发展自己的民族文化。印度文化独特的个性与价值体系不仅没有在转型进程中消失,反而在与现代化碰撞中得以保存和发展下来。

近年来,印度一直将提升软实力作为21世纪外交的重要任务之一,印度文化软实力有着追求精神胜于物质、强调人与自然的和谐统一等传统价值理念和以民主、多元化、包容性为特征的政治价值观;流行文化内涵丰富且深具魅力。近年来,印度在南盟、周边、非洲、拉美、欧美等不同层面不同领域因地制宜积极推进文化软实力。通过独具特色的文化软实力外交,使印度的软实力进一步走向了世界,有效地提升了印度的国家形象,为自身的发展营造了良好的发展环境。

由于印度在地理位置上的独特性,其艺术在发展的过程中糅合了本土特色与周边国家的艺术特点,从而创作了跨越国界的艺术作品,这也体现了艺术的广泛性与互通性。[①] 印度艺术的发展在继承其

---

① 刘祺:《浅谈印度艺术的传统性及其造型特色》,《西北美术》2015年第2期。

灿烂艺术传统性的同时又形成了新的造型特色,印度电影融合了印度舞蹈艺术,[1]向世人展现了印度艺术的独特魅力。

印度古典舞以其神秘的宗教性、浓郁的民族性、高超的艺术性和强烈的情感性在世界艺术之林中独树一帜,[2]而当印度舞蹈这种古老的艺术走进印度电影的现代光影中时,印度电影便散发出了耀眼的光芒和迷人的魅力。舞蹈与电影两种艺术语言的叠加,拓展了印度电影的审美空间,使印度电影焕发出勃勃生机,呈现出神秘与空灵之美、跳跃与灵动之美、激情与浪漫之美、梦幻与超越之美的多维审美品质。

印度电影表现出载歌载舞的经典"印度式"的舞蹈场景。实际上正是由于电影中穿插了大量具有民族特色的舞蹈,使印度电影在世界电影史中占有一席之地。[3] 印度电影中的舞蹈审美价值较高,充分展现了舞蹈的魅力。

印度歌舞作为一颗璀璨的明珠更将印度本国的艺术魅力传扬到世界各地。[4]

(二) 印度文化特性对印度现代化的阻滞力

多元的社会造就了多样的文化,多样性文化成为印度主要特色之一。印度呈现出传统与现代交织、发达与原始混杂、文明与落后并存、富豪与赤贫同在的现实,这种状况很难使印度形成政治上的统一、行动上的一致,更难以在印度形成一种共同的意志。

尽管印度与信息化、全球化进程紧密相连,印度文化中敬业与合作的文化成为近年来推动印度软件产业低附加价值业务迅猛发展的主要文化动因,而印度文化中所缺乏的创新的文化则是制约印度软

---

[1] 康俊芳:《舞蹈在印度电影中的审美意义》,《戏剧之家》2014年第10期。
[2] 高珊、帅彬彬:《舞蹈在印度电影中的多维审美品质》,《电影文学》2014年第18期。
[3] 毛景:《印度电影中的舞蹈审美价值》,《芒种》2015年第20期。
[4] 孟丹:《感知印度舞蹈的魅力》,《文化月刊》2015年第7期。

件产业从低附加价值业务向高附加价值业务发展的主要文化障碍。而且,农本社会的根基和文化基因并没有受到根本性的冲击和变革,而是以一种农业文明特有的成熟方式从容地持续存在。印度传统农业文明特有的成熟状态和它对印度社会的深层文化结构的影响,对印度现代化进程具有顽强的文化阻滞力。其表现就是与日常生活世界相伴随的价值观念、思维定式以及心理结构等文化因素,和现代社会的市场化、契约化、理性化、民主化和开放性等文化因素的要求相去甚远。

印度正处于从传统社会向现代社会的过渡阶段。今天的印度文化,是传统文化与现代文明的混合体,将继续不断地受到西方文化和其他文化的冲击,与之不断交流与融合,但印度文化始终具有顽强的生命力、高度的凝聚力和极大的同化力,在不断吸收和融合外来文化过程中得到充实和丰富。现代化和传统通过独特的连续性和变化过程互相补充。而且,印度不会全盘接受西方的价值观念,也不会丧失自我。

印度文化民族主义兼有宗教与世俗两种取向,表现为国大党的世俗民族主义文化和印度人民党的宗教民族主义文化两种形式,在不同时期不同程度上影响和决定了第二次世界大战后印度外交的走向。民族主义文化犹如一柄双刃剑,具有积极和消极两面性。讲求"和平中立""宽容与非暴力"的民族主义文化使印度有效地开拓了对外关系的空间;而"自负、狭隘与利己"的民族中心主义文化和"狂热、强硬不妥协"的宗教民族主义文化给正常的国家关系发展蒙上了阴影。

世俗民族主义的政治思想已成为当今印度民主政治制度运行的基础。

(三)印度文化对外交决策影响巨大

印度教民族主义具有强大的社会资源和文化资源。印度文化本身具有完整的文化形式,是一种具有自身一贯性追求的文化范式。印度文化精神体现了和谐精神、出世精神和包容精神。以瓦杰帕伊为首的印度人民党政府,正是借助印度教民族主义的强大的社会资源和文化资源迅速发展,在1980年印度人民党成立时,宣布党纲为"民族主义和民族统一、民主,积极的非教派主义,甘地的社会主义和价值基础上的政治"。

在过去30余年,以"印度教特性"为指导思想的印度教民族主义助长了印度人民党的发展壮大。[①] 执政后的印度人民党政府在解释其固有理念——"印度教主义"时表现出很大的温和性和包容性,强调印度的文化民族主义的核心就是印度教特性,承认印度文化是多元文化,其他宗教文化也是印度文化的组成部分,在客观上迎合了印度教教派主义势力。印度人民党也因此提高了在印度教民众中的地位和影响,为取得执政地位奠定基础。

实际上,印度文化民族主义具有两面性和排斥性的特征。印度外交思想的雏形植根于印度的传统政治文化。印度政治文化不仅囊括具有现实主义取向的"考底利耶主义"与激进的"斯瓦拉吉"思想,也包含具有崇高道义法则的"法胜"思想与"非暴力"思想。[②] 在印度二元性政治文化传统的影响下,逐步形成了印度独具特色的外交思想。

印度文化民族主义朝两个方向发展:一是内省的、宽容的和非暴力的;另一个是狂热的、狭隘的、教派主义的。以甘地和尼赫鲁为代表的温和派,尽力宣扬与阐释印度教传统文化中的"宽容"与"仁爱"的人道思想,主张"非暴力"的独立斗争,对国内少数派宗教实现"印度教的宽容";而以国民志愿团和印度教大会等教派主义组织为代表的极端派,宣扬狭隘的民族主义思想,主张建立印度教国家,排

[①] 吕昭义、林延明主编:《印度国情报告(2015)》,社会科学文献出版社2015年版,第3页。
[②] 肖军:《论政治文化传统与印度外交思想的二元性》,《南亚研究》2012年第3期。

斥印度穆斯林,反对印穆和解。现代印度宗教民族主义极端化表现仍很突出,印度教教派主义者极力宣扬"印度教认同"。印度人民党不但借助这一思潮发展壮大自己,而且对这种思潮推波助澜,使之恶性发展,使"印度教认同"变为偏激的宗教民族主义,即"大印度教主义"。

印度丰富的文化对印度外交政策产生了很大影响。印度自独立以来,从尼赫鲁的"不结盟"外交政策到瓦杰帕伊的"民族主义"实力外交政策,这些外交政策的制定、实施与演变深受印度文化的影响。印度文化多元性、复杂性与继承性等特点,都深刻地影响了印度对外政策制定,使得印度文化在印度外交政策中的影响也呈现出多元化的特征。

具有典型代表性的印度文化历史悠久、博大精深、底蕴丰富,以浓厚宗教性和高度的精神化为特征,重精神而轻物质,强调人与自然的和谐与统一,构成了印度文化的价值观念。独立后,尼赫鲁就制定了独立自主、和平中立的"不结盟"外交政策并取得了很大的成功,"不结盟"也成为后来印度历届政府制定外交政策的准则。正是由于文化上的认同感,尼赫鲁以传统文化为基础提出了"不结盟"外交政策和"大印度联邦"的构想。尼赫鲁曾多次重申其外交政策源于印度过去的思维方式和传统遗产,尼赫鲁思想在印度独立后为维护印度统一和推动印度外交政策的发展确立了理论根基。印度文化价值观主要强调的是和谐与非暴力的思想。尼赫鲁的"不结盟"外交政策体现了印度文化价值观对道德、民族、平等等方面的认识,重精神价值的追求,强调用法去维护和创造某种和谐,用非暴力求得和平。"古杰拉尔主义"外交政策也正是用和平手段解决国与国之间的争端,从另一面强调了印度文化价值观所追求的和谐统一。

印度传统文化丰富的内涵和价值观念影响着印度独立以来外交政策的制定与实施。20世纪80年代兴起的印度教民族主义成为当代印度文化的主流,并成为印度对外决策的主要思想依据。印度教民族主义的产生与发展直接影响到印度大国理念的形成。印度教民族主义者鼓吹"大印度教主义",声称印度教是至高无上的宗教,极力排斥外来宗教,主张外来宗教"印度教化"。而以瓦杰帕伊为代表的印度人民党所宣扬的印度教民族主义要温和得多,近年来的发展变化也比较大。这个思想原则更符合时代的要求,也更符合印度的国情,更有利于印度的稳定与发展。执政后的印度人民党的思想路线代表了印度教民族主义发展的新阶段。印度人民党上台以来,改造了印度教传统思想文化,在吸收现代文化的过程中确保优秀的印度教文化传统继续发扬光大。印度人民党把印度教民族主义视为一种文化概念,大力弘扬印度教文化,以印度教文化为思想核心加快印度大国建设,通过宣扬民族主义加强民族团结,共同努力加强经济、军事实力建设,奉行"实力对实力"的外交政策。

印度文化民族主义从产生到成为当今印度社会的主流思想,始终影响着印度的政治、社会发展进程。而且两种文化民族主义形式交错发展,在发展过程中不时产生矛盾与冲突,在不同的时期以不同方式影响着印度的社会、政治生活。

印度国语观念的形成与民族意识觉醒及民族独立运动有着密切的关系。在印度的独立运动中,在甘地等有识之士的推动下,印地语初步确立了印度国语地位,但独立后印地语的国语地位受到地方民族意识的严重挑战。后来的印度语言政策成为政治妥协的产物。[1]"三语方案"加强了英语在印度的地位。

印度文化民族主义在印度争取独立的运动中起到过很大甚至决定性的作用,在整合印度社会、增强印度民族自豪感、提高印度国际地位等方面都作出过重要贡献。但其自身也存在诸多消极方面,它有时带有某种狭隘性、进攻性,对印度国内其他教派信徒、其他类型的宗教文化采取排斥、歧视甚至打击的态度。

---

[1] 廖波:《世纪国语路:印度的国语问题》,《世界民族》2013年第1期。

第四章

印度发展的教育科技发展环境研究

　　印度独立以来,在"科技兴国"思想的指导下,历届政府比较重视教育和科学技术,重视国民的教育事业,积极推行教育体制和科技体制改革,开展形式各异、内容丰富的义务教育普及活动。从总体上看,印度在基础科学方面具有较强的优势,其科学技术在综合国力中成为最为引人注目的积极因素,虽与发达国家相比有很大差距,但在广大发展中国家中仍名列前茅。印度科技发展的成就对社会、经济发展具有积极的推动作用。

　　印度民族语言众多,基本上分属于印欧、达罗毗荼、汉藏和南亚四大语系。印地语成为现代印度文学创作使用的主要语言之一。印地语是印度的国语,以喀利波利方言为标准语,其文字以天城体的梵文字母为基础,吸取了许多梵语的词汇。中国读者比较熟悉的印度现代作家普列姆昌德、普拉萨德、耶谢巴尔都使用印地语。

　　目前,印度公民识字率偏低,年龄在7岁及以上的印度人当中,有近1/5的男性和1/3的女性不识字。印度妇女文盲率是1/3,男性文盲率也接近20%。[①] 而且大多数学校教育水平低下,即便在接受

[①] 于时语:《印度大选后的国家展望》,[新加坡]《联合早报》2014年5月19日。

了 4 年学校教育后,仍只有不到一半的儿童会计算 20 除以 5。①

尽管在现实生活中,印度教育存在着诸多问题。但是,长期以来,印度教育和科学技术的发展,在一定程度上推动了印度经济与社会的发展,也提高了印度国民的素质。

第一节 教育水平是印度发展的"催化剂"

印度是一个多民族、多语言、多人口的发展中国家。独立后,印度教育发展迅速,所取得的成就在世界范围内有目共睹。尤其是印度的高等教育在国际上名列前茅。

一、印度教育发展成就较为显著

印度是发展中大国,对教育事业相当重视。独立 70 多年来,印度教育事业取得了显著成绩,从而也推动了其他事业的向前发展。

(一) 印度教育在发展中国家名列前茅

印度实行的是中央和各邦共同负责的教育管理体制,以分权为主,集权为辅。从 20 世纪 80 年代以来,印度一个显著的进步是地方分权制的尝试,关注重点从邦转移到教育落后的地区,中央政府和邦政府强调地方政府参与政策的制定。② 独立以来,印度政府认识到教育是人力资源开发的关键,要提高每个人的生活素质,必须对教育进行投资,使教育工作在国家计划中占有适当地位。这是印度发展教

---

① [印] 阿马蒂亚·森:《印度为什么赶不上中国?》,[美国]《纽约时报》2013 年 6 月 21 日。
② 王晓杰:《试析印度政府对弱势群体义务教育的管理》,《中国电力教育:上》2012 年第 4 期。

育的基本出发点。

为此,印度政府提出了明确的发展目标:保证每个人受教育的机会均等;不论年龄大小,为其提供学习知识、发挥才干的机会;使受教育者在体育、智育和文化三方面得到全面发展;在教育、就业和发展三者之间建立有机的联系;宣传国家统一,宗教与教育分离。教育方针中明确强调了"普及教育"和"消灭成人文盲"的重要性,把普及小学教育和成人教育作为消灭文盲的重要措施,中等教育和中等专业化教育的目的是为印度的教育、经济和社会发展之间建立积极而有益的联系;把高等教育视为经济和社会发展的一个关键因素及通向"现代化"的重要途径。

印度独立以后,印度教育进入了全面发展阶段,现代印度教育体系已逐步趋向完善,并取得了较大的成果。印度教育具有以下几个主要特征:

第一,印度实行了较为灵活、完善的教育体制,在全国范围内建立了较为健全的教育体系。随着初等教育的普及程度不断提高,普及中等教育(包括初中和高中)已成为目前印度教育体制改革的重要课题。2005年7月,印度政府正式出台了《普及中等教育》政策报告,进一步促进了印度中等教育的发展。

第二,印度教育体现了民主化、世俗化与公平化的性质。为体现教育公平性,保障"落后"民族与弱势群体的权益,印度政府在发展教育过程中,制定和推行了一些特殊优惠政策,如专门为国内"落后"民族和弱势群体在高等教育机构中保留一定比例名额的规定,保证印度教育公平、均衡发展。

第三,印度教育逐步与国际化接轨。得益于英语的普及,印度教育国际化程度较高,印度各类教育能较好地吸收和学习西方的教育模式与经验。

第四,印度教育的发展有效地促进了印度社会、经济发展。印度教育的发展,在印度发展进程中发挥了一定的积极作用,尽管印度还存在人数较多的文盲,但总体上印度教育的发展推动和促进了印度综合国力的提高。

(二) 印度教育发展提高了国家"软实力"

印度国情复杂,教育水平提高缓慢且具有明显的地区差异,未来教育水平的提高有赖于中央政府和地方各级政府的共同努力。

印度的学校教育实行所谓的"10+2"模式:10 年教育(包括小学和中学),之后再读两年(11 年级和 12 年级),并参加高校的入学考试。目前印度实行的是自 1968 年《国家教育政策》及其《十七点决议》实施后形成的"10+2+3"学制,即普通教育 10 年制,高级中等教育 2 年制,高等教育第一级学位阶段 3 年制。其中普通教育包括 8 年制的初等教育和中等教育的前 2 年。印度《宪法》规定 8 年的初等教育为义务教育。[①] 小学和初中阶段之间的联系和教学机构的运行都相当复杂。小学和初中教育往往在不同的机构中进行,而小学和初中在教学机构上的分离可能导致"升学损失",即有些儿童不会在小学教育结束之后到新学校继续就读。

国家在各种形式教育上的开支占 GDP 的 4%。由于自 1976 年起,由各邦和联邦政府共同承担教育的责任,联邦政府负担的教育开支逐渐增多,大量的联邦教育支出通过"中央资助计划"(CSS)来实现,其主要项目包括操作平台、非正式教育、教师教育、午餐、女生免费教育计划、地区初等教育项目、全体教育激励计划、教育技术、学校教育环境指南和残疾儿童综合教育。除最后三项外,其他所有项目都仅针对初等教育。这些计划中的政治因素与具体目标都易于接受,出台这些项目的政党也能因此赢得政绩。

独立后至 1990 年,印度拒绝了外国对教育的援助。到 1994 年

[①] 王晓杰:《试析印度政府对弱势群体义务教育的管理》,《中国电力教育:上》2012 年第 4 期。

印度政府才开始接受外国的教育援助,其中地区初等教育项目得到了 90%外国援助资金的支持,包括联合国教科文组织、联合国开发计划署、联合国儿童基金会、世界银行、亚洲发展银行等多边组织,以及欧洲委员会、英国国际发展署、瑞典政府国际发展署等双边组织的援助。

尽管公立学校的教育是免费的,但与教学相关的辅助费用(课本、制服、交通)则相当高昂,这使得全国实际的失学人数达 2.5 亿。[①]

印度的初等教育学校分成三类:公立、私立和援助学校。一些公立学校由邦教育局直接管辖,一些由地方政府管辖。援助学校是由私人建立起来的,得到各种名目的政府援助支持,是非营利机构。

印度自独立以来,尽管入学率平稳增长,但依然达不到 100%。在许多地方,出勤率远低于入学率,而且"超龄"入学在全国许多地方依然常见。

从整体上看,印度青年的识字率要好于巴基斯坦和孟加拉国,但仍然远远落后于大多数发展中国家。[②] 而且,在印度历史上,女性的入学率和识字率普遍低于男性。

印度独立后,宪法明确规定了"向 14 岁以下所有儿童实行免费普通教育",为儿童入学提供了法律保证。因此,全国各地不少小学校对 1—5 年级学生实行免费入学,甚至有些邦对 6 年级学生也实行免费教育。与此同时,政府一直为教育增加经费,1986 年用于教育的经费为 47 亿美元,仅次于国防开支。

1950—1951 年,印度小学只有 21 万所,而到 1984—1985 年度,全国共有小学 52 万所,增加了一倍多。1947 年在校注册人数为 1 050 万,到 1982 年增加到 7 360 万。全国的识字率不断提高,1951 年全国识字率为 16.6%,1971 年上升为 29.45%,1981 年又提高为 36.17%,1988 年提高为 36.23%。

[①] Harman Kullar:《印度的初等教育》,《南亚研究》2011 年第 2 期。
[②] 同上。

二、普及初等教育成为印度教育发展的主要目标之一

印度独立后,实行 12 年一贯制中小学教育。高等教育共 8 年,包括 3 年学士课程、2 年硕士课程和 3 年博士课程。印度教育还包括各类职业技术教育、成人教育等非正规教育。2004—2005 财年,有小学 767 520 所,初中 274 731 所,高中 152 049 所。印度高等教育的发展速度在发展中国家名列前茅:印度刚独立时,仅有 16 所大学,各类学院 696 所。如今,印度共有 416 所大学,其中包括 251 所邦立大学、21 所中央大学、103 所"认可大学"、5 个邦立研究所及 33 个国家级研究所,各大学下属学院 20 677 所,还有 28 家具有培养研究生能力的各类研究所。

2007 年,印度人口识字率达到 75%,但成人文盲仍达 3 亿,居世界首位。印度正在全国 600 个行政区中的 598 个推广扫盲计划,2008—2009 财年,印度 6—14 岁儿童入学率接近 100%,但全国平均小学辍学率高达 31%。2007 年 12 月,第十二个五年规划(2007—2012)中,印度政府提出了"全纳性增长"的发展理念:推进均衡发展,缩小区域、群体和性别间的差距,让发展的成果惠及全体人民。

印度 1/3 的人口在农村,仅城市中就有 15% 的人是文盲。为了减少文盲,近年来,印度一直坚持推行"识字工程"。印度政府还制定了更加宏伟的目标,争取到 2020 年把全国的文盲人数降低到人口的 5%。

20 世纪 80 年代以来,印度政府逐渐意识到农村教育的重要性,开始了全面的农村教育改革。印度政府不仅增加了对农村教育的投资、建立了师资培训机构、广泛实施了非正规教育计划、全面开展了成人扫盲教育,而且加强了与非政府组织及国际组织的合作,加速了印度农村教育的发展。

印度教育是从英国殖民统治开始施行并经过印度人民不断改革

与完善的世俗教育,它打破了宗教教育在印度长达上千年的垄断地位,使印度教育开始摆脱宗教的束缚。但它仍受到宗教尤其是种姓制度的影响,秉承了精英教育理念。印度政府将有限的资源集中投入到高等教育中,在一定程度上推动了印度现代化的进程。

在印度,综合大学由中央政府或各邦政府通过立法手段建立,而其他院校则由各邦政府或私人团体建立。所有院校都附属于特定的综合大学。

印度的大学分为中央和各邦综合性大学。中央大学直接由印度中央政府人力资源部所建,邦大学则由各邦政府所建。

70%的私立院校由私人基金或团体组建,但管理由所附属的大学负责监督。

国家重点研究院为大学一级的研究院,由国会法案规定并由中央政府出资建立,包括印度技术学院、印度管理学院以及全印医学科学院等。

印度多数大学都是附属性大学,独立管理入学标准、课程设置、考试以及学位颁发等。大学设立独立的研究生院,进行各领域的科研工作。研究生院和本科院由所属该大学的院校分开设立。

印度高等教育(完成12年学业后)时间一般为3年,面向文理科学士学位,而工程和医学等专业课程则需4—5年。硕士通常为2年,博士最少为3年以上。高等教育学制具体如下:

(1) 本科:本科课程学制一般为3年,面向学士学位,各大学设有文科、理科、工商等学士学位。而专门课程的学位如工程、医学、牙科和药学需要4至5年半的时间。工程学科大多为4年,而医学学科为5年半。

(2) 硕士:硕士研究生文科、理科、工程和医学等学科通常为2年制,毕业时颁发硕士学位。有的大学和高等院校提供短期的毕业证和证书课程,如工程、农业科学和计算机技术。而学习时间也因学校不同而不同。

（3）博士：只有综合大学的院校设立博士课程，课程涉及特定方向的研究工作，提交博士论文并通过口试。顺利通过博士课程的学习后授予博士学位。

印度的大专院校分为四个类别。该类别的划分主要依据是按提供的课程（专门院校/职业技术）、所属性质（私立/公立）、与大学的关系（附属/大学分校）等。

学院由所属大学管理，大多位于该大学校园内。

由印度政府管理的院校数量较少，仅占总数的15%—20%，由各邦政府管理，如其他院校一样，政府院校由其所附属的大学进行考试，安排课程并颁发学位。

专门院校大多为医学、工程和管理类院校，也有少数其他专业的专门院校，由政府或私人组建和管理。

印度有66个远程教育部门，分布于66所大学，此外有11所开放式大学也提供远程教育。位于新德里的印度甘地国家开放大学（India Gandhi National Open University）是世界上大型的开放式大学之一，为世界上100多万的学生提供服务。

印度为了适应社会与经济发展的需要，十分重视职业技术教育，并根据自己国家的情况制定了灵活多样的职业技术教育体制。印度职业教育较为发达，有1500所职业证书教育学校，[①]涉及农业、贸易、商业、健康、医疗辅助、家政科学、人文以及工程贸易。

印度实施的教育发展战略包含在20世纪80年代中期以来制定的一些重要的教育文件中，如《1986年国家教育政策》及修订后的《国家教育政策》和《1992年行动计划》，它们成为印度教育发展的纲领性文件，对教育发展战略进行了某些重要调整。

印度教育的突出变化，主要体现在以下几方面：

---

① 李经威、彭先桃：《印度高等教育的发展探究》，《淮阴师范学院学报（自然科学版）》2012年第4期。

(一) 大力发展职业和技术教育

为了提高就业人数,减少失业人员,为国家经济建设和工业发展提供迫切需要的中等技术人才,减轻对高等教育的压力,印度政府十分重视中等职业技术教育。全国设立了356所常设性学校和139所临时性学校。除公立学校外,还有不少私立培训学校。这类学校总共容纳20万人,训练期限为1—2年。另外,还有300多所工业技术专科学校,每年招生5.6万人,分全日制教育和业余教育两种。学习期限为3—4年,培养具有中等技术水平的专门人才。

印度政府通过上述种种措施,将不少青少年培养成了中等技术人才,缩小了文盲队伍,减少了失业人员,扩充了国家人才队伍,为国家建设培养了大批有用人才。

(二) 重视扫盲工作,完善成人教育

印度政府非常重视扫盲工作,并把成人教育列入国家计划之中。为了加强成人教育,中央政府还专门成立了国家成人教育委员会,各邦也成立了相应的组织。因此,印度的扫盲工作取得了可喜的成绩。

长期以来,农村被列为扫盲的重点,印度政府计划在23万个村庄建立"农村知识中心",以便广大村民养成阅读书籍和获取知识的习惯,从根本上改变自己的命运。每个中心都将全副"武装",配备1 000本不同学科的图书、一台可以上因特网的电脑、一台打印机以及其他基础设施。

普及义务教育是印度进入21世纪后,在教育领域里着力解决的一个热点和难点问题。而弱势群体接受义务教育,[①]不仅是基于社会

[①] 王晓杰:《试析印度政府对弱势群体义务教育的管理》,《中国电力教育:上》2012年第4期。

进步的考虑,更是关系到印度国民整体文化素质提高的长远利益。

1986年,印度《国家教育政策》和后来出台的"行动方案"强调优先发展并普及义务教育。① 女童和贫困地区的孩子成为义务教育发展战略的重点。

印度政府通过开展成人教育,提高了印度民众的识字率。印度的扫盲工作受到了世界银行的赞扬,对发展中国家具有借鉴意义。

独立以来,随着妇女教育水平的提高,印度妇女的职业与社会地位发生了天翻地覆的变化。

(三) 高等教育比较发达

印度独立以来,高等教育比较发达,为国家培养了大批专业人才,有力地推动了国家建设,使印度成为世界上拥有最雄厚的技术力量的国家之一。

独立初期,印度政府专门成立了"大学委员会",制定了高等教育的方针和任务,完善和加强对高等教育的领导,不断增加对高校的经费开支。印度在高等教育方面成绩显著,现在已拥有了一批设备先进、师资力量雄厚、科研水平较高、在国内外享有盛誉的重点大学,如德里大学、贾瓦哈拉尔·尼赫鲁大学、贝拿勒斯印度教大学、国际大学、孟买大学、加尔各答大学、亚格拉大学等。这些学校规模大,人数多,为国家培养了大批人才。而且,印度已拥有了一支庞大的技术人才队伍。

为了刺激和加速本国高等教育事业发展步伐。从20世纪50年代开始,印度政府连续发布了关于高等教育的十二个五年发展规划,并取得了显著成效。目前,印度已成为继中国和美国之后拥有世界上最大和最多样化高等教育体系的国家之一。② 尽管如此,印度高等

---

① 王晓杰:《试析印度政府对弱势群体义务教育的管理》,《中国电力教育:上》2012年第4期。
② 马君:《面向未来的印度高等教育发展策略》,《中国高等教育》2014年第6期。

教育同样也面临着诸多亟待解决的问题,诸如基础设施落后、财政投入不足、师资匮乏、教育质量不高、教育公平难以保障、国际竞争力不强,等等。

印度是目前世界上高等教育规模最大的国家之一,[①]位于世界第三,形成了自己独特的高等教育体系。印度高等教育得到了迅猛发展,取得了举世瞩目的成就,[②]并且正式步入了大众化阶段。

独立以来,印度社会经济发展经历了缓慢到快速进步,这是印度在全球化过程中迎头赶上知识经济潮流的重大转变。为此,印度大力发展高等教育以培养大量科技知识精英,开拓信息化等高科技产业,从而使得现代高等教育成为现代化科技产业的孵化器。印度现代高等教育是科技产业和人才的摇篮,成为印度知识经济发展的基地。

高等教育的发展离不开高等教育的管理。1781年,英国殖民者在印度建立了第一所大学,成为印度近现代教育的开端。1854年,现代高等教育制度确立,高等教育的管理日渐规范。1921年,由于政治体制的变化,印度高等教育交由印度人管理,印度的高等教育逐渐印度化。

独立后,印度在高等教育管理方面,首先制定了一系列的国家政策和高等教育的方针、目标、规划,来对高等教育的发展进行管理,同时,中央、各邦及各大学还颁布各种教育法律规范,通过这些法律规范,中央政府扩大了对高等教育的管理权限,使高等教育主要由各邦管理转向由中央和各邦共同管理,形成了中央和邦两级管理的教育管理体制。

印度高等教育独具特色,主要表现在以下几个方面:

[①] 马君:《印度高等教育面临的挑战及应对策略——基于印度"高等教育第十二个五年规划"(2012—2017)的分析》,《高教探索》2014年第3期。

[②] 靳凯姣、严晓旭:《印度高等教育发展现状及对我国教育发展的启示》,《科技视界》2015年第30期。

第一,政府始终将高等教育置于国家发展的高度去认识,使高等教育的目标规划与国家整体规划相结合。印度的高等教育立法呈多极化,不仅中央,且各邦、各大学都有权制定各种法律规范,这不仅符合印度国情,也符合世界高教立法的发展趋势。不仅如此,印度政府和高校还采取多种措施保障高校师生的各种权利,以缓和校内的矛盾。

第二,印度的教育管理体制属于中央与地方合作制,从理论上讲比较理想。但是,由于印度的各级行政区划很复杂,各地区的经济和社会发展程度差异很大,加上印度民主政治的弊端,印度各地区的教育发展极不平衡,至今全国基础教育阶段的学制结构仍然没有实现真正的统一,全国性的教育改革困难重重。

印度独立后,联邦政府高度重视以工程技术教育兴国,以此实现真正意义上的国家独立。印度工程技术教育发展很快,并形成了层级分明、结构完备的工程技术教育体系,涌现出印度理工学院、印度科学学院、印度管理学院等世界一流大学。

1950年时,印度高校在校生只有17.4万人,到1960年达到55.7万人,增长了3倍多。到1970年又发展到195.6万人,年增长率高达12.86%。印度教育这种高速式增长速度,离不开印度中央政府每年加大对高等教育的投入,印度高教开支占整个公共教育开支的比重,从20世纪50年代的15%增加至60年代末的25%。

印度高等教育的发展模式和管理体制深受其政治经济等基本国情的影响。大学附属制是英国殖民时代的产物,它推进了高等教育大众化的进程;联邦制和议会民主制赋予了各邦创办高校的自主权,弱化了中央政府对高等教育发展的宏观管理权,导致各邦高等教育的无序发展;20世纪90年代以后的私有化的市场体制改革,为印度私立高校的发展注入了新的活力,促进了一批"名誉大学"的发展,它们是公立大学的有力补充,也是印度高等教育改革的发展方向。

经过几十年的努力,印度高等教育发展很快。① 但是由于全印人口基数大,教育资金人均受益率不高,特别是在广大农村地区,儿童和女孩的入学率上升速度不快,而且还存在着总体质量不高、结构不合理等问题。印度高等教育还面临着基础设施落后、财政投入不足、师资匮乏、质量不高、教育公平难以保障以及国际竞争力不强等现实问题。② 为此,根据提升质量、增加教育机会和扩大办学自主权的总体指导原则,印度构建了一个以卓越、扩张和公平为核心,以管理方式转换、提高公共财政支持力度和完善质量保障机制为基点的"高等教育十二五规划(2012—2017)"发展战略框架来应对高等教育发展所面临的挑战。规划是指导印度高等教育发展的纲领。③ 在该规划中,印度针对高等教育中存在的问题,提出相应的改革措施,提高质量和促进平等仍然是关注的焦点,同时更加强调机构的自治。

针对印度高等教育发展中出现的问题,印度工商协会联合会高等教育委员会于2013年制定并发布了《印度高等教育:2030年的愿景》,④表明高等教育对未来印度经济和社会发展的作用愈发凸显,其内容主要包括未来20年印度高等教育转型的设想、愿景以及实现该愿景的路径。印度高等教育的发展趋势,一是特别强调向学习者为中心的教育范式过渡;二是将治理模式的改革作为重中之重。印度高等教育改革的目标宏大,任重而道远。

随着印度软件业的飞速发展,印度高等教育的发展模式也成为学界关注的焦点。印度高等教育发展战略具有以下特点:

第一,规模大、投入高。自印度独立以来,历届政府将高等教育作为教育发展的重中之重,经过多年努力,印度已建立了包括大学教

---

① 施晓光:《走向2020年的印度高等教育——基于印度"国家中长期发展规划"的考察》,《中国高教研究》2011年第6期。
② 李雁南:《当前印度高等教育存在的问题和对策》,《大学·研究版》2015年第9期。
③ 连进军:《从"十一五"规划到"十二五"规划:印度高等教育的问题和未来的发展》,《中国高等教育评论》2014年第10期。
④ 王文礼:《印度高等教育:2030年的愿景》述评,《大学(研究版)》2015年第10期。

育、研究生教育、学院教育、职业教育和非正规教育等各种类型的高等教育体系,[1]门类齐全,层次多样。

第二,印度政治局势的变化直接影响基础教育改革的政策取向;多民族、多语言和多宗教的国情直接影响了印度教育媒介和语言学习政策;种姓制度是影响印度基础教育改革政策的最独特因素;农村的贫困直接影响着义务教育普及政策的实施。

印度高等教育的发展基本上沿着高等教育管理、两级管理、分权自治以及独具特色的印度大学附属制和高等教育的国际化等模式发展。

三、印度教育发展面临挑战

尽管独立以来,印度教育发展成就显著,但由于历史和现实原因,印度教育仍然存在诸多问题:国内科技人才水平下降、人才外流严重、文盲众多、教育发展不平衡、重视高等教育,对初等教育重视不够等。

正常财政年度下,印度政府的整个教育计划资金分配如下:高等教育占 20.9%,初等教育占 32.4%[2],这种分配比例显然对初等教育过低,而对高等教育过高,因为全国 72% 的人口分布在农村,而且乡村教育条件比城市要差,但对它的教育投资还不到高等教育的一半,致使农村教育更为落后。

尽管印度的教育正在发展,特别是在初高中教育方面,但印度高等教育体系,包括技术和职业教育与培训仍然不足;尽管印度公共职业教育和培训体系已形成制度化,[3]但缺少必要的规模、课程、资金和激励,促进年轻工人满足快速全球化和科技进步的要求。

---

[1] 王超、王彦:《印度高等教育的发展战略及启示》,《大学(学术版)》2011 年第 1 期。
[2] 汤方远:《印度的教育模式对发展中国家的启示》,《荆楚学术》2016 年第 3 期。
[3] [韩]李钟和:India's Chinese Dream, Project Syndicate, 24 July, 2014.

另外,各邦、中央直辖区之间,在教育水平和普及程度方面也存在很大差距,种姓歧视现象也并未完全消除。

印度远程教育的发展获得了世界远程教育界的重视,其发展至今一直呈现稳定增长的态势,但各邦之间发展存在一定程度的不平衡。印度形成了世界独有的开放大学群,并在办学上与双重模式院校相辅相成。印度以法律和政策有效地保障和推动远程教育的发展,同时适时地针对各种教育需求实施大型远程教育项目以促进远程教育的普及。[①] 印度远程教育的国际化和电子化发展趋势将进一步扩大印度远程教育在世界上的影响力。

印度的教育系统规模庞大而复杂,政府的高度重视推动了印度教育的发展。印度在教育公平方面制定了一系列积极的政策,对教育的投入持续增长;印度专业高等教育的发展水平获得了世界好评,[②]为印度国家的发展作出了重要贡献。然而,由于普及初等义务教育的目标一再延期,普通中等教育和职业教育的分流比例极低,普通高等教育的质量长期偏低,这些因素对印度社会经济的进一步发展产生了不良影响。[③]

国家对基础教育长期的投入不足,导致了印度家庭教育成本分担比例较大,落后地区的教育投入不足,地方教育负担较重,少数几个人口大邦承担了印度基础教育普及的绝大部分重任。[④] 针对这些问题,印度近年来通过全国普及基础教育计划来增加中央及地方的教育投入,补贴落后地区,加大教育投资价值的宣传力度,增加中央政府分担比例,把接受基础教育作为公民的一项基本权利加以贯彻执行,在普及中逐步推进基础教育的均衡发展。

印度政府一直将普及义务教育作为各项工作的重中之重。适龄

[①] 陈斌:《印度远程教育的发展模式研究》,《现代远距离教育》2011年第3期。
[②] 安双宏:《印度教育发展的经验与教训》,《教育研究》2012年第7期。
[③] 同上。
[④] 石水海:《印度基础教育存在的问题与应对措施》,《世界教育信息》2013年第8期。

儿童为6—14岁根据印度教育部提供的数字,印度目前总计有88万所中小学校在实施义务教育。2003年在印度法律所规定的6—14岁义务教育适龄儿童中,入学率为82%左右。

从8年义务教育,到全体学生免费午餐,最近印度又提出将义务教育延长至10年。不过,印度教育也存在着一些问题,如政府资源有限,私人办学缺乏规范,乱收费、乱招生现象丛生,教育质量参差不齐等。

印度政府相当重视本国教育的发展,为了更好地解决"十一五"计划中有关教育的问题,提出了许多方案,希望本国教育能够朝向一个更快、更全面的方向发展。政府重视教育的发展,也极为重视人力资源的发展,把人的发展放在了重要位置上,体现出印度教育的全面性、全员参与性,内容包括幼儿养育和教育(实施儿童发展综合服务计划,ICDS)、初等教育(实施初级教育普及项目和营养午餐计划)、中等教育(延长中等教育年限,提高教育质量)、技术/职业教育和技能发展、高等教育和技术教育(解决新兴技能短缺问题,培养高素质的人才)、成人扫盲计划(全民扫盲运动)以及科学和技术知识普及等。

印度初等教育中的"免费午餐计划"始于1995年,是印度中央政府提供资助的一个全国性计划,[①]旨在向公立学校和民办公助学校等教育机构中的1—8年级学生提供免费午餐,在提高入学率和巩固率的同时提高孩子们的营养水平。该计划的实施和监管都强调中央、邦、县及社区等多方的参与,它的实行不仅提高了小学生尤其是表列种姓和表列部族女童的入学率和出勤率,提高了学生的学业成绩,促进了初等教育的普及,也降低了教师的缺勤率,有助于缩小社会人群的贫富差距。

印度在高等教育领域虽取得了相当的成就,但还存在许多问题,

---

① 安双宏、黄姗姗:《印度初等教育中的"免费午餐计划"评析》,《教育探索》2011年第5期。

包括：高等教育质量不高、资源分配不公、高度官僚化的高等教育管理体制，以及缺乏足够数量的优秀教师等。[1] 针对这些问题，印度政府采取了相应的对策，包括重视大学师资队伍建设、改革高等教育、加大对高等教育的投入、大力吸引国外优秀人才回国内高校发展等。

以表列种姓、表列部落和女性为例，他们在接受高等教育的一般机会以及在学科专业分布方面，均存在不平等现象；政府采取了一系列举措，但成效有限，没有从根本上扭转不平等的现实，同时存在效率问题；这些不公平源于文化传统、基础教育、多元差异等方面的影响。

另外，作为世界上人口第二大国，在1928—1980年52年中，印度总共获得过8枚曲棍球奥运会金牌。在1980—2008年，印度只获得一枚来自男子10米气步枪项目的金牌。

印度有鄙视体力活动的传统观念。在印度传统文化中，高种姓注重精神修行，以食素、禁欲、苦行为荣，以食肉、休闲、体力劳动为耻。印度人不重视运动文化。那些取得国际级成就的运动员都是"偶然"的，而非印度体育体系的成果。

因此，印度整个体育体系的基础性改革势在必行。对绝大部分印度家庭来说，在文化课程上取得更好的成绩是唯一的目标，体育则排除在外。而且，在印度，那些掌握高超竞技水平的人才很难获得支持。[2] 有限的资源很难被投入到体育项目当中，加上资源调配不当、缺乏透明度、没有系统的规划，而且印度官僚体系腐败严重，印度的运动员们如何获得基本的生活补助都成问题。

时至今日，印度基础教育投资的发展仍存在着性别差距明显的问题，女童处于弱势地位；师生比很低，不利于教育教学质量的提高；种族间差异很大，少数民族处于不利地位；家庭教育负担过重，影响

---

[1] 沈有禄、谯欣怡：《印度基础教育投资政策存在的问题及均衡策略》，《比较教育研究》2012年第2期。
[2] 张哲：《12.7亿印度人为何36年只拿了一块金牌？》，《每日经济新闻》2016年8月21日。

家庭的教育投资决策;生均教育经费较低,经费分配结构不合理;等等。然而,印度政府也积极应对,采取各种因应策略以消除种种不利条件,积极推进普及基础教育计划。

第二节 科技发展是印度发展的重要支撑

独立以来,印度经过半个多世纪的不懈努力,在原子技术、电子技术、航空航天技术、生物技术、海洋开发技术、农业生产技术、工业制造技术和国防生产技术等诸多领域都取得了举世公认的重要进展。目前,印度已具有独立设计、制造、建立和管理核电站的能力,并成为全球事实上拥有核武器的国家,也是世界上为数不多的几个能够制造和发射各类卫星的国家,印度制造的超级计算机在性能和价格方面甚至可以与美国同类机器媲美,印度的软件技术在世界上首屈一指。而且,印度的生物基因技术在世界上处于领先的地位。为了把印度建设成为一个现代化工业强国和有声有色的世界大国,历届印度政府都非常重视高科技发展。

一、印度高科技发展成为印度发展的重要支撑

经过70多年的努力,印度在原子科技、空间科技、信息科技、生物科技和海洋科技等高新科技领域取得了举世瞩目的成就。高科技的发展促进了印度经济增长,提高了印度国防现代化水平,增强了印度的综合国力和国际影响力,提高了印度的国际地位。[①] 印度历届政府都十分重视科技特别是高科技发展在社会经济发展中的特殊作用,从而使科技发展成为印度发展的重要支撑。

---

① 文富德:《高科技发展与印度发展》,《南亚研究》2010年第4期。

印度在科研领域的比较优势，在发展中国家中名列前茅。近年来，印度的全球经济排名不断靠前，科学研究实力快速增长，在生物制药、材料化学等关键领域取得重要进展。印度科研工作及优势呈多样化特征：化学、药理学与病毒学、农业科学及材料学等成为印度科研产出的优势领域；工程学、物理学和计算机成为印度科研影响力的优势领域；制药业既是印度科研产出优势领域也是专利优势领域。[①] 但是，印度研发总投入不足GDP的1%，专利申请数量相对较低。

2012年1月，全印科学大会召开，[②] 时任印度总理辛格承诺增加下个五年计划（2012—2017）的科研经费，由2011年的30亿美元增长到2017年的80亿美元。印度政府以发展高科技、提高综合国力为核心的国家战略经过近70年的努力已经显示成效，印度已经成为第三世界国家中的科技大国，如今印度如此大幅增加科研投入，展示了印度发展成为世界科研强国的雄心。

（一）形成了较完备的核工业体系

目前，印度已形成较完备的核工业体系，已具有处理核燃料循环的能力，并能够生产核燃料重水，成为世界第二个重水生产国，并向美国等国家出口。印度完全利用本国技术生产核燃料，其核燃料研究技术水平同日本和俄罗斯相当。印度还能够独立进行核燃料再加工和核废料处理。

（二）原子技术发展迅速

印度在原子科技领域取得的成就举世瞩目。印度实施了一系列核计划。具体进展如下：

[①] 毕亮亮：《印度科技创新实力及科研优势领域概述》，《全球科技经济瞭望》2014年第9期。
[②] 李娜：《印度科研：优势与阻碍的角力》，《科技导报》2012年第5期。

第一,建立轻水和重水核反应堆。早在1956年印度就设计制造出亚洲最早的以轻水和中浓度铀为原料的核研究反应堆。到20世纪80年代中期印度已具有独立设计、制造、建设和运行核电站的能力,成为世界上为数不多有能力自行设计、建造并管理核电生产的国家。

第二,建设快速中子和增殖反应堆。在20世纪60年代印度率先建成亚洲最早的快速中子反应堆。1985年英迪拉·甘地原子研究中心获得增殖反应方面的关键技术,成为世界上第七个拥有该项技术的国家。印度也是世界上第一个用铀和钚混合作为反应堆燃料的国家,其开发技术正在实现工业化。

第三,开发利用钍。1996年印度建成世界上第一座用钍作核燃料的反应堆,以铀-233为燃料的快速中子反应堆投入使用,成为世界上唯一拥有该类反应堆设计制造能力的发展中国家。

而且,印度将原子技术广泛应用于高产农作物种子的开发、研发肥料和杀虫剂、生产加工食品等,并利用原子技术开展海水淡化项目。印度也将放射同位素广泛运用于疾病诊断、医疗和保健等,并将原子技术用于工业与研发,同时印度将原子科技重点用于国防军事事业。

二、空间技术发展奠定了印度的大国地位

(一)积极发展卫星技术

目前,印度已建立印度国家卫星和印度遥感卫星两套空间系统,系列组成印度通信卫星网络,使印度通信服务范围扩展到农村远程通信、商业通信、教育、邦际通信网络建设、卫星移动通信、互联网建设、紧急搜救和气象预报等各个服务领域,并广泛用于处理农作物播种与收获、灌溉、城市规划、环境监测等领域。

(二) 研发运载火箭技术

目前,印度已拥有四种类型的国产运载火箭,并成为继美、俄、法、中、日等国后第6个掌握低温发动机技术的国家。

1975年4月,印度第一颗自制卫星从苏联的火箭发射场发射成功。1980年7月,印度第一次用自制的运载火箭从本国的发射场发射卫星成功,成为世界上第6个具有独立卫星发射能力的国家。截至2012年,印度已发射各类卫星50多颗,用于教育、卫生、减灾、自然资源利用、国防等方面。

印度于20世纪60年代开始研发"烈火"系列导弹,2012年4月首度进行试射"烈火"-5型导弹。2013年和2015年分别进行了第2、第3次试射;2016年12月,印度第4次成功试射"烈火"-5型导弹。这是一种可携带核弹头的三级固体燃料导弹,也是世界上先进的远程弹道导弹。该型导弹可携带1 000公斤的载荷飞行5 000千米,是目前印度射程最远的导弹。"烈火-5"可以进行公路机动发射,而且拥有更高的命中精度,该型导弹射程为5 000千米,可携带核弹头。这枚三级导弹装备了先进的环形激光陀螺仪、复合式火箭发动机和高精度卫星导航系统,其技术上已接近美国尖端导弹科技水平。"烈火"-5导弹的多次成功发射,标志着印度在研发洲际弹道导弹的技术上取得了重大突破,提高了印度的战略威慑能力,标志着印度成为继美国、俄罗斯、中国、法国和英国后拥有射程超过5 000千米洲际导弹的国家。

印度对未来军事太空能力的设想,包括造价较低的小型卫星网以及能够保护这些航天器免受袭击,必要时还能摧毁敌方太空系统。目前,印度正在制订详细的发展军事太空计划,此项规划名为《技术展望与能力路线图》,这是一项时间跨度为15年、涉及内容广泛的军事技术规划的一部分。小型卫星研发计划正由印度空间研究组织、国防研究和发展组织以及印度国防军联合展开。按照路线图的规划,小型联网卫星将增强印度军队的情报收集及监视与侦察能力,但反卫星武器是一个日益令人担忧的问题。

从长远来看,印度正在积极构建"三位一体"的核力量体系,①通过研发数款远程弹道导弹,印度的核威慑态势进入新阶段。印度还将组建三支航母战斗群、建造全隐形新型护卫舰,以实现印度海军的跨越式发展。

(三) 积极发展空间技术

印度空间技术总体水平发展迅速,②已成为世界第六空间技术大国。2001年4月,印度用自行研制的备有低温火箭发动机的火箭将1.5吨重的卫星送入地球同步轨道。该火箭的个头与质量可与美国"德尔塔"型火箭媲美。2008年,印度月球探测器月船1号在南部航天中心发射升空。印度还计划早日让月球车登陆月球,最终完成载人登月计划。

目前,印度拥有4种类型国产运载火箭,已建成两个航天器发射场,掌握了制造和发射运载火箭、人造卫星、地面控制与回收等技术。

印度在苏联的技术援助下建立了本国的航天事业。印度空间研究组织是执行航天计划的主要机构之一,具备了制造和发射运载火箭、人造卫星、地面控制与回收等技术,并建成了空间研发体系。1963年,印度在顿巴建成了第一个火箭发射台,1973年开始研发航天运载火箭,该组织已成功研发了4种型号:卫星运载火箭(SLV3)、大推力卫星运载火箭(ASLV)、极地轨道运载火箭(PSLV)、地球同步运载火箭(GSLV)。

2007年成为印度航天发展的分水岭。2007年1月,印度发射并回收了首个返回式太空舱,为实现载人航天迈出重要一步。2008年

---

① 罗伯特·诺里斯、王雪、胡文翰:《印度尚未实现可信核威慑》,《环球军事》2015年第20期。
② 张铧予:《印度公布3个导弹武器发展项目》,《导弹与航天运载技术》2014年第2期。

4月,印度成功发射"一箭十星",同年10月,印度首个月球探测器"月船1号"所携带的撞击探测器成功撞月。截至2012年,印度航天部门共执行了100次空间任务,制造了62颗卫星和38枚火箭。

2011年年底,印度宣布了本国的火星探测计划。2012年8月印度独立日当天,印度总理辛格亲自宣布将发射火星探测器。此后15个月内,印度以"不可思议"的速度完成了火星探测器的建造,并在运载火箭载荷不足的情况下发射,比原计划提前了3—5年。2019年7月,印度成功发射完全自主研发的"月船2号"月球探测器,用自主探测器对月球进行实地勘察,成为世界上继美国、俄罗斯、中国之后第四个有探测器在月球着落的国家。

印度正加速发展印度版的卫星定位系统,积极构建"印度区域导航卫星系统"(IRNSS)。根据印度空间研究组织的计划,该系统将包括7颗卫星,于2015年全部发射到位。该系统建成后,可全天候全时覆盖印度本土及周边1 500千米范围内地区,向用户提供精度在10—20米的定位与导航服务。与GPS系统类似,IRNSS系统具军、民两用性,可向军事部门提供精度更高的数据服务,用于监控敌方军舰和战机活动。该系统建成后,印度空间研究组织还将发射10颗导航卫星,最终形成印度版GPS系统。

2014年12月,一枚载有无人太空舱的印度新式重型火箭发射成功,该太空舱最终在海面安全着陆,完成相关试验。这枚运载火箭是印度最新研制的"GSLV-MK-Ⅲ"型火箭,重量达630吨,从印度南部安得拉邦斯里赫里戈达岛的发射基地升空。该火箭运载的无人太空舱按规程成功分离,经过短暂飞行后,安全降落在孟加拉湾海面。该太空舱可容纳2—3名宇航员,将用于印度的载人航天项目。此次成功发射的运载火箭将大幅提升印度的卫星发射能力,能将重约4吨的通信卫星送入距地表约3.6万千米的地球同步轨道。①

---

① 吴强:《印度成功发射无人太空舱》,中国新闻网2014年12月18日。

2016年5月,印度在东南部安得拉邦萨蒂什·达万航天中心成功发射了一艘用于技术验证的小型航天运载器,[①]这是未来印度"航天飞机"的缩小版原型,也是印度可重复使用运载器自主研制计划的首次发射试验。该航天运载器是一个用来评估技术的飞行试验平台,长约6.5米,重量为1.75吨。这是印度空间研究组织自行研制成功的可重复使用太空飞船,在印度航天史上具有重要里程碑意义。

三、信息技术提升印度在全球的地位

目前,印度大多数软件研发公司已掌握并能运用世界上最先进的软件技术,大多数软件开发企业都取得了ISO9000认证。印度公司开发的软件质量在世界上堪称一流。印度软件技术已从过去从事基本编程工作转向高端技术发展。

印度不断提高软件外包服务水平。目前,印度信息技术及相关服务业的年产值超过300亿美元,印度外包服务业也在从呼叫中心、数据录入和售后服务等价值链低端业务,向市场分析、工程设计、法律咨询、专利申请等价值链高端的业务转移。在制药、生物技术、法律服务、知识产权、汽车和航空业的研发和设计等技术服务业领域中,以知识服务为主的外包业务正在不断扩大。[②]

作为软件和服务外包的先行者,印度最先将园区模式与软件产业发展结合起来,通过政府强力推动和园区发展模式的优化等,促进软件园的快速发展,从而提升本国软件产业的整体竞争力。

印度不断提高在电子信息技术研发方面的能力,硬件设计能力日趋提升。硬件制造技术也取得了一定的成就。

[①]《印度成功发射国产"航天飞机"》,中国评论通讯社香港2016年5月24日电。
[②] 文富德:《高科技发展与印度发展》,《南亚研究》2010年第4期。

四、印度科技发展存在的主要问题

科技发展水平同之前所提到的教育发展水平,尤其是高等教育普及程度和发展程度有着密切的联系。长期以来,印度科研投入的优先领域主要是国防、宇航和核技术等战略性领域以及生命科学相关领域,不断增加科研投入,加强技术转移。但是,印度科技发展也存在诸多问题,虽然科研投入逐年有所增长,但增速仍低于国民生产总值增长水平。基础设施建设方面的问题也制约了印度技术的发展。制约印度科研发展的若干因素主要有以下几点:

第一,科学研究与社会需求相脱离现象较为严重。由于印度科研活动大都沿袭了英国殖民统治时期的体制与研究模式,相对而言,印度科学技术研究过多地关注基础研究,对应用研究重视不够,忽视了对国家发展计划重点领域问题的研究,使研究、生产与用户之间的联系不够紧密,科技成果转化率较低,而且企业对技术开发的重视程度也不大。同时,印度科技发展基础较为薄弱。由于印度人口文盲率长期居高不下,影响了印度科技发展水平和质量。

第二,科技人才流失比较严重。印度科技人才在发达国家就业的趋势逐年上升。而且,印度赴国外留学的学生也只有1/3学成回国。由于印度国内理科毕业生的待遇比在经济部门工作的要低,一大批理科学生对研究或教学不感兴趣,放弃了所学专业而从事其他工作。科技人才外流在一定程度上浪费了印度的人力资源,也在一定程度上阻碍了印度发展进程。

第三,政府资助对象过于集中。印度政府对科研单位的投入比较集中,大部分预算集中在一小部分机构。3个战略领域(空间、国防、核技术)仍占用大部分经费。科研经费主要用于中央政府的科研机构,其他领域得到政府的支持仍然有限,从而使得科研设备与基础设施相对薄弱。

第三节 本章小结

当代印度教育和科学技术发展迅速,在世界发展中国家中处于领先的地位。

一、印度教育发展的主要原因

当代印度教育发展有其复杂的社会政治、经济、文化等深层原因,归纳起来主要有以下几个方面:

第一,发展教育是印度社会经济发展的需要。印度政府历来重视教育,并采取了倾斜政策促进教育发展。

第二,印度教育发展满足人口快速增长的需求。巨大的人口基数对现有高等教育造成巨大压力,迫使政府扩大规模、加快发展,以满足民众需求。

第三,印度教育发展深受西方教育模式、教育思想的影响。印度政府一直重视高等教育的发展。重视名牌学校和英语教育,集中体现了印度教育存在的精英主义取向。[①] 目前,印度的德里大学、印度理工学院等已跻身于世界一流大学。印度的公立高校一直实行低收费政策,把高等教育视作福利事业来办。尼赫鲁大学和德里大学为中央大学,由印度大学拨款委员会直接拨款。政府对高校投入占非常大的份额。

印度对高等教育的重视使印度的科技取得了一定的成就:今天的印度在科学基础设施、人才和成就方面已经在世界上立足,在原子能研究、空间技术、信息技术、生物技术和海洋研究等高新科技领域

---

① 王红生著:《论印度的民主》,社会科学文献出版社 2011 年版,第 207 页。

均取得了举世瞩目的成就。而且,印度政府也比较重视妇女教育,以提高女童、妇女的文化水平。妇女受教育程度是衡量一个国家文明程度的重要标志之一,受教育的妇女使家庭和社会显得文明开化。印度政府不仅制定了一系列旨在促进教育均等的法令与政策,而且还专门针对提高妇女教育问题做了一些努力。早在1959年就成立了"全国女性教育委员会";制定促进中小学女子教育的措施、采取各种措施扩大女子教育设施,以在短时间内缩小女子教育与男子教育的差距;优先考虑女子教育的各种计划;加强女子教育机构的基础设施建设;激励女童学习兴趣和积极性。

当代印度教育的缓慢发展也推动了印度的社会、经济、科技领域等的发展。印度学校非常重视师生实践能力、创新能力的培养和训练,根据社会发展的需求紧跟或超越世界科技发展的前沿,充分发挥印度人的数学和辩论优势,把开发项目运用于教学与科研之中,构建产学研一体化的教学模式,营造培养创新型人才的环境,为印度培养了一大批精通英语的科技人才,使印度成为世界上科技人才较多的国家之一。

二、印度教育对印度发展的影响

教育对印度社会产生了长久而有力的影响。印度高等教育质量有利于提高国家竞争力,更有助于加快印度与国际社会的接轨。高等教育院校培育出了大量的生物技术人才,也促进了印度社会发展。

同时,印度教育的发展,特别是西方教育的传播、社会改革者们的努力、民族运动的发展以及现实生活的需要,推动了印度整体教育的不断深入,从而带动了女性教育的发展,使得印度妇女了解到外面的世界,认识了全世界妇女的情况,同时教育对印度妇女的地位也产生了积极的影响。

作为一个发展中国家,印度的教育体制具有以下两个突出特征:

第一,教育管理科学化。印度建立了由中央到邦,再到县、区的教育管理机构,比较完善。教育部门相对独立,较少受官僚部门的制约。这些机构形成相对合理的分工,体现了教育管理日益多样化、科学化的趋势。

1986年,印度政府整合教育部与文化、艺术、青年事务部、体育部和妇女儿童部资源,设立了人力资源开发部,将全国公民按年龄和性别分成各种不同类型的人力资源,统一管理,有利于对各种人力资源的开发。1999年,印度政府为了加强教育管理,将原来的教育司分为初等教育与识字司、中等教育与高等教育司,强化了对教育的协调管理工作。同时,政府进一步完善了中央教育管理机构,对各类学校进行指导、监督、调节。印度的教育机构是完善、独立的,它确保了国家教育计划的制订、实施和执行,是教育发展的制度保证。

第二,办学模式多样化、社会化。印度教育体制非常灵活,实行公立与私立、政府与民间、正规与非正规并存的办学模式,通过各种渠道促进教育的全面发展。

这种灵活、完整的教育体制,既体现了其教育的现代性特色,又成为实现教育现代化的保证。

而且,印度教育所形成的知识精英凭借其传统文化上的霸权代表了印度普通民众,同时又由于其受西方文化的影响,成为西方统治者与印度民众之间沟通的桥梁,成为印度社会中的领导阶层。[①] 印度独立以来,知识精英们仍旧成为印度政治舞台上的中坚力量,继续在印度社会发展中扮演重要角色。

三、科技发展提升了印度的综合国力和国际地位

印度独立后,印度历届政府重视人才培养,始终把高等教育作为

[①] 王红生著:《论印度的民主》,社会科学文献出版社2011年版,第51页。

教育发展的重中之重,使现代高等教育紧随国际经济发展潮流,逐渐发展成为现代知识经济的基地。印度现代高等教育扩张与国家科技发展紧密衔接,有利于印度知识经济形成和发展。印度拥有较先进完备的高等教育体制,学生具备良好的基础知识,劳动力成本低、素质高。印度现代高等教育的发展推动了印度科技不断进步,为印度科技腾飞安上了日益强劲的加速器。[1] 因此,印度现代高等教育发展是印度知识经济孵化器,更是知识经济发展的重要基地。

印度知识经济的发展主要是由软件出口的外向型经济带动的,而高科技的发展又促进了印度经济增长,提高了印度国防现代化水平,增强了综合国力和国际影响力,在一定程度上提高了印度的国际地位。科技领域的进步也在一定程度上带动了印度经济的发展,科技实力的不断提高加快了印度向一个真正世界大国的转型。但是,印度在科技发展方面主要侧重国防工业和军事安全领域,呈现出了一种不平衡的态势。

四、印度教育面临的问题

印度在教育发展过程中主要面临着以下一些问题:

第一,民众受教育机会不均等,教育不民主,精英教育模式与大众教育模式之间存在着一定的冲突。对印度普通民众而言,教育机会均等无法实现。印度高等教育的过度发展更加剧了教育机会的不平等和社会的贫富分化,而这种恶性循环更给印度社会带来潜在的政治和社会危机。印度教育在取得很大成就的同时,也造成了大众教育的薄弱,形成了倒金字塔状的畸形教育结构,不利于国家的长远发展。

---

[1] 钮维敢:《印度现代高等教育发展与知识经济发展》,《中国高等教育评估》2010年第2期。

第二，教育发展不平衡，教育结构严重失衡。印度的基础教育与高等教育发展失衡。印度是一个农业大国，也是一个贫穷落后的发展中国家。印度弱势群体的教育极端落后，因贫困导致文盲的现象在印度十分普遍。[1] 而且在印度，高等教育与初等教育之间的发展比例严重失调。

多民族、多语言和多宗教的国情直接影响了印度教育媒介和语言学习政策；种姓制度成为影响印度基础教育改革政策的最独特因素；印度基础教育与高等教育的两极分化，是印度种姓制度的社会外延；而农村的贫困也直接影响着义务教育普及政策的实施。

2009年在印度12亿人口中，有35%左右处在20—25岁年龄段，而此年龄段的人口中，只有9%上了大学。[2] 印度独立60多年来，印度重视高等教育而轻视初等教育，使印度6—14岁儿童只有25%完成初等教育。致使数百万儿童不能接受义务教育。由于印度初等教育十分落后，由此导致其高等教育先天不足。而且，印度初等教育中女童教育存在的最大问题是：女童入学率低，辍学率高，女童教育远远落后于男童教育的发展水平。目前印度仍是世界上女性文盲最多的国家。造成印度妇女地位低下的原因是多方面的，[3]其中传统教育阻碍妇女接受教育的机会是一个根本的原因。

近代英国殖民统治的侵入，引进了欧洲教育模式，为印度的现代教育系统打下了基础。

第三，高等教育内部存在专业结构严重不合理的现象。由于印度政府未对高等教育发展进行很好的宏观调控，使得专业设置较为盲目，"重文科轻理工"现象也没有根本改变。[4] 80%的大学生分布于

---

[1] 马加力著：《发展中的巨象——关注印度》，山东大学出版社2010年版，第48页。
[2] Varun Sood, James Lamont, India opens door to foreign universities, *Financial Times*, 22 July, 2009.
[3] 李建忠：《印度的教育》，《中国教育报》2012年1月31日。
[4] 王红生：《论印度的民主》，社会科学文献出版社2011年版，第208页。

普通文理科和商科专业,而作为一个农业大国,农林专业学科的比例一直在1%左右徘徊。教育行政管理部门和学校设置专业进行招生时没有进行社会需求的调研和预测,更缺乏理论和实践的结合,导致人才的培养和社会的需求严重脱节,造成大批毕业生就业困难。

第四,知识失业现象严重。知识失业是城市失业问题的重要组成部分。印度高等教育的跨越式发展要求社会提供更多的就业机会,而经济的迟缓发展无法消化过量的大学生,以至于许多学生毕业即失业。由于印度高等教育发展与社会经济发展相脱离,致使失业队伍日益庞大。学非所用或从事低级工作的现象也很严重,造成教育资源的浪费。

另外,印度人才外流现象较为突出,[1]印度被称为"向西方国家输送高级人才的净出口国"。人才外流给印度国家的发展带来了巨大损失。

---

[1] 王红生:《论印度的民主》,社会科学文献出版社2011年版,第214页。

第五章

印度发展的社会发展环境研究

印度是一个以农业为主的发展中国家。多年来,印度注重农村的社会保障制度建设,取得了较为显著的成就。印度农民的基本生活保障制度、农村的就业保障制度、农村的医疗保障制度、农村妇女儿童和残障人士保障制度,为发展中国家的农村社会保障制度建设提供了一定的启示。

自从1947年独立以来,印度新生儿预期寿命从32岁上升到了66岁,[1]提高了一倍多。

长期以来,印度实行积极的社会保障制度,鼓励就业的政策,使社会保持了长期的稳定。

独立后,印度建立了较为完善的健康保障体系,全国实行免费医疗制度,并且在健康保障体系方面取得了诸多经验。也为世界其他发展中国家提供了可借鉴的经验。

但是,印度人口增长过快,给印度发展也带来了难以抗拒的消极影响,导致社会压力增大、环境承载力降低,给印度社会发展带来诸多问题,如粮食问题、教育问题和就业问题。同时,大批失业人口的存在也造成了社会治安问题等,严重阻碍了印度发展的进程。

---

[1] [印]阿马蒂亚·森:《印度为什么赶不上中国?》,[美国]《纽约时报》2013年6月21日。

第一节　医疗卫生事业提升印度发展的质量

印度是世界上人口仅次于中国的发展中国家,印度长期推行的医疗保障体系保证了绝大多数人享受近乎免费的公共医疗卫生保障,一般老百姓看病的费用绝大部分都由政府支出,较好地促进了印度社会的整体发展。

一、长期实行全民免费医疗制度

截至 2015 年 7 月,印度人口已达 12.74 亿,[①]占全球总人口数的 17.25%。印度的人口增长率为 1.6%,其中 65 岁以上人口占 5.8%,农村人口为 72% 左右。

独立 70 多年来,印度政府致力于实行公平的医疗保障政策,逐年加大对农民和城市贫民群体医疗保障的力度,取得了较大成就,主要表现在:人均寿命预期不断增加,婴儿死亡率逐渐降低,一些重大传染病得到有效控制等。这些成就的取得与印度政府实行以全民免费医疗为基础的医疗保障制度有着密切的关系。

印度宪法明确规定:全体国民享受免费医疗。到公立医院看病,药费、挂号费、检查费、就诊费甚至营养餐都免费。税收成为印度免费医疗的资金主要来源,中央财政拨款则是另一来源。同时,地方政府拨款、私人捐助和慈善基金等捐助也是一部分财源。但是,和发达国家相比,印度在医疗上投入的资金还很有限。印度用于公共医疗的开支占 GDP 的比例仅为 1% 左右。因此,多数印度人还是会将私人医疗服务作为首选。

---

① 外媒:《印度人口达 12.74 亿　2050 年或超越中国》,新华网 2015 年 7 月 14 日。

印度农村医疗保障制度积累了较丰富的经验：①政府主导建立农村医疗保障制度、加强农村基础医疗设施建设、培养高素质全科医学人才和大力发展私立医院。

在政府主导下，印度社会保障体系的建立，反映出不同时期政府领导人的民主平等、人道主义、社会公正和以人为本等政治理念。②在不同的社会保障阶段，社会保障的设计路径大不相同：

在单层次社会保障阶段：仅在政府内部和有工会组织的部门建立社会保障制度。

在多层次社会保障阶段：建立社会保障体系，涵盖生活在"贫困线"以下的低收入者和弱势群体、无工会组织部门、农村人口就业和医疗以及儿童成长和教育等。

在社会保障深化阶段：进一步拓展社会保障的广度和深度，加强社会保障国际合作，保障海外印度人的利益。

印度针对穷人的免费医疗也促进和保证了制度公平性，印度在公立医疗机构确保穷人医疗的同时，发展私立医疗机构，并使之成为农村基层医疗服务中的主力军。

印度作为发展中国家，人口众多，但为了保证广大民众病有所医，仍然推行全民免费医疗制度，建立了一套政府医疗服务体系。这一体系包括国家级医院、邦（省）级医院、地区级医院、县级医院和乡级医院。除此之外，还有各级医疗中心。

2005年印度政府推出"全国农村健康计划"（National Rural Health Mission），旨在加强印度农村地区，特别是落后地区的医疗卫生体系的建设。非正规部门医疗保障制度是一项重要的制度创新，能有效地减轻大病风险。农村健康计划启动以来，印度卫生部门采取了多项改革措施以改善卫生服务的质量和可及性，但收效甚微，大

---

① 闫斌、韩继亮、杨俊毅：《德国、日本和印度农村医疗法律保障制度的经验及启示》，《世界农业》2014年第4期。
② 高静：《印度社会保障的政治理念及设计路径》，《南亚研究》2014年第4期。

部分人群依然无法获得高质量的卫生服务。公共卫生筹资水平低、服务供给不平衡以及卫生人力资源短缺等问题,严重影响卫生服务质量和可及性的改善。与此同时,私立医院发展迅速,占据了较大的医疗市场份额。在此背景下,印度政府积极引入私立医院为贫困人口提供医疗服务。①

印度公共卫生保健重预防、具有明确的目标定位以及卫生政策的强连续性,保证了在政府公共卫生支出非常少的情况下仍能体现出较好的医疗公平性。印度的公共投入只占卫生总费用的17.9%,但按照世界卫生组织成员国卫生筹资与分配公平性评估排位,印度居第43位,重要原因就是印度政府将有限的政府投入公平地补给最需要医疗服务的地方。同时,印度积极开展以医疗治病为目的的旅游活动。2010年以来,印度每年的医疗旅游收入已超过20亿美元。②

印度无论在卫生保健方面还是卫生资源配置方面都存在着显著的城乡差别。印度的农村医疗体制颇具特色。印度政府一直致力于建设农村医疗体系,在农村普遍建立三级医疗网络为农村居民免费提供医疗服务。占印度人口72%左右的农村居民和城里人一样,享受国家提供的免费医疗。

早在20世纪80年代初期,印度政府就制定了在全国农村逐步建立三级医疗保健网,为农村居民免费提供医疗服务。这一网络包括保健站、初级保健中心和社区保健中心三部分,挂号费、检查费、住院费、治疗费和急诊抢救等费用免费。保健站一般配两名工作人员(一名女性保健工作者和一名男性保健工作者)。女性保健工作者主要负责母婴健康、计划生育和预防接种,也负责发放一些基本药品。

---

① 陈兆青:《私立医院参与医疗保健服务:以印度两个邦为例》,《中国卫生政策研究》2015年第4期。
② 詹丽、谢梦琳、周鑫:《印度国际医疗旅游发展的经验、风险与启示》,《对外经贸实务》2014年第11期。

一个保健站一般负责邻近三五个村庄3 000—5 000个村民。农村三级医疗网由于政府财力有限,其运营维持艰难。初级保健中心主要是提供治疗性、预防性、促进性和家庭福利性服务。社区保健中心配有化验室和基本检查设备等。1996年以后,政府推出了社区医疗中心的规划,每10万名农村居民配备1个社区卫生中心。中心无法处置的病人一般都送往设施较好、医护人员齐备的地区医院。在各大城市,印度政府开设的公立医院也是穷人看病的首选,医院对前来就诊的穷人免收挂号费。

印度农村的三级医疗服务网络既减轻了农民家庭的经济负担,也在一定程度上保证了社会公平。

实际上,印度的"全民免费医疗"政策在印度受到了欢迎,小病在印度公立医院诊断确实几乎不花钱。病人从进院到出院一分钱不花,还能领到免费的政府采购药品。如果是大病或者意外事故等,印度人不会只选择效率相对低下的公立医院,经济条件好的就会选择去私立医院。[1] 尽管印度私立医院价格较高,但治病救人的水准世界公认一流。

二、印度医疗卫生面临的问题

印度卫生体制改革取得了很大成绩,但依然面临着卫生服务的质量和公平性较差、因病致贫较普遍、政府卫生投入不足、公共部门服务不能满足居民需求、服务和管理监督不够以及重过程轻结果等问题和挑战。

印度公立医疗机构也面临着诸如资源短缺、效率低下等问题。

印度农村的三级医疗服务网络也存在着医疗网点覆盖面与物质基础设施不足,必备的医疗器材、药品缺乏以及人力资源匮乏等

---

[1] 邹松:《印度医保,想"农村包围城市"》,《南国博览》2016年第2期。

问题。

印度卫生资源配置存在着严重的不公平现象,阻碍了农村居民获得医疗卫生服务的可及性,加深了城乡卫生服务不公平的矛盾。

随着印度人口的爆炸性增长,由于经费紧张,印度中央政府对地方基层医疗机构投入不到位,给地方医疗机构带来诸多问题,如医疗设备老化、医疗设施不足较为严重。

第二节 社会发展营造印度发展的有利环境

独立后,印度政府建立了社会保障体系与医疗制度,从而在一定程度上保证了人民最基本的正常生活。

一、印度社会保障制度逐步完善

对社会保障的需求,反映的是人们在当代社会对生命安全的一种需要。人类面临的风险越大,这种需求就越强。

印度经济增长是符合穷人利益的经济增长,[①]其重要原因在于印度联邦和各邦主体、地方政府,将1/3的财政支出用于教育、医疗、救济等社会领域,从而建立和维持了一套完善的社会保障体系。

(一) 印度逐步完善了社会保障制度

独立后,印度逐步完善了符合市场规范的社会保障制度。这一制度以养老和医疗保险为主,其资金筹集、支付和管理与欧洲和北美国家的操作规则基本一致,但是它的覆盖面却极为有限。

印度的社会保障制度于1923年首次立法,主要涉及劳工赔偿的

---

① 陈玲、贾雅琴、林晓敏:《印度农村社会保障制度》,《中国劳动》2011年第3期。

相关内容,此后历经多次改革。现行的社会保障制度以养老保险制度为主,兼有公共医疗保健制度、雇主提供的失业保障制度以及老年人扶贫计划等。

作为发展中国家,印度社会保障制度的建立与不断成熟,在一定程度上直接保证了印度政治、经济等领域的发展。

印度社会保障制度的发展与国内政治、经济、文化价值观念等因素之间的关系密切。

(二) 印度社会保障制度的内容

印度的社会保障制度主要包括养老保险制度、医疗保险制度、工伤保险制度、失业保险制度和其他社会福利救济措施等。养老保障、医疗保障以及非正规部门劳动者的社会保障等构成了印度社会保障重要的组成部分。

1. 养老保险制度

印度现行的养老保险制度由两部分组成,一是公务员养老保险制度,二是工人养老保险制度。

公务员养老保险制度覆盖中央及地方政府公务员、铁路和邮政等部门工作人员及职业军人。军人个人不缴费,资金全部由财政预算安排。退休后养老金替代率为退休前工资的50%。

工人养老保险制度由储蓄基金计划、储蓄保险计划和年金计划三部分构成。工人年金计划于1995年正式实施,该计划属于待遇确定型养老保险制度。该计划按月支付用于养老金、残疾抚恤金、鳏寡补助、儿童补助和孤儿补助。如参保人缴费年限少于10年,可一次性领取。

2. 公共医疗保健制度

在现行的公共医疗保健制度下,政府公立医院、私营医疗机构、私人医生和传统的医疗服务并存。政府公立医院分为村卫生室、镇医疗服务中心、区(县)医院和国家医院四个层次,由国家财政预算提供全部经费。公民在公立医院看病,医疗费全免,药费个人负担20%。但由于国家财力不足及受医疗体制的影响,公立医院的医生和医疗设备普遍匮乏,且管理不善、服务质量差。同时,由于印度公立医院存在的诸多弊端,促进了私营医疗机构、私人医生的大量出现,印度中产阶级以上的社会成员,普遍在私营医疗机构就诊。

3. 老年扶贫计划

由于印度20%—30%的人口生活在"贫困线"之下,大部分60岁以上的老年人生活困难。为此,政府规定对65岁以上的老人每人每月支付3—5美元,作为生活补助。计划的初衷是补助贫困老人,但由于难以对全国的人口状况及财产情况进行准确核查,只能将3—5美元按月发放给每位65岁以上的老人。

4. 失业救济

印度没有建立失业保险制度,但1952年首次立法规定,[①]失业者可领取失业救济金。一是规定工人储蓄保险基金要为失业工人提供补助,特别是临时失业者,可提前支取部分养老金;二是规定雇主必须向被解雇的工人支付解雇费,具体是每雇用一年,支付相当于15天平均工资的解雇费。印度的社会保险措施目前主要包括疾病、事故和养老方面的社会保险制度,其受益者主要是对工厂工人(20人以上的企业)和国家雇员,但不包括小企业的工人和农业工人。

当代印度社会保障制度具有以下几个主要特点:

第一,政府参与,政府不仅积极参与社会保障制度的管理,还给予一定的财政补贴。医疗保障是一种准公共产品,具有一定的公益性,这就要求政府给予适当的投入和支持。政府的参与是印度农村医疗保障制度得以正常运行的重要保证。

[①] 郭伟伟等著:《亚洲国家和地区社会保障制度研究》,中央编译出版社2011年版,第67页。

第二，发挥基层地方政府的作用，以根本解决农民的医疗保障问题。

二、印度社会保障制度的经验

当代印度的社会保障制度尚处于起步阶段，但也取得了一些有益经验：

第一，统筹城乡，重视农村社会保障制度建设，致力于实现人人享有社会保障的目标。印度目前农业人口约占全国总人口的72％左右。正在设计的"国家社会保障提案"（即非组织化就业人员社会保障）把"普遍性""人人享有""社会保障税"等作为基本原则，国家社会保障体系覆盖包括农民在内的全体国民。

第二，搭建一个普适的、最基本的社会保障平台，在此基础上发展多层次社会保障体系，满足不同社会群体的社会保障需求。

第三，在社会保障制度改革和转型过程中，应当保持政策的无缝衔接和制度的平滑转换，改革的成本主要由政府来承担。

第四，合理界定政府的社会保障职责，既要保证适当的财政投入和承担"兜底"责任，又要防止企业和个人过分倚重国家的倾向，努力避免出现类似西方一些国家的"福利病"。印度准备建立的非组织化就业人员社会保障制度，缴费由联邦、邦和个人三方负担。贫困线以上的个人每天缴纳1卢比；联邦政府每天缴纳1.5卢比；邦政府每天缴纳0.5卢比；贫困线以下的个人不缴费，完全由联邦、邦政府负责缴费。

印度在推行社会保障制度过程中，政府发挥了十分重要的作用，所需资金主要由政府提供，但同时也注意拓宽渠道，积极吸纳各种社会资金用于发展社会保障。例如，印度除了推行强制性社会保险外，保险公司、信托公司等在医疗保险、失业保险领域非常活跃。

印度重视对妇女儿童和工人利益的法律保护,[1]在立法上重视劳动者以及弱势群体的权益。

印度实行雇主责任保险制度。政府处理工伤争议的机构根据《工人补偿法》仅负责处理一次性支付的待遇,如遗属和伤残待遇等。非法定的工伤待遇也可以向该机构申请裁定。如果该机构认定雇主有过失,可以要求雇主支付补偿。如果法院断定雇主有过失,宣判的罚款将用于支付雇员的待遇。

印度的农业工人大部分由经济和社会落后阶层所组成,是农村中最贫弱的一部分人。鉴于印度的社会保险措施并不包括这部分最困难的人群,印度政府采取了一些专门针对农业工人的保障性措施,这些措施也应视为印度社会保障体系的一个组成部分。自独立以来,印度中央政府和邦政府都采取了一些保障性措施来改良农业工人的经济地位。这些措施主要有:

一是废除农业奴隶。《印度宪法》明文废除了长期存在于印度农村的农业奴隶和强迫劳动的制度,宣布农奴制非法。

二是最低工资法。1948年中央通过最低工资法,并要求各邦政府在3年内规定农业工人的最低工资。

三是其他法定措施,主要有:废除柴明达尔制;在各邦通过和实施以保护佃农和劳动者利益的《租佃法》;许多邦通过了规定土地占有最高限额的法令,剩余的土地将依该法分配给无地劳动者。

第四,鼓励在农村建立农业合作社组织,由该组织在农闲季节向农业工人提供就业。此外,印度政府的经济政策中通常包括有改善农业工人的政策及措施。总的来看,对农业工人的保障措施为保护这一社会贫弱阶层提供了法律和政策基础,其积极意义不言而喻,[2]但存在的主要问题是这些保障措施的实际执行情况相当差。

---

[1] 郭伟伟:《亚洲地区社会保障制度》,《学习时报》2012年10月29日。
[2] 贺瑛、华蓉晖:《印度灵活就业人员的社会保障》,《中国社会保障》2012年第3期。

第五,政府为中低收入人群住房需求提供服务。印度设立国家住房保障银行,稳步促进住房金融市场的包容性扩展,以利用和推动市场潜力来对中低收入人群的住房需求提供服务为使命。国家住房保障银行采取董事会治理的方式,主要实施与住房保障有关的资金筹集、资金配置、保障项目、规制和监督、促进和发展五个方面的业务且取得了可观的绩效。[①] 相继成立国家住房保障银行,重视对城乡居民共同提供住房金融支持,采取多种方式筹集住房保障资金,利用多个渠道分配住房保障资金,提供多样化的住房保障项目,开展多部门住房金融业务合作,是印度国家住房保障银行成功运行的基本经验。

三、印度社会保障制度存在的问题及改进措施

(一) 印度社会保障制度存在的诸多问题

(1) 养老保险覆盖率过低。工人养老保险的覆盖率目前不足10%。符合参保条件的单位想方设法逃避缴费。

(2) 社会保障基金管理问题突出。由于印度缺乏居民身份证制度和养老保险信息管理系统,难以掌握养老金领取者的基本情况,冒领养老金问题突出。另外,雇员储蓄基金委员会人员众多,工作效率较低、管理成本较高、服务水平较差,养老金迟发现象较为普遍。

(3) 政府财政支出压力较大。由于印度各个邦发展层次不一,政府财政赤字居高不下,社保发放和支付面临压力较大,不同的邦由于各自财力不一,难以推行印度统一的社保养老金计划。

(4) 待遇确定型的工人年金计划存在赤字危机。在基金管理不善、投资收益较低的情况下,政府面临弥补赤字的压力。而且,该计划

---

① 贾洪波:《住宅政策性金融机构:印度镜鉴与启示》,《改革》2015年第10期。

容易形成穷人、富人一样缴费,而富人享受养老金待遇更高的反向机制。

(5) 提前支取问题较为严重。印度现行的社保制度的设计局限性较大,管理缺乏专业性,福利发放有效性不足,提前支取现象较为突出。[1]

(二) 印度社会保障制度改进措施

为解决上述问题,1998年印度成立了专门委员会。该委员会于2000年1月提交了《老年人社会收入保障项目》报告,提出了一项新的养老保险计划,并对现行制度进行改革,设立新的个人账户制度,在非正规部门就业的社会成员可以自愿参保和缴费,在银行或邮局为每个人建立一个全国通用的账号。

政府通过招标方式选择6家基金管理公司进行基金管理,每家公司分别提供3种不同风险的投资模式,即基金运营共设18种投资选择方案,参保人可在咨询公司的帮助下自由选择,并允许参保人以养老保险金作担保向银行申请小额贷款。印度政府还成立印度养老保险局,作为监管机构,具体经办新制度相关业务。

但是,印度的社会保障制度改革进程相对缓慢,原因之一是政府有关部门"雷声大、雨点小",改革方案迟迟出不了台。

第三节 本章小结

自印度独立以来,印度的公共卫生以及医疗服务体系一直为提高印度国民的健康状况发挥着重要的作用,其在各级政府之间的责任分担以及医疗服务提供系统网络的安排方面具有一定的特色。

---

[1] 秦永红、张伟:《印度社会保障制度改革及其对我国的提示》,《南亚研究季刊》2011年第2期。

一、印度医疗保障制度的作用

(一) 印度医疗保障制度推动了印度社会发展

印度的医疗保障体系较为成功,全民享受免费医疗制度,推动了印度社会的整体发展。

印度是世界上人口第二多的国家,在实行民主政治的同时,还并行着准社会主义,社会保障制度的发展与完善成为印度社会建设的重要内容。[①]

印度社会保障管理体制较为完善。印度政府不断推出反贫困政策,在一定程度上保障了社会最底层人民的基本生活。印度政府还不断调整劳动力市场政策,以保证社会保障覆盖面不断扩大。但是,在国内发展不平衡的态势下,印度仍需要加大力度进行包括社会保障在内的社会改革,以推动社会均衡发展。

(二) 农村医疗保障体系的建立延长了农村人口寿命

民间组织参与农村医疗保障体系建设,取得了一些成功经验。

印度农村医疗保障体系建设的经验是,印度成功地在农村地区建立了三级医疗保健网,非正规部门向农民提供了医疗保险计划。

独立以来,印度政府积极致力于建立农村医疗的保障体系,从而在一定程度上延长了农村人口寿命。

二、印度经济发展与就业的矛盾

独立 70 多年来,印度经济发展取得了令人瞩目的成就。尽管如

[①] 许建芹:《综论印度社会保障制度》,《社会保障研究》2010 年第 2 期。

此,印度经济仍然是发展中的市场经济,就业问题仍然未能较好解决。

(一)扩大就业机会降低失业率

印度未能在解决失业问题上取得重要进展,其主要原因在于人口及劳动力过快增长,超过了经济发展所能提供的新增就业机会;经济发展过程中的资本—技术密集化趋势,导致经济增长加速而就业机会相对减少,进一步加重了就业压力,使印度的失业问题日益突出。失业问题加重了印度社会的贫困问题。贫困问题是印度经济社会发展中严重而又长期存在的问题,生活在贫困线以下的人口占全印度人口的比例仍然很大。

服务业和消费是近年来印度经济高速发展的主要动力,[1]但振兴制造业、解决就业难题已成为印度经济实现可持续发展的必然选择。

根据印度人力资源发展研究所的就业状况调查报告,印度就业市场共有4.7亿人,其中92%处于非正式就业状态。[2] 就业机会不足的原因与印度政府对服务业的过分强调和对制造业的忽视有关。

造成贫困的重要原因之一是失业或就业不充分。虽然印度解决就业问题的效果并不理想,但70多年来,印度政府一直在为解决这一问题而努力。

(二)印度政府在解决就业问题中发挥了积极作用

独立以来,印度政府为解决就业问题进行了持续不断的努力,发挥了重要的促进作用,主要表现为以下几个方面:

第一,重视政府对经济发展的宏观管理和控制作用,把国家置于引导经济发展的中心位置,在促进经济社会发展中发挥了重要作用。印度经济的发展在一定程度上减缓了就业压力,印度政府的促进作

---

[1] 刘亚南:《印度:发展制造业以解决就业难题》,《四川劳动保障》2014年第1期。
[2] 吕鹏飞:《印度制造业萎缩引发就业难题》,《劳动保障世界》2014年第29期。

用功不可没。

第二,积极发展中小企业创造更多的就业机会。印度政府在促进经济发展过程中,强调从印度这一人口大国的实际国情出发,走适合自己的工业化发展道路。政府十分强调发展中小企业,发挥中小企业劳动力密集的特点,创造更多的就业机会。以促进印度中小企业的发展,减轻就业压力和消除贫困。

经济发展计划是印度政府解决就业问题的一个主要工具,在每个计划的文件中都把实现充分就业列为基本目标。鉴于单纯依赖经济增长而自动增加就业机会,其结果是失业问题越来越严重。因此,印度政府又发展劳动密集型项目来增加就业,并取得了一定效果,有助于减缓失业压力。但解决就业问题仍将是印度经济发展计划的一个长期目标。

近年来,印度政府开始加速制造业发展,调整产业结构以弥补服务业为主产业结构的不足。[1] 但以服务业为主的产业结构模式短期内难以改变,仍将影响印度经济的发展。

印度政府还通过实施各种乡村发展计划来增加就业,给农村广大无业者或就业不充分者提供有偿就业机会。因此,印度从第四个五年计划开始,就陆续在不同地区、不同范围内实施了多种乡村发展计划,以促进增加就业。

(三)人口无序增长对经济发展具有双重效应

人口红利无疑对于印度经济的增长起到了巨大的推动作用,但是人口数量并不完全等同于人力资源,人口数量是量的方面,而人力资源则是质的方面。[2] 就印度而言,其人口红利只是为经济增长提供了有利的条件,要将其转化为现实的经济增长,必须在教育、健康和就业方面具备相应的条件,而印度恰恰在这些方面面临很大的制约。

---

[1] 文富德:《印度经济转型与经济增长前景》,《印度洋经济体研究》2015年第5期。
[2] 李忠林:《印度发展的优势和劣势及其辩证关系》,《和平与发展》2013年第2期。

劳动年龄人口是否拥有就业所必需的技能，是否有足够的就业机会来吸纳劳动年龄人口，关系到印度能否利用人口红利加快经济增长。[1]

人口增长不等于财富增加，巨大的人口数量已经逐渐显示出它对印度发展造成的巨大制约作用。印度人口的爆炸性增长在很大程度上消耗了新增的社会财富，导致社会发展的资本积累不足，影响了人们生活水平的提高，在一定程度上抵消了社会发展取得的成效。而且，人口剧增激化了人口与资源的矛盾。人口持续高速低质量的增长已经严重阻碍了印度经济发展，给印度的可持续发展带来了巨大压力：[2]加剧了印度生态环境的恶化，导致就业机会降低，造成大批人员失业，从而造成贫困；降低了民众接受教育与再教育的机会与质量，造成了社会关系的不和谐，引发了一系列严重的社会问题，从而形成一种恶性循环。

根据印度计划委员会 2012 年 3 月份发布的数据显示，截至 2009—2010 财年，印度全国的贫穷人口比例仍高达 29.8%，大约 3.55 亿人依旧处于贫困线以下。[3] 印度飞速的人口数量与低下的人口素质，已经成为制约印度社会经济发展难以承受的负担，不仅成为印度经济发展的严重阻碍，而且还成为社会动荡的根源。

印度所实行的贸易政策改革在一定程度上促进了印度的经济发展，但是对就业的拉动效应并不理想，甚至对工厂工人就业产生了消极的作用。尽管迅速成长的年轻人口是印度相对其他亚洲国家的一项优势，但如果大量人口持续得不到教育，上述优势会变成一种极大的风险。[4] 因此，印度政府应立足本国经济及人力资本情况适时进行政策调整，进一步扩大就业，以促进印度经济的持续平衡发展。

---

[1] 邓常春、邓莹：《印度人口红利与经济增长》，《南亚研究季刊》2011 年第 2 期。
[2] 同上。
[3] Government of India Planning Commission, Press Note on Poverty Estimates, 2009 - 2010, March, 2012.
[4] Varun Sood, James Lamont, India Opens Door to Foreign Universities, *Financial Times*, 22 July, 2009.

第六章

印度发展的民族宗教问题研究

印度位于南亚次大陆,处于欧亚大陆东、西方文明的交汇处。在历史上屡遭外族入侵、占领和殖民统治,因而血统混杂,人种繁多,素有"人种博物馆"之称。印度是世界上仅次于中国的第二人口大国,2015年总人口达12.74亿,是独立初期的近4倍,尤其是80年代以来印度的人口仍保持着高速增长的态势。

同时,印度也是个发展中大国,全国经济发展并不平衡。近几十年来印度人口的过度增长,对其国家现今的政治稳定和经济发展带来了沉重的压力,并影响着印度综合国力和人民生活水平的提高。印度人口结构与区域分布等地理特征的不同,对印度经济发展产生了一定的影响。因此,控制人口和大力发展经济成为印度解决人口问题的当务之急。

可持续发展显然是国与国之间竞争的产物,是现代化和全球化的产物。可持续发展问题的核心是资源。而综合国力不仅与经济、军事、人口、社会等硬条件有关,也与这个国家的政治体制、文化基础、民族精神等软条件有关。民族凝聚力问题正是这种软条件当中最核心、最重要、最集中的问题之一,也是可持续发展的最基本条件之一。

印度本身缺乏产生民族意识的土壤,其民族主义是在英国殖民的冲击之下产生的,因而其民族国家意识显得相对脆弱。在印度特殊的历史条件下,民族主义运动的领袖们普遍通过宗教激发人们的民族意识,这在当时有利于反英斗争,却深化了宗教认同,为以后的教派冲突埋下了伏笔。在印度,世俗主义原则更多体现的是宗教平等而不是政教分离,宗教对政治的渗透使得印度建立一个现代民族国家困难重重。

印度是一个以民族主义立国的地区性大国,在长期的发展演变过程中,形成了代表印度上层利益的世俗民族主义、代表中产阶级利益的印度教民族复兴主义和代表穆斯林利益的伊斯兰民族复兴主义三股流派。这三股流派分别具有较强的政治性特征、主体性特征和不协调性特征。各流派之间的相互矛盾和斗争不仅给印度的发展带来不确定性,还给经济全球化和世界多极化进程带来复杂而深刻的影响。[1]

少数群体的权益保护已成为当今世界最为重要问题之一。印度政府制定了诸多保护少数民族权益的政策法规。但是,时至今日,印度境内仍存在着部分民族欲脱离印度中央政府的分离行为,严重影响了印度社会的协调全面发展。

宗教思想贯穿于印度社会、文化等诸方面,对认识印度、了解印度、研究印度至关重要。印度宗教在世界宗教中占有重要地位。印度宗教最初发源于印度河文明,但对后世影响较大的是吠陀与奥义书时期的宗教形态。影响较大的宗教派别是婆罗门教及主要由其演化出来的印度教。佛教、耆那教、伊斯兰教、锡克教等宗教在印度历史上也发挥了重要作用。宗教成为印度人生活的最高理想。人的一切活动最终的目的是宗教职责的积累。在印度,超过99%的人口信仰宗教,其中80%以上的人口信仰印度教。

印度是一个主张政教分离的国家,世俗主义为其国策。贸易的扩

---

[1] 郑汕:《印度民族主义的特征及世界性影响》,《和平与发展》2010年第6期。

大与财富的增加,在诸多方面刺激了印度宗教思想与艺术的发展。[①]

实际上,宗教对印度的政治、社会发展影响很大。宗教成为印度文化资源的主体内容,居于印度文化战略的工具性资源和理念性资源的核心地位,成为印度文化战略的内容主体与实施主体,[②]并对印度文化战略具有本质性的影响。

印度近现代的政治冲突与此地区的宗教对立及民族矛盾有着直接的关系。[③]

印度文化战略的宗教底蕴十分深厚,体现在印度本土文化的形成与实施等各个层面。就当代印度而言,其文化战略的本土宗教色彩尤为浓烈,具有印度中心意识、独立自主意识、宗教大家庭意识和非暴力意识等特点,并成为印度政府和印度民间的"共识",[④]也成为印度凝聚国民情结、发展对外关系和提升国家综合实力的强有力的精神支撑。

印度自 1991 年实行经济改革以后,出现了一股空前的宗教热。这股宗教热主要是由中产阶级推动起来的。印度中产阶级是世界经济全球化过程中迅速膨胀起来的社会群体,也是印度经济改革的最大受益者,他们的宗教热情既来自传统的宗教价值观,又受到市场经济的推动。他们的思想行为直接影响到印度的政治、经济、社会和文化的发展,是深入了解印度不可或缺的一个重要群体。

不了解印度的宗教,可以说根本不可能认识印度。印度是一个有着多宗教、多民族、多语言、多种姓等复杂问题的发展中国家,长期以来以民主政治和多元文化著称。印度以世俗主义原则立国,但饱受教派主义之害,印度多元宗教信仰的基本状况,是深入研究其宗教问题的基础,也是把握印度社会政治的关键之一。

[①] 斯坦利·沃尔波特:《印度史》,李建欣等译,东方出版中心 2013 年版,第 7 页。
[②] 姜景奎:《宗教对印度文化战略的影响》,《南亚研究》2013 年第 1 期。
[③] 姚卫群:《印度宗教关系的发展特点及若干启示》,《世界宗教文化》2010 年第 2 期。
[④] 同上。

上层印度教徒在 1980 年占全印总人口的 36%,1991 年在全印总人口中的比例约为 24%,到 1998 年基本上维持在 25%;种姓印度教徒从 1980 年占全印总人口的 28%,到 1998 年的 36%;而穆斯林从 1980 年占全印总人口的 10%,到 1998 年的 11%。①

2004 年 9 月初,印度政府公布了 2001 年人口普查的宗教方面的数据,印度教徒近 8.3 亿,占全国总人口的 80.46%,第二大宗教伊斯兰教的信徒仅占总人口的 13.43%,在人数上无法与印度教相提并论。②

从婆罗门教时代直到穆斯林统治时期,印度的教派主义和教派冲突本来并不是特别严重,各宗教之间基本上也能够做到相互共存与和平竞争。随着英国占领印度并实行"分而治之"的政策,使得印度的伊斯兰教徒与印度教徒逐步走向了相互猜疑、忌恨甚至恶意攻击的地步,并出现了最终导致巴基斯坦建国的穆斯林分离运动。在这一过程中,印度穆斯林所特有的宗教认同自始至终起到了一种枢纽性的作用。

1947 年印度独立以来,"世俗主义"被确立为印度建国的三大原则之一,但是由于印度宗教历史根深蒂固,种类繁多,因此印度世俗之路并不平坦。独立以来,印度世俗主义与印度教教派主义实际上一直处于一种博弈的不利状态。

甘地主义以非暴力主义为其思想核心。甘地通过对印度教的一些基本原理的重新阐释将民主和平等思想输入印度社会,而印度传统文化又具有强烈的精英主义倾向,正是精英主义将种姓制度以及婆罗门在印度社会中的地位合法化。这种精英的印度教和大众的印度教的分野,使得它们之间几乎不存在共同点。大众的印度教具有强烈的世俗性,关注善行,具有道德和仪式取向,以其世俗意义将宗

---

① 邱永辉:《从宗教角度认识印度》,《现代国际关系》2004 年第 10 期。
② 张弩:《印度教及其对印度社会的影响》,《宗教与世界》2011 年第 9 期。

教性贬低;精英的印度教则是非世俗的,对仪式性和拜神等善行评价不高,呈现出强烈的精神性;精神的哲学的印度教则超越之。大众信奉的是多神教,而精英们试图建立的是一神教。[①] 甘地主张不同宗教之间的团结,反对不可接触制度。

在印度政治现代化的进程中,由于历史、政治、经济、情感和国际形势等因素,使印度的宗教问题难以得到根除。印度的宗教问题主要表现为锡克教、伊斯兰教、印度教等各教派主义的挑战与政党大打教派政治牌的负面影响。因此,现代印度政治发展历程表明:在尊重文化的多样性与民族习惯、实行宽容的宗教政策基础上,才能促进印度政治现代化的发展进程。

第一节 民族和谐加快印度发展进程

印度是世界上第二人口大国,境内民族众多。但多年来,印度大体上基本保持了各民族和谐相处的态势。

一、印度的人口发展迅速

(一) 当代印度人口状况

印度是世界人口大国之一,2009 年印度人口为 11.6 亿,2012 年印度人口总量达 12.2 亿,2015 年达 12.7 亿,居世界第二位,其中 70% 的人口为农业人口。[②] 印度文盲总数占全国总人口的 24%,而且全印度有超过 40% 的儿童营养不良。全国有 1 亿人住在贫民窟

[①] 王红生著:《论印度的民主》,社会科学文献出版社 2011 年版,第 62—63、68 页。
[②] India's Mobilephone Market Fasting Growing in World, 28 Oct., 2007,转引自曹月娟:《印度农村新媒体发展研究》,人民网 2013 年 3 月 4 日。

中。根据世界银行 2008 年 8 月发布的统计数据，按照联合国公布的新贫困标准（即日生活费用 1.25 美元以下），印度有 4.84 亿贫困人口，占全国总人口的 41.6%。截至 2009—2010 财年，[①]印度的贫穷人口比例高达 29.8%，约 3.55 亿人仍处于贫困线以下。

印度人口的显著特征是：基数大，增长快。

印度人口出生率为 21.72‰，死亡率为 7.6‰；印度妇女人均生育为 2.68 人，新生婴儿死亡率 50.78‰；根据 2010 年 6 月的统计，印度人均寿命达 69.89 岁。

预计在未来 30 年里，印度青少年人口将呈现快速增长态势。如果印度能够尽快在健康、教育和就业方面有所改善，那么人口优势将为发展滞缓的印度经济注入新鲜活力。

目前，印度有超过一半以上的人年龄在 25 岁以下，有 65% 的人年龄在 35 岁以下。到 2020 年，印度人口的平均年龄将为 29 岁，这种发展趋势将为印度带来巨大的竞争优势，即提供丰富的廉价劳动力。

人口红利无疑对印度经济的增长起到了巨大的推动作用，但是人口红利能否持续成为印度政府不得不面对的紧迫问题，没有配套的教育培训等政策，印度所谓的"人口红利"将不得不化为"人口负担"，并阻碍印度全球化发展。劳动年龄人口是否拥有就业所必需的技能，是否有足够的就业机会来吸纳劳动年龄人口，都关系着印度能否利用人口红利加快经济增长。[②] 同时，庞大的失业队伍和贫困人口的存在，已成为印度经济发展的严重障碍。

据预测，从 2010—2040 年，印度劳动力人口将占世界的 1/3。随着这一趋势的发展，印度每月将新增约 100 万劳动人口，到 2031 年将达到 6.53 亿劳动力的高峰期。据国际货币基金组织预测，未来 20 年，印度人均 GDP 将每年增长 2%。

[①] Government of India Planning Commission, Press Note on Poverty Estimates, 2009 - 2010, March, 2012.
[②] 邓常春、邓莹：《印度人口红利与经济增长》，《南亚研究季刊》2011 年第 2 期。

从人口结构看,2010 年印度劳动年龄人口在总人口中的比例为 64.6%,这一比例在今后一段时间还将保持上升趋势。

印度人口的爆炸性增长在很大程度上消耗了新增的社会财富,导致社会发展的资本积累不足,影响了人们生活水平的提高,在一定程度上抵消了社会发展取得的成效。印度巨大的人口数量和质量低下的人口素质同时并存,已经成为印度社会发展的一种负担。

将人口优势转化为经济增长的关键因素不仅有赖于劳动力数量,更加注重人的身体素质、技能训练或教育程度。因此,印度政府在以下两个方面必须加倍努力:

第一,印度必须提高儿童健康水平,改善儿童的生活质量。

第二,印度需要为青少年提供良好的教育和技能培训。

到 2040 年左右,印度人口优势的情况将会趋于稳定。为了抓住机遇,印度应切实提高青少年的教育与职业技能。[①] 如果印度无法为青少年改善生活质量、提供必要的发展机遇,那么就无法将唯一的人口优势转为可持续的经济发展成果。而且,这些逐步被社会边缘化的青少年还将以前所未有的规模对印度社会造成危害。

(二) 当代印度人口控制目标

印度的人口问题已成为经济、社会发展的沉重负担,控制人口高速增长也为印度政府所重视。但是,长期以来,印度政府并未制定出成熟的人口政策。20 世纪 90 年代初,印度政府起草了一份国家人口改革草案,由于各种因素的影响最终未能成为正式的人口政策。直到 2000 年,印度政府才制定了历史上第一个《国家人口政策》,标志着印度的人口政策由单一的节育功能向多功能服务转变。

20 世纪印度人口的高速增长令人注目。作为世界第二人口大

---

① 张文迪:《美媒称印人口年轻化系潜在优势,应对不当将致灾难》,央视网 2013 年 3 月 12 日。

国的印度来说，人口政策不仅决定其人口类型、人口增长模式，还决定着整个民族命运和前途问题。为此，印度政府出台了《国家人口政策2000》，主要是控制人口的过度增长，该政策提出了从近期、中期和长期三个阶段实现控制人口的最终目标。其中，致力于医疗卫生基础设施的建设，提供综合的生殖与儿童医疗健康服务成为印度控制人口的近期目标，而使总生育率到2010年降至2.1%成为印度控制人口的中期目标。到2045年，实现稳定人口增长，以实现经济、社会的持续发展和环境的保护，则成为印度控制人口的长期目标。

(三) 消除童婚现象

印度童婚渊源悠久。童婚是一种陋习，早已为世人所唾弃。但在当今印度，这种早婚风俗依然在印度教徒中流行。印度童婚迄今已有几千年的悠久历史。

印度人口总量持续增长但增速减缓、年龄结构变化平稳但性别比失衡、人口总体密集但区域差异较大、不受限制的人口流动加重了市政管理负担等成为当前印度人口发展的特点。[1] 对此，印度政府曾采取不少措施，但收效甚微。

印度是世界上最早奉行控制人口增长政策的国家，但印度政府在不同发展阶段所期望的人口控制目标大都没有实现。[2] 人口政策的目标取向应更全面地关注人口、社会与经济的可持续发展。

印度人口控制政策的形成经历了曲折历程。该政策以国家调控为主，家庭计划为辅，运用政策法律、经济等杠杆来控制人口。但是，印度的人口控制成效并不显著。印度人口仍以较快的速度增长，这和印度联邦的政治体制和多样化的社会特征紧密相关。而且，宗教、民族、种姓、经济、联邦政治与生育控制密切相连，也与印度各地普遍

---

[1] 申秋红：《印度人口发展状况与人口政策》，《人口学刊》2014年第1期。
[2] 彭伟斌：《印度国家人口政策的历史演进及影响因素研究》，《人口学刊》2014年第6期。

存在的童婚习俗有着重要的关系。童婚容易导致早育和多育,使女童失去了接受学校教育的机会,也严重影响了印度人的素质。

只有通过经济、政治、文化等诸领域全面发展,才能最终解决印度的人口问题。

实际上,上述这些复杂因素已严重影响了印度生育控制政策的执行,导致印度人口控制更加困难。

二、印度的民族及其特征

印度号称是世界上最大的民主国家,也是一个多民族国家,全国有10个大民族和几十个小民族。[①] 其中:印度斯坦族占全国总人口46.3%,主要分布在印度北方邦、中央邦、哈利亚纳邦、比哈尔邦和拉贾斯坦邦等地,多数人信奉印度教,大部分说印地语,少数人说乌尔都语,主要以务农为业;泰卢固族占8.6%;孟加拉族占7.7%,主要分布在西孟加拉邦、比哈尔邦和奥里萨邦等,说孟加拉语,大多数人信印度教,主要从事农业;马拉地族占7.6%,主要分布在马哈拉施特拉邦,主要信奉印度教和佛教;泰米尔族占7.4%;古吉拉特族占4.6%,主要分布在古吉拉特邦,说古吉拉特语,多数人信仰印度教,少数人信伊斯兰教和耆那教,主要从事农业,手工业也较发达;坎拿达族占3.9%,主要分布在卡纳塔卡邦;马拉雅拉姆族占3.9%,主要分布在喀拉拉邦;奥里雅族占3.8%;旁遮普族占2.3%,主要分布在印度旁遮普邦,多数人从事农业,少数人从事畜牧业和手工业,能歌善舞。

印度约有80.5%的居民信奉印度教,其他宗教有伊斯兰教(13.4%)、基督教(2.3%)、锡克教(1.9%)、佛教(0.8%)和耆那教(0.4%)等。

[①]《印度的人口民族》,中国百科网,2016年10月4日。

(一) 宗教信仰与文化对印度民族性格形成的作用

印度民族性格是数千年来在特定的宗教文化氛围中熏陶出来的,其中构成印度民族主体的印度教徒的信仰与文化,在印度民族性格形成过程中发挥了决定性的作用。印度教民族崇尚真理、宽容与非暴力、理想主义与浪漫主义、个人主义、等级观念、淡漠历史、业报轮回和文化自豪与民族自尊等理念和观念,[1]对整个印度民族性格的形成,以及印度国家的政治、经济、社会、文化、军事与外交等方面,都产生了重大而深远的影响。

(二) 印度民族宗教问题的政治化倾向日渐严重

印度民族宗教问题比较突出。近年来,印度民族宗教问题的政治化倾向日渐加强。所谓民族宗教问题政治化倾向,是指原本属于社会性问题的民族宗教纷争,通过政党政治的运作,逐步转变为具有政治色彩的民族之间、宗教之间、种姓之间的政治纷争,并通过政治宣泄,成为党派斗争的重要政治筹码,介入国家政治生活的一种倾向。

印度作为一个多民族国家要实现真正的发展,必须理性地对待本国的民族与民族问题。印度的特殊国情在民族和民族问题方面表现为特殊性和复杂性的特点,而印度现行的民族理论和民族政策则存在着明显的局限性。

印度政府一直坚持只有一个"印度民族"的民族政策。印度是一个多民族的国家,存在着各种民族问题,主要表现为:地方民族分裂主义活跃、教派民族主义盛行、民族与宗教矛盾错综交织、部族冲突频繁发生、民族地区经济发展不平衡等。[2] 印度民族问题产生有历史

---

[1] 宋海啸:《印度民族性格及其对印度国家的影响——以印度教民族为中心》,《世界民族》2010 年第 1 期。

[2] 张世均、白珍、甘爱冬:《印度现代化进程中的民族问题及其根源》,《中南民族大学学报(人文社会科学版)》2011 年第 6 期。

上殖民统治者留下的"遗产"、现实中政府政策落实不彻底和国际上民族与宗教因素影响等根源。

（三）印度民族分离倾向日趋严重

印度政府否认印度的民族多样性，使印度众多民族的身份变得模糊起来。印度的民族构成问题也呈复杂趋势，涉及种族、语言、宗教、种姓、部落、历史传统和印度政府的民族政策等因素。

近年来由于国内外民族主义情绪不断发展，印度民族分离倾向日趋严重。

由于复杂的历史、地理、民族和文化的巨大差异以及复杂的区域环境的影响，印度独立以来，东北部地区民族问题严重，长期局势动荡，相继出现了民族分离主义势力和恐怖主义，成为长期困扰印度的一个难题，对印度国内政治和周边国家之间关系产生了深刻的影响。不仅给印度的国家完整性带来挑战，还直接影响着中国西南边疆的安全环境。

位于印度东北边境的那加民族自印度独立以来，一直寻求建立自己单独的家园。这种对族群自身独立性的追求与印度联邦政府努力寻求建立统一的印度国家有着难以解决的矛盾与冲突。自英国殖民者决定退出印度始，印度东北山区那加民族就一直为实现民族自决权而与印度联邦处于长期对峙状态，构成了对印度联邦政府持续时间最长的政治挑战。最终印度中央政府被迫承认那加问题是政治问题而非简单的法律与秩序问题，从1993年开始与那加民族政治组织开始新政治对话解决进程，在一定程度上缓和了联邦政府与那加人之间的矛盾。然而，由于历史与实现的种种难以调和的因素，那加民族与印度联邦之间的最终和解仍有相当的难度。

印度阿萨姆邦的民族问题由来已久并在不断发展，主要根源是英国殖民统治留下的政治"遗产"、经济发展相对缓慢与不平衡、非法移民挤占资源、民族分离主义势力的发展等。① 印度政府采取了以"安抚"为主的政治策略、"有限打击"的军事策略、增强民族区域经济的经济策略、重视民族教育的文化策略、改善少数民族生活水平的社保策略等措施,以逐步解决阿萨姆邦的民族问题。

尽管印度中央政府从促进民族和解、增强国家认同的理念出发,采取了一系列应对之策,并取得了一定的效果,但也暴露出了一些问题。

当代印度的社会、政治发展,在一定程度上取决于印度的民族政策是否有效,特别是印度政府对少数民族的政策以及印度政府的决心。否则,印度的发展将不得不面临国内少数民族问题而停滞,甚至出现严重倒退的局面。

第二节 宗教是印度发展的精神支柱

在印度,由于长期以来形成的占印度主体地位的宗教——印度教与种姓制度为印度民众提供了世界和人生终极解释以及确立的信仰体系,并构建了一个有序的立体空间,诸神、人和世间万物在这个空间中各居其位,各得其所,安身立命。但是,尽管如此,近年来,印度教派冲突仍接连不断。教派冲突早已越出宗教内部范围,而与政治斗争交织在一起。不仅教派组织与政党关系密切,政党代表教派利益,而且教派主义与民族分离主义相结合,直接影响到了印度政局的稳定和民族团结,甚至影响到了印度与周边国家的关系。

一、印度教的嬗变推动了印度教社会政治民主化进程

印度教是在婆罗门教的基础上吸收了印度民间信仰与佛教、耆

---

① 张世均:《印度阿萨姆邦的民族问题及其应对策略》,《南亚研究季刊》2012 年第 4 期。

那教等教派的教义和仪式之后形成的,又称新婆罗门教。印度教的发展大致经历了吠陀宗教、婆罗门教及新婆罗门教三个阶段。[①]

在当代印度政治发展进程中,印度教的嬗变与印度政治近代化关系紧密,种姓制度和印度教精神为印度式民主化进程提供了最初的基本动力,[②]教派主义政治在印度的发展改变了整个印度的政治气候,[③]在一定程度上推动了印度教的发展。而印度教的嬗变又在一定程度上推动了印度教社会政治民主化进程。

(一) 印度教的嬗变促进了印度教社会政治民主化进程

印度教的嬗变有利于促进印度近代政治民主思想的传播,并且推动了印度宪政体制改革的进程,提高了印度教群众的政治参与度。印度教的嬗变对印度教社会政治世俗化发挥了积极作用,促进了印度世俗政治权威的确立,推动了印度法律世俗化进程。印度教的嬗变对加强印度教徒民族国家认同方面具有一定的积极影响:印度教的嬗变有助于促进印度教教派的团结,削弱种姓制度造成的政治离心力,推动印度民族主义运动的发展。

第一,印度教的嬗变促进了近代政治民主思想的传播。印度教的嬗变推动了印度宪政体制改革的进程,在一定程度上有利于提高印度民众的政治参与度。

第二,印度教的嬗变促进了印度教社会政治世俗化的发展,有利于促进印度世俗政治权威的确立,印度教的嬗变也推动了印度法律世俗化的进程。

第三,印度教的嬗变加强了印度教教徒民族国家的认同,促进了印度教教派的团结,削弱了种姓制度造成的政治离心力,推动了印度民族主义的发展。印度教民族主义思潮对印度政治的影响不断扩大。

[①] 张弩:《印度教及其对印度社会的影响》,《宗教与世界》2011年第9期。
[②] 王红生:《论印度的民主》,社会科学文献出版社2011年版,第33页。
[③] 同上,第363页。

印度教中的政治哲学认为：人民效忠于各自的种姓，国王维护的是种姓的伦理而非人民的福祉。这一原则斩断了国王与人民的直接联系，并且将王权置于维护正法与维护国家存亡之间的矛盾之中。印度教经典承认，为了维持自己的国家，国王应懂得使用包括权术和各种政治技巧在内的"王法"，当一般性的正法与王法相冲突时，正法应为"王法"让路。尽管"王法"被视为正法的一个类型，可是"王法"以结果为导向的行动原则，完全有悖于单纯履行职责而不计后果的正法伦理。正法与"王法"的内在冲突象征着国家与种姓社会的分裂，①也说明了王权有别于种姓制度当中一般性的职业分工。

印度教徒必须视印度为其父国、母国和圣国，已成为印度教民族主义的精髓，并成为印度教特性的基本原则。如毗湿摩的思想就包含：②国王是国家的一部分，但是他具有相对的独立性，他的行为取舍将决定国家的存亡；能够维持国家存续的正法即"王法"，"王法"属于广义上正法的一部分；国家与人民的关系被规定，人民的根基是正法，正法的根基是国家；政治生活的重点不是印度教思想强调的程序正义，而是结果正义。

（二）印度文化民族主义始终影响着印度社会政治进程

印度文化民族主义从产生到成为当今主导印度社会的主流思想，始终影响着印度社会政治发展进程，尤其是世俗民族主义，至今仍有强大的政治生命力。

作为世俗化政治的核心，政教分离产生于西方基督教文明的传统中，其要义是限定宗教权威与政治权威各自的界限，防止它们之间的相互混杂、相互争斗或利用，从而既维护宗教的自由与纯粹，又维持政治的公正。在印度，宗教的思想与规范广泛地渗透和介入到了

---

① 张弛：《印度教政治哲学中的王权与正法》，《国外理论动态》2016 年第 1 期。
② 张弛：《印度政治文化传统研究》，中国政法大学出版社 2014 年版，第 5 页。

社会日常生活之中。尤其近代以来，教派冲突和政治的宗教化严重困扰着印度政治，这些都与西方现代政治的社会环境相差甚远。政教分离的实行不可能单凭硬性的宪法、制度和法令，更要靠社会中所存在的一种对信仰自由和政治公正的活生生的关切。据此，首先是印度宗教、其次是印度政治都有待于实行某种自我净化和自我改造，以为政教分离的充分实现创造基本的社会条件。

第一，随着印度政治、经济的不断发展，世俗民族主义的政治思想正成为当今印度民主政治制度运行的基础，也正影响着印度政治的发展；

第二，世俗民族主义政策的实施有利于各民族宗教和睦相处、社会稳定。在印度这样一个多民族、多宗教的国家，印度政府实施世俗民族主义政策，在一定程度上有利于印度境内各民族、各宗教之间的和睦相处，有利于印度整个社会的和谐与稳定。

（三）宗教民族主义对印度社会政治的影响

宗教民族主义，是指民族宗教与民族主义结合在一起，使本民族神圣化，使宗教为本民族或本国家的一切利益服务。宗教民族主义在印度表现为印度教民族主义、伊斯兰教民族主义、锡克教民族主义、基督教民族主义、耆那教民族主义等。

独立后，伊斯兰民族主义和印度教民族主义成为印度境内的印度教徒和穆斯林之间剧烈宗教冲突的根源。

印度教是印度的土著宗教。印度教民族主义是在印度教复兴运动中产生的，并在产生过程中形成了不同的理论流派。

印度教民族主义从产生之初就具有一种强烈的战斗色彩，印度是一个以印度教为主的多种宗教并存的国家，印度教逐步发展成为印度文明的核心。

20世纪80年代后，印度教民族主义成为印度政治的主流，对印度政治产生了深刻的影响，宗教与政治的结合也愈加紧密。各政党纷纷打宗教牌,迎合印度教徒的宗教情绪,以争取对自己的支持。

印度教民族主义是一种带有强烈教派主义色彩的社会政治思潮,是一种强调印度教至尊的理论体系和政治运动。在实践中,印度教民族主义者中的强硬派还主张暴力,煽动宗教冲突。印度教民族主义的核心是排斥穆斯林,复兴印度教的社会与文化,在印度建立一个强大的"印度教国家"。

进入20世纪90年代,印度教民族主义势力在印度政治中进一步发展并占据了重要地位。

印度教特性是贯穿印度教民族主义发展始终的核心概念,但其确切含义却十分模糊。实际上,印度教特性一方面体现了印度传统文化的内容以及古代宗教的宽容精神;[①]另一方面,印度教民族主义将印度教特性与民族主义思想结合起来,使宗教民族化、民族宗教化,排斥和否定其他民族文化的存在,带有很强的民族沙文主义倾向,对国家的整合、经济社会的发展造成了一定的负面影响。

二、种姓制度与种姓关系发生了深刻变化

种姓制度是印度社会特有的文明遗产,[②]是印度历史进程中不可或缺的重要因素。它与印度教(婆罗门教)相结合,构建了一个举世无双的宗教等级制社会。

种姓制度是印度社会特有的等级制度,主要存在于印度教中,对伊斯兰教和锡克教也有不同程度的影响。在这种制度中,每个种姓集团都占据一定的社会位置,最高种姓为婆罗门,其次为刹帝利,再下面是吠舍,处在底层的是首陀罗。此外,还有一大批不能进入种姓

[①] 傅菊辉、汪长明:《印度教民族主义对南亚国际关系的影响》,《世界民族》2009年第2期。

[②] 刘黎:《种姓在印度的历史发展条件——技术与道德的博弈》,《佳木斯大学社会科学学报》2014年第5期。

序列、专门从事卑贱和脏累工作的贱民（又称"不可接触者"）。每个种姓都包括许多亚种姓，而且一直都在不断地分化出新的亚种姓。种姓制度的特征主要有：各种姓有固定的职业分工并世代相传；有严格的内婚制度；在饮食、服饰、住房、社会交往等方面有严格的规定，各种姓互相隔离成封闭的圈子。在一个印度人的一生中，几乎一切重大事情，诸如出生、结婚、死亡，均由其所属的种姓决定。不可接触制成为种姓制度的极端形式。

印度种姓制度历史悠久，涵盖印度社会绝大多数的群体，是传统印度最重要的社会制度与规范。[1] 种姓制度把印度社会分成相互排斥、相互对立的集团，造成社会凝聚力的严重缺失，使印度社会从根本上处于分裂状态。马克思早在100年前就指出："种姓制度是印度进步和强盛道路上的基本障碍。"[2]

种姓制度在印度有着悠久的历史，它曾是婆罗门和刹帝利阶层用以维护印度社会秩序，防止社会混乱，保持自身统治地位的有效工具。[3] 近代以后，伴随着英国殖民统治，资本主义的生产方式、先进的科学技术以及西方的自由民主思想逐渐传入印度，对印度传统的生产方式、社会体制和思想观念造成了巨大的冲击和挑战，[4]从而使印度教原有的种姓制度和等级关系发生了很大变化。独立以后，印度政府制定的新宪法和各种法律制度，以及在政治、经济、文化和教育方面所采取的一系列改革措施，进一步加速了种姓关系的转变。[5] 种姓制度与种姓关系的变化，成为传统印度教走向现代印度教的重要标志。

印度的种姓制度是世界上所有等级制度中时间最长久、影响最

---

[1] 熊杰：《试论种姓制度对印度城市化进程的影响》，《社科纵横》2012年第4期。
[2] 同上。
[3] 郭睿琪：《论种姓制度对印度法律的影响》，《法制与经济月刊》2015年第9期。
[4] 肖军：《论政治文化传统与印度外交思想的二元性》，《南亚研究》2012年第3期。
[5] 朱明忠：《现代印度教种姓关系的变化》，《南亚研究》2011年第3期。

深远和等级最森严者,[①]至今仍影响着印度的政治、经济、社会和文化等方面。

独立以后,成立了以尼赫鲁为总理的国大党政府。为了消除印度社会中的种姓压迫和种姓歧视现象,为了保证国家的长治久安,尼赫鲁政府在政治、经济和文化各个领域制定了一系列新的政策和改革措施。1950 年 1 月 26 日《印度新宪法》正式生效。这部新宪法不仅代表着印度各族人民的意愿,而且也体现出广大贱民的心声。其第 17 条明确规定:"废除贱民制,并禁止在任何方式下实行贱民制;任何由于贱民制而产生的剥夺人的权利的行为,都属于犯罪,应依法惩处。"规定了"不可以种姓为理由限制任何公民应有的权利",贱民作为国家的公民,有权出入任何公共场所,有权使用任何公共设施,任何人不得以不可接触之缘由进行干涉;"在政府公职的聘用或任命上,不得以种姓等理由排斥和歧视任何公民"。1955 年,为了进一步落实宪法有关维护贱民权利的条款,政府还颁布了《惩办侵犯贱民尊严法令》。

新宪法明确宣布废除在印度实行了几千年的贱民制度,并且制定了许多具体条款和法令来维护贱民的合法权益,成为独立后印度新生政权在社会改革方面所取得的一大成就。

为了保证贱民有权参与国家的立法工作和政府的管理工作,宪法还实行了"保留制度",即以法律形式规定,在人民院中各邦的立法会议中均为贱民和低级种姓保留一定的席位;同时,在中央政府和各邦政府中也为他们保留一定的名额,以保证他们享有行政管理的权利。这种"保留制度"的实行使独立后贱民的政治地位显著提高。

1997 年 7 月,印度总统选举委员会宣布,现任副总统科切里尔·拉曼·纳拉亚南以绝对多数票当选为印度独立后第十任总统。纳拉亚南是印度历史上第一位出身于贱民阶层的总统。

---

① 李秋红:《印度种姓制度的再认识》,《社科纵横:新理论版》2011 年第 2 期。

2017年7月,拉姆·纳特·科温德在印度总统选举中以超过65%的选票当选印度总统。科温德是印度历史上第二位贱民出身的总统。

独立后由于政治、经济和社会的各种变革,种姓职业分工的体制进一步瓦解,原来种姓之间社会交往的隔阂在一定程度上有所消除。

独立以后,伴随着民主政治体制的发展以及政党在大选过程中的激烈竞争,一种新兴的"种姓政治"现象在印度政治舞台上悄然发展。这种"种姓政治"是与印度教的种姓集团紧密相连的,是传统种姓关系在现代社会中的一种演变。在"种姓政治"兴起的过程中,代表不同种姓集团利益的政治组织或政党也相继建立起来。

近年来,在印度的大选中,"种姓政治"的作用越来越明显。国大党的领导人本来多出自婆罗门和刹帝利种姓,而且,为了巩固自己的执政地位,国大党非常重视利用各邦的种姓势力或种姓因素来争取选票。随着种姓政治的兴起,各个政党在选择候选人时越来越多地考虑种姓的背景与因素。

尽管印度政府想方设法消除种姓制度,但是存在了数千年的种姓制度对社会和人们心理上的影响却很难彻底铲除。种姓集团、种姓集团之间的斗争,以及人们心中的种姓观念,在短时间内不会自动退出历史舞台,[1]尤其是在印度偏僻农村,这种现象仍继续存在。低种姓群体与高级种姓之间的垂直与依附纽带关系束缚了低种姓群体的政治行为,[2]降低了印度中、下阶层的民众政治参与度与热情。

三、印度教派之间的矛盾与冲突日趋剧烈

印度独立以来,各种不同的宗教由于其独特的文化个性差异,与

---

[1] 朱明忠:《现代印度教种姓关系的变化》,《南亚研究》2011年第3期。
[2] 王红生著:《论印度的民主》,社会科学文献出版社2011年版,第372页。

不同的民族特性和传统习俗紧密相连,为了各自的宗教与民族利益,逐渐演变成各教派与民族之间矛盾冲突的根源。[1] 尤其印度教民族主义政府比历届政府表现出更强烈的民族主义倾向,印度的多元化政治力量,在印度的民主政治体制下表达自己的政治主张和见解,体现着自己的独特个性,使得任何全国性大党都无法单独组织政府,从而使印度政局趋于复杂化。

在当代印度政治发展进程中,教派之间的矛盾和宗教之间的冲突日趋剧烈。"9·11事件"后国际上和印度国内形成的"反恐文化",在这种阴影下的印度穆斯林在思想意识和行为方式上都发生了深刻变化。印度政府也相应调整了对穆斯林团体存在困难与问题的关心、认识和政策。而2014年印度人民党上台以来,印度教民族主义势头有所上升,[2]族群间的矛盾与冲突不断加剧。

随着印度经济持续快速增长,印度争当世界大国的愿望更加强烈。印度独立后世俗主义原则并没有得到彻底贯彻,宗教势力不断发展并向政治领域渗透,印度教徒与穆斯林之间的教派冲突由独立初的相对和平转向冷战后的日益频繁,尤其21世纪初期以来,印度教徒与穆斯林之间冲突呈现加剧的趋势。

宗教差别并没有催生基于宗教认同之上的泾渭分明、势不两立的政治力量,印度社会在20世纪80年代后,为浓重的教派主义气氛所包围,教派冲突持续不断,呈逐渐上升的态势。

印度社会结构的差异性和印度文化的宗教性,以及发育不良的议会民主制、经济贫困和政治腐败,成为引发教派冲突潜在的政治经济因素。

印度教徒与伊斯兰教徒人数占全印度人口总数的94%。印度伊斯兰民族主义兴起更有其自身原因,穆斯林缺乏印度民族主义的想

---

[1] 吴永年著:《变化中的印度——21世纪印度国家新论》,人民出版社2010年版,第44页。
[2] 张家栋:《印度族群政治透视》,《世界知识》2015年第23期。

象、穆斯林建构自己的教育朝圣之旅、穆斯林与印度教徒之间巨大的宗教与文化的差异和冲突、穆斯林与印度教徒存在严重的利益之争、英国"分而治之"政策的影响等诸多因素的结合,导致了印度穆斯林产生了印度伊斯兰民族主义倾向。

1998—2004 年,印度人民党在印度执政期间推行"印度教特性"政纲,深化印度社会"去世俗化"倾向,这种倾向对印度社会带来了一定的负面影响,也成为导致印度人民党下台的重要原因。印度人民党执政期间的政绩从某种程度上反映了传统宗教文化对印度社会现代化的积极意义和作用,然而世俗化进程依然是印度社会发展的主流。

第三节 本章小结

近年来,印度民族分离与民族冲突呈现上升趋势,既有国内政治的因素,又有国际势力插手、干涉印度民族问题的原因。而且,印度的人口快速增长和高文盲率举世闻名,庞大人口基数和迅猛的人口增长速度对印度自然资源、粮食、教育、就业形成了巨大的压力,成为印度社会稳定与发展的极大阻碍。

一、印度多民族政策较好地维护了国家的统一

印度是一个多民族国家。迄今为止,印度政府只把国民分为先进和落后阶层,并划分为多数群体与少数群体。少数群体大致相当于落后阶层:包括表列种姓、表列部落和其他落后群体。印度官方称这些少数民族为"表列部落"。由于受到长期殖民统治和剥削,这些部落的社会经济发展缓慢,生产技术原始,生活十分贫困。独立后,如何帮助他们改变历史上遗留下来的落后面貌,发展民族经济,

改善他们的社会地位和生活状况,是印度政府面临的一项重要任务。如果这一问题得到解决,将对印度政治、经济产生重要影响。因此,印度政府十分注意这些表列部落发展问题,印度宪法第 46 条就明确规定:国家将促进国民中的弱小部分特别是表列种姓、表列部落在教育和经济方面的利益,保护他们免受社会不公正(的对待)和剥削。

在当代印度政治发展进程中,历届印度政府在对待国内各民族问题上,基本上采取了较为平等的民族政策,使国内各民族能够长期在国家范畴内和平共处。而且,印度政府对少数民族和少数民族地区在政治、教育、就业、资源开发与保护、农村建设以及社会保障等方面采取了多种政策与相应的帮扶计划,并取得了较好的效果。

之所以能够在较长时期保持了国家的统一与正常运转,主要在于印度国家制度的稳定性,民主制和联邦形式促成了印度多民族国家的稳定,印度宪法对各民族多元的包容性,为各民族提供了基本的共识基础和权利保障。①

印度社会精英对英国统治态度的改变,是 20 世纪上半叶印度群众性民族运动兴起的一个关键性政治变量。但是,在印度这样以农业为主的社会里,农民(包括农村手工业者)一直是主导的社会群体,他们的政治态度不能不影响整个印度政治社会的发展。传统上的印度农民对村社之外的全国性政治过程并不关心,只是在反对英国殖民统治中,印度的农民和印度的精英阶层走到了一起,共同反对英国殖民统治,为印度独立共同奋斗。

二、民族、宗教冲突严重制约了印度社会发展

印度是一个多民族国家,有大小民族 500 多个,民族主义思潮比较强烈。只是由于印度长期受到外族侵略,特别是经过了英国长达

---

① 常晶、常士訚:《印度多民族国家治理的制度经验与问题》,《世界民族》2015 年第 6 期。

174 年的殖民统治，各种社会集团都转入了反对殖民统治的政治斗争，从而使印度成为以民族主义立国的国家。在长期的发展演变过程中，形成了世俗民族主义、印度教民族复兴主义和伊斯兰民族复兴主义三股流派，①世俗民族主义代表印度上层的利益，具有较强的政治性特征；印度教民族复兴主义代表中产阶级的利益，具有主体性特征；伊斯兰民族复兴主义代表穆斯林的利益，具有不协调性特征。印度教和印度伊斯兰教长期冲突与斗争，不仅影响到印度的发展与改革，而且给经济全球化和世界多极化进程带来了不确定性。

以 V. D. 萨瓦卡尔为代表的印度教民族主义者提出了以"印度教特性"为核心内容建构"印度教民族"的"印度教国家"道路的思想。作为印度教民族主义重要领导人、印度人民党精神领袖的萨瓦卡尔，其思想对印度影响至深，②尤其是对 20 世纪 90 年代以来印度国内外政治、社会和外交的各个方面带来了巨大影响。实际上，印度人民党的领导人瓦杰帕伊和目前莫迪执政时期在印度全面推行建设一个有印度教特色的世界强国战略。但是，瓦杰帕伊和莫迪执政时期印度内政面临的宗教问题真实地反映了印度教民族主义面临着现实宗教困境。

自印度独立以来，东北地区民族分离运动、反政府武装活动持续不断，至今未绝。独立以后至 20 世纪 80 年代，主要为民族分离主义争取民族自决权与印度政府维护统一的斗争，经过 30 余年的较量，印度政府实现了在宪法框架内对东北地区的政治重组。20 世纪 80 年代至今，主要为由移民与本地居民、部落民之间的矛盾激化而引发的反政府武装活动；进入 21 世纪，反政府武装组织出现恐怖主义化、黑社会化趋向。③

民族、宗教冲突一直是印度难以解决的大问题，民族、宗教冲突

---

① 郑汕：《印度民族主义的特征及世界性影响》，《和平与发展》2010 年第 6 期。
② 谢勇：《浅析萨瓦卡尔的种姓制度观》，《历史教学问题》2014 年第 5 期。
③ 吕昭义、余芳琼：《印度东北地区的民族分离运动与反政府武装》，《南亚研究》2010 年第 2 期。

所潜藏的巨大破坏力,严重制约了印度社会发展。印度的人口数量与质量已成为制约印度实施大国战略的重要因素之一。印度民族的矛盾与问题复杂尖锐,不仅影响了印度国内政治与社会的稳定和经济发展,也影响到了印度与南亚其他国家的关系。

印度迅速增长的人口对资源以及就业竞争的加剧,成为导致印度政治不稳定的重要根源。例如,印度阿萨姆邦和旁遮普邦的种族冲突和分离主义的发生就与大批受过教育的青年人而找不到工作密切相连。

印度东北地区的经济发展滞后问题更为突出。除阿萨姆邦外,东北地区几乎没有任何现代工业和制造业,农业生产仍以传统农耕技术为主。

近年来,印度积极推行的"东向"战略中对印度东北部地区地方因素考虑较少,这既是由于该地区参与"东向"的意愿、能力不足,更是由于该地区在印度地缘战略排名中靠后。然而,随着印度东北部地区安全局势的逐渐改善以及印度联邦政府政策的某些松动,印度东北部地区深层次融入次区域合作的可能性增加。其中,孟中印缅地区合作机制最具增长潜力。[1]

在印度的各种民族问题中,民族分离主义最为严重。20世纪60年代中期,印度东北部地区的那加人和米佐人先后掀起了反叛活动。70年代末,东北地区的特里普里人和阿萨姆人又爆发了种族暴乱。80年代初期,西北部地区旁遮普邦锡克人的暴力冲突日趋激烈。与此同时,印控克什米尔地区克什米尔人的暴力活动也在不断升级,到80年代末已经形成了大规模的武装反叛浪潮。

这些种族或部族均向印度中央政府或邦政府提出过地方自治的要求,它们中的激进势力还打出了要求脱离印度、建立独立国家的口号。但是种族问题与政治、经济、语言、文化以及社会的权利、地位等

---

[1] 杨晓萍:《印度"东向"中的东北部与次区域合作》,《亚太经济》2014年第4期。

问题相互联系,彻底解决非常困难。根深蒂固的种族矛盾在一定的时机下有可能爆发出新的冲突。目前,在印控克什米尔地区和印度东北部地区,一些种族或部族分离主义的武装斗争仍在继续。

而且,印度少数民族、小宗教信徒的贫困与民族宗教冲突之间已经形成相互促进的恶性循环。文化教育水平低下对印度众多少数民族和小宗教信徒摆脱贫困、对减少民族宗教冲突产生了消极作用。

印度独立后实行的许多内外政策进一步增强了大多数国民对"印度民族"的认同。特别是独立后形成的强大的中产阶级是印度保持统一的中坚力量。种族分离主义总是局限于个别地区而且不是少数种族中的主流力量,因此难以形成大的气候。一些种族和地方分离主义势力的上层分子一旦被纳入合法的政治斗争轨道和得到政治权力之后,往往都放弃了分离主义的要求。大多数的地区政党虽然是地区利益的忠实捍卫者,[①]但它们的目标主要是为了获得更多的政治权力而不是分裂国家,实际上许多颇具政治影响力的地区政党对国家的忠诚并不小于全国性政党。

尽管印度社会内部呈现出"一盘散沙"的散漫态势,政治凝聚力严重缺乏,但在对外关系上印度经常表现出强烈的民族主义态势。

印度作为一个多民族国家要实现真正的发展,必须理性地对待本国的民族与民族问题。印度的特殊国情在民族和民族问题方面表现为特殊性和复杂性的特征,而印度现行的民族理论与民族政策存在着一定的局限性,民族整合不失为印度正确处理民族问题的一种现实的理性选择。

为妥善解决国内的民族分离问题,印度中央政府积极运用军事手段,坚决打击民族分离武装活动;坚持以打促谈,政治解决国内民族分离问题;以发展促和平,加快民族地区经济发展;[②]实行文化同化,增强

[①] 杨晓萍:《印度"东向"中的东北部与次区域合作》,《亚太经济》2014年第4期。
[②] 彭秋虹:《印度应对民族分离运动的措施及启示》,《江南社会学院学报》2012年第1期。

国家认同；加强国际合作，以改善反民族分离斗争的外部环境。

三、印度宗教缺乏实质性的凝聚力

印度是一个由众多宗教、种姓、种族、部族和语言构成的异质性很强的国家。

印度在天文、数学和科学其他领域十分先进并孕育出四大宗教——印度教、佛教、耆那教和锡克教，曾经繁荣昌盛达到当时社会发展的高峰。长期以来，宗教潜移默化地渗透到了个人的思想观念以及社会生活的方方面面：从民众的价值观念、生活方式到国家的政治、经济甚至外交，无不深受传统宗教文化的影响，印度成为世界上宗教传统力量最强大的国家之一。但是，印度宗教也并非万能，存在以下几个方面的不足：

（一）印度教社会缺乏宗教与政治上的凝聚力

印度多元化宗教文化格局是在不同民族、不同语言、不同宗教的相互竞争、冲突与融合中逐步形成的，多元宽容的特征十分明显。虽然印度人口80%以上为印度教徒，但印度教社会本身却缺乏宗教与政治上的凝聚力。语言和宗教的多重性使印度缺乏社会同一性的基础，就种族—语言和宗教而言，印度社会呈现出了分裂的特质。其主要原因在于：

第一，印度教在信仰上没有一套完整的教义和统一的圣经，因而在意识形态上缺乏号召力；

第二，印度教在组织上非常松散，既没有层层领导机构的教会，也没有传教的教团。有些学者甚至认为它只是一种生活方式，而不是一种宗教；

第三，印度教社会内部存在着许多教派和等级森严的种姓制度；

第四，印度教徒在种族、语言和风俗习惯上存在着很大的差异性。种族的差异性、宗教的排他性和种姓的等级性把社会分裂成一个个互相排斥、彼此对立的集团。在当今的印度,由于民主政治制度下选票政治的作用,社会的分裂性甚至在一定程度上得到了强化。

印度教自身把不平等性作为其信仰的核心观念,[①]与种姓制度不可分割地联系在一起。

在印度这个多宗教的国度里,几乎存在着世界上所有的宗教,各种宗教在印度共生共存。印度教、佛教、耆那教和锡克教都是起源于印度本土的宗教;而伊斯兰教、基督教、祆教、犹太教以及巴哈伊教则被看作外来的宗教。其中,伊斯兰教和基督教又特别被印度教的极端势力所不容,因为它们分别是外国征服和殖民统治的产物,而且其信徒大都是原来信奉印度教的改宗者。

(二)印度教徒与其他教徒之间暴力冲突不断

教派冲突是印度民族主义运动中的一个突出特点,随着民族运动的深入发展,教派冲突呈现愈演愈烈的态势。这种情况的出现虽然和英国殖民当局的离间政策相关,但更多的还是印度民族主义运动自身发展模式所带来的结果,其背后既有复杂的宗教文化方面的因素,也与当时印度各民族政党利用民众的宗教信仰来争夺现实利益的策略密不可分。

在过去的几十年中,印度教徒与伊斯兰教徒、锡克教徒、佛教徒和基督教徒之间都发生过规模不同的暴力冲突,但最为严重的是与穆斯林之间的冲突。印度独立后实行了世俗主义的建国原则。国大党政府对分治后留在印度的穆斯林采取了比较优待的政策,这一方面是为了安抚穆斯林防止再度发生分裂;另一方面也是为了获得穆斯林的选票。但是由于种种原因,穆斯林在经济、文化、教育和社会地位等方面仍然处于落后的境况,在政府机构和军队就职的人数以及在国会和邦议会的议员比例都低于其人口比例。穆斯林对政府的

[①] [美]斯坦利·沃尔波特:《印度史》,李建欣等译,东方出版中心2013年版,第82页。

不满日益增强和公开化,要求政治权利平等和经济公平的呼声也在不断高涨。这反过来又在印度教徒中引起强烈的反应,并进一步刺激了印度教教派主义情绪的高涨。

四、印度宗教对印度社会发展的影响

冷战结束后,一方面世界经济全球化步伐加快;另一方面民族主义也再度发展。尽管印度本土各宗教的世界观、宇宙观不尽相同,但都将印度视为世界的中心,这种以印度为中心的意识给印度民众带来了"文化自豪情结",促进了印度的"大国思想"发展,拓展了印度的国家空间,提升了印度的国家软实力的发展。①

(一) 印度宗教与全球化的关系

世俗化和市场化的力量促进了经济全球化。全球化、民族主义和宗教极端主义是当今世界三个极为引人注目的问题,而它们之间的关系又极其复杂。这种复杂性也反映了当今社会发展的复杂性。全球化并不是民族国家的终结。

印、巴分治后,印度穆斯林身份认同经历了三个阶段的发展变化:认同世俗主义政治、穆斯林集团意识的增强和宗教意识的增强。这一变化是多方面因素综合作用的结果,国大党世俗政策的衰微和印度教民族主义运动的复兴成为其中最重要的原因。但是,总体而言,尽管印度穆斯林的宗教意识不断上升,但在世俗民主政治框架下也一直不断调整其身份认同。

(二) 宗教民族主义对印度政治的影响

在近代印度的民族独立进程中,既出现过反思和批判传统的宗

---

① 姜景奎:《宗教对印度文化战略的影响》,《南亚研究》2013年第1期。

教和社会改革运动,也存在一股坚持和发扬传统的宗教民族主义潮流,这两种倾向相互补充与中和,并未形成明显的冲突。以提拉克和圣雄甘地为代表的宗教民族主义者,借助印度宗教传统的精神力量,以唤起印度的民族自尊心与自豪感,鼓舞印度民众的凝聚力与行动勇气,并提出独特的非暴力策略,有力地推动了印度的民族解放与独立斗争。萨瓦卡尔提倡暴力革命,[①]其主要思想包含民族主义思想、印度教特性理论、宗教社会思想、泛印度教意识和"两个民族理论"。萨瓦卡尔的思想产生和发展与其生活的时代紧密相关,深刻地反映时代的变化,并影响着印度政治的发展进程。

宗教民族主义已成为世界政治舞台上的重要现象。宗教民族主义与宗教运动和世俗民族主义运动有着本质的区别。作为一种社会政治现象,宗教民族主义不可还原为纯粹的宗教思想和运动或世俗民族主义。宗教民族主义的成因不是先验的或纯精神性的,而是情境性的。在印度并不存在普世单一、固定不变的宗教民族主义。

20世纪中晚期以来,印度教徒与穆斯林之间的冲突愈演愈烈,规模越来越大,涉及的地区也越来越广。

实际上,宗教民族主义是指在宗教信仰十分普遍的地区所产生的一种后发型民族主义,它以宗教教义为行为准则,以对本民族的热爱与忠诚为基础,是宗教信仰与民族情感交相融合的产物。宗教民族主义的产生有其深刻的原因:

第一,宗教民族主义的产生在于其宗教的民族性与民族的宗教性。民族种族多元化、语言信仰多元化、种姓等级层次化、地理人文封闭化等这种地理和人文环境严重阻碍了印度民众之间的人际交流与沟通。

第二,宗教民族主义是特定背景下构建"民族"认同的结果。

第三,宗教民族主义的产生还与宗教组织对社会政治权力的干

---

① 谢勇:《浅析萨瓦卡尔思想之形成与流变》,《东南亚南亚研究》2015年第2期。

预密切相关。

印度的宗教冲突历史悠久,由于印度教徒人口与伊斯兰教徒人口比例悬殊,印度不同宗教间矛盾十分突出,其中以印度教徒与穆斯林之间的矛盾尤为尖锐,已成为印度大国之路的一个长期和巨大的障碍。

印度教民族主义与种姓社群的分裂是在印度开始市场化改革、走上快速增长轨道的时期发展起来的。印度多元社会面临的主要挑战之一,就是维系政治与文化多元的世俗主义原则正受到印度教民族主义与教派主义的严重冲击。这使得印度社会出现了从多元化向两极化转向的趋势。①

(三) 宗教民族主义具有鲜明的特征

印度宗教民族主义主要包括印度教民族主义和伊斯兰教民族主义,两者都具有浓厚的宗教色彩,并带有一定的狭隘性和极端性。反对英国殖民统治以及宗教对立等是其产生的原因。印度宗教民族主义在特定的历史时期发挥了一定的积极作用,但与此同时也显露出自身的消极作用,并影响到印度及整个南亚地区的政治稳定和经济的发展。

在当代印度政治发展进程中,宗教民族主义居于十分重要的地位,核心特征显著。在表现形态上,宗教民族主义具有浓厚的宗教性;在价值指向上,宗教民族主义具有一定的狭隘性;而在发展趋向上,宗教民族主义又呈现出了多样性的特征。长期以来,印度民主制度的发展制约了印度教民族主义,使其没有进一步发展为极端民族主义,②从而保持了印度政治的稳定。

冷战结束以来,随着国际政治斗争的开展,民族和宗教因素在其

---

① 杨怡爽:《从"暴力护牛"看印度多元社会面临的挑战》,《世界知识》2016 年第 18 期。
② 王红生:《论印度的民主》,社会科学文献出版社 2011 年版,第 369 页。

中的作用和影响越来越突出。在南亚次大陆,印度与巴基斯坦的冲突与当地的民族、宗教矛盾等都离不开宗教的作用。民族与宗教的因素首当其冲成为印、巴之间摩擦不断的主要原因。

当代印度社会的发展往往与宗教变革相关。综观历史,印度主要经历了四次大的宗教变革运动,而每次宗教变革都推动了印度社会的发展。而且,印度经济的发展无疑也与宗教有着密不可分的多方面的联系。

随着全球化的不断深入,印度宗教信仰呈现出了日趋政治化的发展态势,其后果不仅使宗教世俗化进程更加混乱,还导致了"信仰的危机"。极端印度教观念和运动,以及对此作出反应的其他宗教主义行动所导致的印度教的政治化和市民社会的教派化,逐渐成为印度一个较为普遍的现象。尽管印度教正在失去宽容的传统,但又拒绝给予低种姓民主权利,从而使印度教面临着严重的危机,并在客观上影响着印度政治现代化的进程。

印度是一个宗教、民族、文化、语言都繁复多样的国家,多元性是印度社会有史以来独有的特征,其主要表现为在政治上的意识形态多元化、在经济上的社会利益主体多元化、在文化上的价值观多元化。多元性一直是印度社会、政治、经济形态的主要特征之一,并从其中孕育出了印度式民主。

在宗教多元化的特定背景下,只有确立宗教宽容、平等互信的基本理念,[1]才有可能成功推进印度世俗化改革的进程。

印度社会的多元化成为支持印度社会活力的来源,有助于国家统一和社会公正及地区团结。但是目前也正面临着冲击与挑战。[2]这些冲击与挑战主要来自以下两个方面:

---

[1] 秦文:《宗教多元化背景下的印度婚姻家庭法改革刍议——以印度教与伊斯兰教为例》,《泰山学院学报》2014 年第 1 期。
[2] 杨怡爽:《印度多元化社会面临的挑战》,载于《印度洋地区发展报告(2016)》,社会科学文献出版社 2016 年版,第 36 页。

第一,维系政治与文化多元的世俗主义原则正在受到民粹主义包装的印度教民族主义的严重挑战,由此派生的教派主义政治造成了社会从多元化向两极化转变;

第二,种姓政治与地方主义等社群主义现象,使得社会进一步碎片化,国内各个经济部门利益集团之间缺少共同利益,进一步导致"国境内的分裂",以至于印度国内的公共空间被社群主义化,社会和经济事务被泛政治化。

种姓制度对印度社会的方方面面影响极大。[1] 种姓政治也成为独立以来印度政治的重要部分,低级种姓参与政治对于印度政治的民主化十分关键,其中有国大党对低级种姓的动员、种姓制度作为一种意识形态被社会摒弃和种姓保留制度三个影响因素。而种姓保留制度在其中关系到低级种姓的直接利益分配的问题,同时也是印度社会中争议较大的一个方面。

萨瓦卡尔的思想还包括独特的种姓制度观。[2] 他号召改革种姓制度,谴责种姓通婚限制,要求根除不可接触制,同时又对种姓的团结和稳定念念不忘,充满着矛盾。其原因在于萨瓦卡尔自身社会理想主义与政治现实主义的折衷与糅合,也反映其宗教改革的不彻底性。

这些冲击与挑战使得印度政治现代化进程更为艰难。

---

[1] 李劲楠:《种姓制度对印度现代政治的影响初探》,《资治文摘》2015 年第 7 期。
[2] 谢勇:《浅析萨瓦卡尔的种姓制度观》,《历史教学问题》2014 年第 5 期。

第七章

全球化对印度发展进程的影响

全球化包括经济、政治、社会、文化等诸多方面。全球化并非一个单一的状态,而呈现出一个综合性的进程,体现在所有社会领域,从经济领域到政治领域、文化领域、法律领域、军事领域等。

全球化已成为当今世界经济发展的客观大趋势,任何国家、任何地区,任何民族要想在当今世界立足,必须面对全球化,融入全球化,适应全球化。

全球化首先表现为经济的全球化,但其意义不仅仅是经济的,它是由经济全球化所推动的人类活动的"时空延伸"和"时空压缩",是全球范围内人类在经济、政治、文化等诸方面相互联系、交流与互动的强化。

全球化和世界多极化的不断发展,既对印度的发展产生了积极的影响,又给印度带来了诸多不利的影响,迫使印度不得不加快融入全球经济体系之中。尽管印度采取了诸多限制甚至抵制外资进入印度市场的举措,但是全球化趋势不可阻挡,印度也被迫调整本国对外政策特别是对外贸易政策,以缓慢地适应世界经济的挑战。

全球化使印度文化受到了前所未有的冲击和挑战。[1] 印度在全

---

[1] 张世均、白珍:《印度政府解决民族问题的政治举措及其启示》,《北方民族大学学报》2014 年第 5 期。

球化浪潮中,由开始的被动适应到逐步主动参与全球治理:积极公开呼吁联合国改革,积极要求国际经济组织改革,强化国际合作,以提高印度在国际事务中的地位与影响力。

在全球化进程中,印度经历了由最初的过于保护的政策到逐步开放的过程。20世纪90年代初期实施积极的改革开放政策,实现了从有限开放到逐步扩大开放的转型,[①]经济增长率已经提高到了6%。进入21世纪以来,印度经济保持了高速增长的态势,截至2015年,印度经济年增长率为6.9%,GDP近1.3万亿美元,与中国、俄罗斯、巴西、南非并称"金砖五国",而这一切成就的取得得益于20世纪90年代的金融改革。

第一节 全球化对印度政治的影响

全球化包括国家、地方的经济以及社会的不断整合。这种整合通过更广阔、更自由的资本、商品和服务的流通来进行。在一定程度上,全球化是新科技所导致的一种自然与必然的结果。在很大程度上它又为国际组织和占统治地位的经济体或国家政府以及各国的经济中坚力量所推进。

一、全球化对印度政治进程的影响

全球化为印度经济增长提供了更为广阔的机遇,但事实上在保证平等方面并没有取得成功。全球化在政治方面对印度产生了很大的影响,特别是对印度社会不同群体产生了巨大的影响:印度社会出现了独立以来最活跃的变迁,传统的观念受到猛烈冲击。印度民

[①] 张坚、吴蕾:《印度农村金融改革对我国的现实意义》,《中国市场》2014年第4期。

众原有的价值取向随之发生了深刻变化。尽管印度政府也采取了有关减少全球化对弱势群体负面影响的措施,但成效并不显著。

随着全球化的发展,对国家间政策协调的需求也在增加。世界各国之间相互依赖度不断上升,形成"你中有我、我中有你"的互动式格局。而一个国家的政策是否"正确",也取决于其他国家是否采取了相似的政策。全球化浪潮对印度的政治发展有相当的影响。印度的对外政策比西方国家的对外政策具有更强的防御性,印度正在积极与撒哈拉以南的非洲国家以及其他发展中国家开展合作,以适应全球化的挑战。

全球化促使印度文化呈现多样性与复杂性,从而使印度社会难以整合形成共同的民族凝聚力。多民族、多宗教和多教派的存在使各种文化冲突不断,各种势力此消彼长,印度社会进一步多元和疏离,使印度呈现出传统与现代交织、发达与原始混杂、文明与落后并存、富豪与赤贫同在的现实,这种状况很难使印度形成政治上的统一、行动上的一致,更难以在印度形成一种共同意识。

印度在通向现代化的道路上步履蹒跚,但从20世纪90年代以来,面对经济全球化的挑战,印度政府开始实施全面改革,印度经济实力迅速增长,综合国力也有所增强。

二、全球化加快了印度政治力量多元化趋势的发展

全球化对国际政治等领域产生了日趋增多的影响,除国家利益外,共同地区利益和全球利益明显增多。利益融合有利于国家关系改善,国家间协调合作增多。全球化使安全内涵已从传统安全领域向非传统安全领域扩展和延伸。经济安全、恐怖主义、环境恶化、气候变暖、疫病蔓延、移民浪潮和跨国犯罪等非传统安全问题威胁增大,涉及经济、民生、社会和自然等广泛领域。非传统安全主要由人类发展的不科学、发展与社会和自然的不协调引起,其实质是发展问

题。非传统安全问题模糊了安全与发展的界限,增强了国际安全合作的紧迫性,对全球传统安全的主导地位构成了一定的挑战,但与此同时在一定程度上缓和了国家间的军事对抗,为世界各国加强合作提供了空间。

全球化一方面加快了印度政治力量多元化趋势的发展,另一方面也加深了印度现代化进程中的社会冲突。

受全球化民主体制的影响,印度议会民主制把各种政治力量纳入了合法的政治博弈轨道,从而避免了大规模暴力革命的发生。每一次选举都保证了国家政权的平稳更替和政府组成的合法性,这在一定程度上表现了民主政体对社会矛盾的缓解与调节能力。

发展中国家很大程度上是工业化国家发展准则的被动接受者。自1964年"77国集团"成立之始,印度就一直在发展中国家的贸易谈判中发挥着关键性主导作用,印度经常把自己当作发展中世界的领导者。

为应对全球化的影响,印度在20世纪末发起强调印度民族主义的国家运动。1999年,印度发起了一场"我们的瓦杰帕伊"运动,把印度人民党的参政思想、全球主义和民族主义结合在一起。印度人民党执政后,在意识形态和国家政策上,提出了具有很强宗教色彩的"政治应以价值为基础"的主张,[①]强调只有印度教的价值才是医治印度政治弊端的灵丹妙药。印度人民党坚持用民族主义的观点认识印度的复兴,以增强民众对民族和国家的认同。

在对外战略方面,印度积极适应全球化趋势的变化,主动加强了与世界唯一超级大国美国的关系,印度通过与美国形成战略伙伴关系,极大地增强了其在重要的国际政治、经济和安全问题上的影

[①] 张萌萌等:《新世纪以来世界主要国家应对全球化的经验和做法》,《毛泽东邓小平理论研究》2012年第10期。

力;强化了与昔日盟友俄罗斯的合作;通过加速与中国的政治合作,使两个亚洲大国在经济上实现共赢,确保两国在边界争议、能源资源和贸易市场的全球竞争保持非白热化;积极改善印度在周边国家的形象,开始放弃各种极端的和不稳定的方式。印度政府强调经济外交,继续发展与传统西方大国的密切合作;同时,印度也积极发展与大中东地区的关系。[1] 而且,印度将英国殖民统治的遗产现代化,发展睦邻友好关系。

另外,全球化导致国家间与国家内部贫富差距扩大,发达国家与发展中国家内部的社会矛盾都有可能激化。全球化使各国国内因素与国际因素的联系与互动增强,国际问题诱发国内动荡、国内问题引发国际动荡的概率日趋增大。全球化并没有使一些地区热点问题随全球化深入逐步减少而是继续增多,从而加剧国际形势在总体和平状态下的局部动荡。

世界格局多极化有利于推动建立公正合理的国际政治经济新秩序,有利于促进世界政治经济文化的协调平衡发展,有利于世界的和平、安全与稳定,符合世界各国人民的根本利益。

全球化成为当今时代的标志,目前西方发达国家在全球化进程中居于强势地位。全球化从政治、经济、文化和科技等方面显示了印度与西方发达国家的巨大差距,唤起了人们对于改变现状的政治渴望。在全球化和市场经济的压力下,民众对社会主义政治的民主化、法治化和现代化的要求越来越高,同时也有可能产生激进的心理,提出与现实情况不符的过高要求,甚至产生一些激进行为,从而可能造成社会的动荡。

全球化增强了世界的统一性与整体性,有利于加强世界各国人民之间的联系,从而也将改变人们心目中原有的民族国家观,使其产

---

[1] 张萌萌等:《新世纪以来世界主要国家应对全球化的经验和做法》,《毛泽东邓小平理论研究》2012年第10期。

生一种文化离心力,可能导致人们的政治冷漠心理,对印度政治生态的发展也会产生很大的消极作用。

三、在全球化进程中不断吸收融合外来文化

在全球化进程中,印度本土文化在外来势力、外来思想的碰撞下,不断地发生着变化。印度文化吸纳、包容外来文化的特性,使西方理性文化与印度文化相结合产生了强大的创造力,在印度社会现代化进程中产生了巨大的影响,使印度取得了令人瞩目的成绩——经济增长势头强劲、科技进步日新月异、大国意识增强等。以西方文化为支撑的科学技术文化在现实社会中发挥了主导作用,取得了强势地位,使印度呈现出经济繁荣、社会发展、科技进步、政治稳定的良好局面。

印度文化是以印度教为主体的多元文化的综合体,印度文化的这种特征使其具有极为顽强的生命力、高度的凝聚力与极大的同化力。它不断吸收和融合外来文化,得到充实与发展。因此,印度文化与西方文化在冲击和碰撞中会不断融合与吸收,表现为一个价值重塑、体系调整的过程。现代化和传统通过独特的连续性和变化过程互相补充。印度不会全盘接受西方的价值观念,更不会在全球化进程中丧失自我。印度文化上的多样性,又体现为存在的多样性、发展的多样性,构成了印度文化丰富多彩的内涵。

今天的印度文化成为一种传统文化与现代文明的混合体。作为一个固守传统秩序、相对静止且精神上自满自足的国家,印度的传统文化在经历了千百年的历史演变后,依然具有顽强的生命力。印度固有的思想观念、意识形态、法律、政治、经济制度以及日常生活方式等,在全球化的进程中并没有丧失。

尽管在全球化的进程中,印度传统文化继续不断地深受西方文化与其他文化的冲击,但印度较好地与西方文化和其他文化不断地

交流与融合,①从而促使印度传统社会真正向现代化社会转变。

随着全球化的不断发展,推动了各种文化的交流、交融、交锋,使文化成为国家间竞争的重要内容。印度积极通过各种方式来提升本国文化的吸引力,保护本国文化的独特性。② 实际上,印度的文化外交,在提高了本国"软实力"的同时,也扩大了印度的国际影响力。

印度文化包容性、宗教性、连续性的特征,使印度文化在与全球化互动中,畅通了从古至今的文化生命,激活了其内在的勃勃生机,印度文化出现了宗教性与世俗化并进、软实力与硬实力协同、传统性与现代化交织的现代面貌,展示出印度文化的深厚底蕴与旺盛生命力,③如:印度政府赋予教育以道德的色彩,重新设定学校的课程、编写教科书,使之符合官方的理念;积极发展全球品牌的、覆盖全国的报纸,形成了印度特色的媒体发展模式。而且,印度积极加强对教育的投入和发展,印度政府促进教育发展的政策,包括:小学阶段女童教育全国计划、教育保证计划和替代教育、创新教育,地区小学教育项目,午餐计划、教师培训计划等。积极发展高等教育,并实行开放教育的措施,2010年印度政府通过了外国教育机构法案,④外国大学可以与印度同伴合作以提供学生教育课程。

全球化的发展趋势也越来越在文化领域中展现出其世界性的效应,多元文化间的冲突和融合构成了全球化时代所具有的绚丽斑斓的独特景观。在全球化进程中所呈现出来并将长期存在于全球的文化形态,实质上是一个多元共存的全球化,既包含着与人类共同命运息息相关的普遍性的文化价值观,同时也包含着文化多样化的世界各民族文化和区域文化。当今多元文化的共存互荣现状,意味着全

---

① 姜玉洪、陈霞:《全球化进程中民族文化的生存与发展——以印度文化为例》,《知与行》2015年第5期。
② 张萌萌等:《新世纪以来世界主要国家应对全球化的经验和做法》,《毛泽东邓小平理论研究》2012年第10期。
③ 同上。
④ 同上。

球不同文化之间的相互交流、相互冲突、相互碰撞到相互依存、相互融合,最终达到和谐共融。不同民族的各自特点包括文化差异依然会存在,呈现出多元与多样性的繁华局面。在走向全球化的时代,世界各国应更加需要重视和协调好文化多元化发展中的平等与相互尊重这一问题。[1]

印度文化在全球化的大背景下形成了自身的文化多样性。印度文化的多样性具有双刃剑效应,[2]一方面有利于印度社会的和谐稳定和民主政治建设,有利于印度成为世界文化大国,参与全球文化交流与竞争,并为印度经济、社会和科技的发展提供文化基础;另一方面又会对国家的治理和整合形成障碍,导致经济和社会发展在地区、民族、教派和种姓阶层之间产生不均衡,延宕社会改造和社会发展的进程,激化宗教矛盾和种族矛盾,而成为国家不稳定的因素。

第二节 全球化对印度经济的影响

经济全球化的含义是在生产力发展,特别是科技革命的推动下,市场经济不断深化的体现,是生产要素、商品和服务交易加速在全球范围内的流动与扩张,从而使各国的经济交往不断扩大、相互依赖关系日益增强,全球经济形成一个不可分割的有机整体的过程和趋势。生产力的发展成为推动经济全球化的根本动因。经济全球化是生产要素在世界范围内的流动与配置,总的来说有利于世界经济发展和社会进步。

---

[1] 温宪元:《文化多样化发展的重要特征——兼论客家文化研究的三个向度》,《广东社会科学》2013年第5期。
[2] 李云霞、史纪合:《印度文化多样性初探》,《国外理论动态》2015年第4期。

一、经济全球化对印度的冲击

印度独立后,国大党长期执政,一党独大,中央对地方拥有足够权威。国大党奉行带有浓厚计划经济色彩的"尼赫鲁主义"路线,印度社会并未发生根本性的变化,依然是一个以农业为主的农村型社会。20世纪70年代末,印度与经济全球化相对隔绝,积极发展内向型经济,尽管取得了一定成就,但是也暴露出诸多问题。在80年代,印度不得不实行面向经济全球化的渐进式改革,然而收效不大。

在改革前的30多年里,印度经济长期处于低速稳定增长状态,年均经济增长率3.5%,印度政府对私有部门的高度限制以及对外资流入的限制,造成了公有部门的垄断与效率低下,市场机制的作用在很大程度上受到抑制。

经济的全球化主要表现为市场全球化、资本全球化以及跨国公司、信息和人员全球化等方面。[①] 发展中国家经济发展速度与参与全球化程度之间存在着密切的因果关系。20世纪90年代以来,印度加快融入经济全球化的步伐,从而促进了经济发展的速度,加快了经济结构转型,使印度经济实力明显改善,取得了令世人瞩目的成就,成为世界上仅次于中国的经济增长最快的大国。

贸易全球化、生产全球化与金融全球化构成了经济全球化的主要特征。[②] 但经济全球化也是一把双刃剑,它既给各国带来机遇和利益,也给各国带来挑战与弊害。由于发达国家与发展中国家在经济和科技上存在着差距,而经济全球化又是在发达国家主导下进行的,因此,总体而言,全球化对发达国家利多弊少,相对而言对发展中国家则利少弊多。

[①] 王卓君、何华玲:《全球化时代的国家认同:危机与重构》,《中国社会科学》2013年第9期。
[②] 于丽:《浅议经济全球化》,《经济研究导刊》2011年第23期。

二、印度实行改革开放应对全球化挑战

经济全球化给印度带来了巨大的冲击,作为发展中国家的典型代表之一的印度必须应对全球化的挑战。20世纪90年代初期,印度才开始了真正意义上的经济改革,为发展民族经济,被迫实行了一定程度的对外开放,不仅没有割断与西方国家的经济技术联系,而且保持和发展这种联系,并且印度政府始终注意放慢经济全球化进程。1991年的改革取得了令世界瞩目的成就,加快了印度融入经济全球化的进程。

90年代印度改革开放政策举措主要有:加大对外开放,将内向型经济转为外向型经济;调整外贸政策,通过基本取消进出口许可证、取消出口补贴和降低进口关税等政策,加大吸引外资的力度,促进印度经济的国际化等。

在印度工业全球化进程中,大量的外国投资进入印度,许多外国公司在印度设立分公司,尤其是在制药、石油、制造业和化工等领域,带动了印度经济飞速发展。外资进入印度,为印度提供了就业机会,[1]有助于减少失业与贫困,提高产品质量,同时也将先进技术带到了印度。

90年代以来,尽管印度政府几经更替,然而历届政府都坚持对外开放,把印度经济发展纳入全球经济之中,从而加快了印度经济全球化进程。表现比较突出的是对外贸易增长方面。1980—1981财年,出口贸易额约为85亿美元;1997—1998财年,出口贸易额达376亿美元;1980—1981财年至1999—2000财年,进口贸易额增加到472.12亿美元。印度出口额在世界出口总额中的比重也由1980年

---

[1] 张萌萌等:《新世纪以来世界主要国家应对全球化的经验和做法》,《毛泽东邓小平理论研究》2012年第10期。

的 0.4％,上升至 2010 年的 36.4％。①

从 2000 年至今,印度共经历了 5 届政府,它们对待全球化的基本观点没有本质的差别。② 印度人民党领导人瓦杰帕伊指出,只有全球协调行动才能迎接消除贫困、环境保护和平衡发展的挑战。强调政府既要坚决执行使印度经济具有全球竞争力,并有助于印度融入全球经济的政策,同时也要采取必要的措施保护本国利益,使本国工业免遭来自国外的不公平贸易和投资的损害。2004 年上台执政的国大党政府是经济改革的倡导者,总理辛格是 1991 年印度自由化全球化改革的总设计师,因此国大党在 21 世纪重新执政后,在全球化问题上态度更为积极。但是与 20 世纪 90 年代初不同,辛格政府尽管仍然认为全球化和自由化是不可避免的,但是,现在更希望经济能够平衡发展,保持公平和社会正义,使自由化和全球化的改革更加具有包容性。

印度政府自 20 世纪即推出一系列举措加强对基础设施的投资建设,如公路建设、海运和港口建设、空运、铁路发展、电信基础设施的发展,力求以优良的基础设施吸引跨国公司的更多投资。

1999 年,印度人民党政府出台了新的农业政策,提出今后 20 年印度农业发展的长远目标就是要使印度在经济全球化的态势下能够保证粮食安全,发展高附加值的商品农业,实现农业战略的转变。

印度金融体系的改革源自 90 年代初全球金融自由化浪潮冲击下的大背景,在对国内金融管理运行机制进行战略调整、坚持向市场化方向转变的同时,印度政府围绕着发展、稳定的具体目标,针对银行业和资本市场两大领域进行了一系列金融改革,③取得了举世瞩目的成就。

---

① 郭庆华:《印度参与经济全球化进程的启示》,《现代交际》2012 年第 5 期。
② 同上。
③ 张自力、丘书俊:《印度金融发展规模、结构、效率与经济增长关系研究——基于该国金融改革 20 年的数据分析》,《上海经济研究》2013 年第 1 期。

随着全球化的发展,印度与亚洲其他国家一起努力构建一个共同的亚元区和一个包括多个亚洲国家的共同市场。

三、全球化对印度的消极影响

经济全球化既促进合作,又增强竞争压力及经济上的相互依赖性。全球化既给印度带来了变革的动力,推动印度进一步融入世界,同时又给印度的发展带来了一定的变数,全球化对印度经济产生了较大的负面影响:

第一,经济全球化加剧了印度经济的不平衡,扩大了贫富差距,加剧了贫富两极分化;限制了民主政治制度和市场经济发展的进程,严重的贫富分化问题已成为制约印度经济社会进一步发展的重要因素之一。

经济全球化加剧了印度经济的不平衡,扩大了贫富差距,加剧了贫富两极分化。尽管印度经济飞速发展,印度的广大农民却获益甚少。而且外资的大量进入对印度民族资本和民族工业冲击较大。

在经济全球化进程中,随着农产品贸易自由化的推行,印度的农业发展受到一定程度的冲击。农业在印度国民生产总值中的地位下降较快,从独立初期的接近60%下降到20世纪末期约25%。尽管印度经济受益于全球化而快速发展,但是印度的广大农民获益甚少。而且,在印度的经济发展历程中,城市化进程十分缓慢。印度城市人口的上升比例远远落后于世界平均水平。

第二,经济全球化在一定程度上损害了印度的经济主权。经济全球化成为当今世界经济发展的显著特点,它深刻地影响着世界各国尤其是广大发展中国家的发展进程与历史命运。由于目前国际经济规则与秩序长期由发达国家主导,作为新兴发展中国家的印度不得不受到制约与影响。而且外资进入对印度民族资本和民族工业冲击也较大,民族经济面临着严峻挑战。外国直接投资的控股与技术垄断,对印度产业安全与升级和国家总体经济安全构成了一定的威胁,使国有企业长期处于不平等的竞争地位、部分国内市场被跨国公司控制、在合资合作过程中造成国有资产的流失。

第三,经济全球化不利于印度的生态环境和可持续发展。印度作为处在工业化中期、经济水平中下游的国家不得不被动地应对经济全球化。自1991年印度政府实行开放政策以来,尽管经济全球化的进程推动了环境保护全球化的趋势,但也给印度经济发展带来了不同程度的影响,印度的空气质量长期没有得到根本改善,PM2.5不降反升,数百万民众面临患病的风险。

实际上,印度多年来对全球化实行了相当抵触的态度,采取了过分保护本国的贸易政策,严重阻碍了印度融入全球化的进程。例如,在对外贸易中,印度对进口交易采取歧视性的海关估价标准。而且,印度海关要求提供的文件繁杂,频繁造成处理延误,阻碍了贸易的正常进行。另外,印度进口强制检验制度下的外国生产商申请进口产品认证证书的程序复杂、费用昂贵、申请时间长,给外国生产商带来了不合理的负担。印度政府制定和修改各项法律的程序也比较繁琐,很大程度上阻碍了合理利用外资政策的出台。

第三节 本章小结

全球化是一个不断生成、动态发展的进程,是全球现代化的最新阶段。全球化并不仅仅只关涉到经济、政治、社会等层面,更要向全方位、多层次进行辐射。全球化并不是单纯的经济问题、政治问题、社会问题或国际关系问题,不仅指各国之间日益增强的相互联系,而且也包括文化和观念上的问题。

一、印度缓慢适应全球化进程

全球化呈现出经济全球化、政治全球化与文化全球化整体推进的发展态势。三个进程之间既相互联系,又相互作用:①经济全球化决定政治全球化和文化全球化;政治全球化是经济全球化与文化全球化间的中介,影响着经济全球化和文化全球化的发展;文化全球化受经济全球化与政治全球化的决定,但也具有相对的独立性和演进轨迹。文化全球化与经济全球化和政治全球化间的辩证关系是决定文化全球化发展的一个重要机制。

在全球化浪潮中,尽管印度对全球化问题采取了过于保护本国利益的消极措施,但全球化的演进并不因为印度的缓慢反应而停滞,全球化已成为当今国际社会所追崇的一种理念,②全球化对人类社会的进步所产生的积极作用远远要超过其所带来的负面影响。全球化过程中出现的问题应该用全球治理的方法去解决。

"全球化"本身绝非一个简单的概念,它包含着对国际现实的独特话语、变革的潜力,而非全球进程的必然。③ 人类正在不断地跨越时间和空间等天然障碍,跨越社会制度、意识形态、文化习俗等社会障碍,在全球范围内实现充分交流与沟通,正在达成越来越多的共识。全球化将改变文化生存、发展的时空图景,推进文化的交流与互动,并导致矛盾、冲突和对抗的经常化、明朗化。

全球化浪潮的全面推进,迅速改变着传统的生活方式和观念。④

---

① 魏海香:《论经济、政治、文化全球化的辩证关系》,《商业时代》2012 年第 24 期。
② 何卫刚:《国际关系中全球化问题的展望——关于全球化两种声音的思考》,《河南社会科学》2012 年第 4 期。
③ [德]托马斯·里斯、肖莹莹:《全球化与权力:社会建构主义的视角》,《世界经济与政治》2013 年第 10 期。
④ 王卓君、何华玲:《全球化时代的国家认同:危机与重构》,《中国社会科学》2013 年第 9 期。

在全球化进程中,印度的步伐显得蹒跚而呈现出一种"逆全球化"的慢速态势。出于民族经济保护等动机,印度消极对待全球化甚至在某些领域出现了抵制全球化的行为。这或许与印度宗教和文化传统存在一定的关联。

全球化的过程是不同的文明主体之间的交往与互动,由于不同文明基本价值、历史、习俗、心理等方面的异质性,文明之间的冲突便难以避免。

全球化是一场以西方国家为主导的世界性活动。在文化层面上的全球化则更多地表现为非西方国家对西方国家"普世主义"的反抗,[①]不同文化体系之间的冲突强化了各个文化共同体内民族认同的构建。

经济全球化是当今世界发展变化的深刻背景和根本趋势。目前,经济全球化已远远超出经济领域,正在对国际政治、安全、社会和文化等领域产生日益广泛的影响。全球化促进生产、资源、人员、贸易、投资和金融等生产要素全球优化配置、降低成本和提高效率。跨国公司已发展到在全球布设研发、生产、销售链条的全球公司阶段。同时,国际利益进一步融合,国家间经济相互依赖关系逐步深化,俱荣俱损局面开始形成,一国经济发展对全球经济发展的依赖性增强。

经济全球化趋势是当今世界经济和科技发展的产物,给世界各国带来发展机遇,同时也带来严峻挑战和风险,向各国特别是发展中国家提出了如何维护自己经济安全的新课题。

经济全球化趋势使各国经济的相互依存、相互影响日益加深,要求各国积极参与国际经济合作,但各国在扩大开放时应根据本国的具体条件,循序渐进,注重提高防范和抵御风险的能力。

---

① 王卓君、何华玲:《全球化时代的国家认同:危机与重构》,《中国社会科学》2013年第9期。

二、得益于全球化形成具有本国特色的现代化模式

尽管印度经济全球化的程度较低,但印度已经在各个领域充分利用全球化带来的好处发展本国经济。

在全球化不断深入的进程中,印度不得不从起初消极对待全球化转而积极主动地融入经济全球化之中,不断提高改革开放的质量,以取得后发优势。印度在 20 世纪 90 年代后加快了经济全球化进程,明显加快了经济发展速度,并促进经济结构转型,从而使印度经济实力有所增强。

印度参与全球化进程,特别是参与亚太地区的区域间合作具有一系列典型的特征,[①]这既是印度外交特点的显现,也深受亚太区域间主义发展的影响。

在应对全球化挑战中,印度逐步形成了具有自己特色的现代化模式,即:在政治结构上全盘采用英国殖民统治时期留下的西方式议会民主制;在经济上实行社会主义式的混合经济,实施进口替代工业化战略,农业方面实施绿色革命;在文化方面在弘扬印度优秀传统文化的基础上积极推行世俗主义,强调种族、种姓、宗教的平等共处,大力发展教育事业和提高国家科技水平。在全球化进程中,印度政府围绕发展目标及时调整与经济全球化的关系,积极而又慎重地利用外资外债,更好地为本国经济服务,同时利用全球化加快印度融入世界的步伐。

经济全球化的新浪潮对南亚与印度提出了挑战,印度等南亚国家为此一改以前长期忽视地区合作的冷漠态度,开始探索区域化合作的可行方式。

印度对外战略观的不断发展,在很大程度上得益于全球化的进

---

① 张海霞:《印度区域间合作及其对中国的意义》,《亚非纵横》2014 年第 4 期。

程。在和平与发展已成为当代世界主流的大环境下,印度政治精英们紧紧抓住这一历史机遇,适时调整了本国对外战略,以更好地适应全球化。印度的发展不仅有赖于印度的行动,而且有赖于世界其他国家对此进展的反应。

当前亚太地区力量结构正发生急剧变化,[①]尤其是中国实力的迅速上升和美国"亚太再平衡"战略的实施,导致地区安全关系进一步复杂化。

随着全球化的速度、广度与深度的不断发展,全球化推动了国家作用的变革与调整。全球化既是一个历史进程,也是推动社会生活诸领域发生变革的历史力量。[②] 印度唯有采取更积极的态度主动去适应全球化的发展,实行更为开放的政策,努力使印度成为全球化的受益者,才不至于使印度处于全球化边缘化的境地。

[①] 唐永胜、李莉、方珂:《亚太战略形势演变及其对中国国家安全的影响》,《现代国际关系》2013 年第 8 期。
[②] 张萌萌等:《新世纪以来世界主要国家应对全球化的经验和做法》,《毛泽东邓小平理论研究》2012 年第 10 期。

第八章

当代印度的对外战略观的形成与演变

冷战结束以来,印度以其独特的地缘优势,迎来了国家发展的战略机遇期,印度快速发展的经济态势以及人口居世界第二位等引起了国际社会的高度关注。南亚的地缘政治格局继续向着有利于印度的方向变化。

印度的崛起不仅有赖于印度的行动,而且有赖于世界其他国家对此进展的反应,以及今后几十年的客观环境。

长期以来,植根于印度传统文化之中的"大国情怀"和印度教传统战争观以及印度教民族主义在印度外交战略观形成中发挥了重要作用。印度政治文化在其产生和发展的过程中,不断对其他文化和民族进行融合,印度文化呈现出来的多元性与复杂性、继承性与改造性等特征,对印度对外战略观的形成产生了深远的影响。

印度的政治文化传统深刻地影响着其独立后外交政策的形成,[1]并因此而产生独特的外交思想。印度对外政策经历了从"小集团决策"到"集体决策"的演变过程,对外政策决策机制不断完善。

---

[1] 肖军:《论政治文化传统与印度外交思想的二元性》,《南亚研究》2012年第3期。

印度的战略文化从取向上来看，"攻防二元"混合体成为其典型特征。① 印度战略文化与战略选择、安全行为之间存在着很强的相关性，战略文化通过塑造决策者所处社会文化"场"的方式大致框定战略选择范围和国际行为模式。

印度独立以来的"二元政治结构"与"议会民主制度"一直没有变化，始终是支撑着印度国家对外政策决策的基本点。② 当代印度战略文化在战略思维、安全观念和战略倾向三大方面均呈现出二元的特征。

印度的议会选举制度一直影响着印度对外政策决策。印度70多年的外交实践表明，总理在国家对外政策决策中一直发挥着绝对性的主导作用。

印度的战略政策始终深受国内政治事件的影响。国内政治塑造了对外政策决策的过程。国内社会也对对外政策制定者产生制约，使他们在国际关系中代表本国作出策略选择时总是受到相当大的限制。

在地缘政治有利于印度的态势下，印度积极调整了对外战略，以"大国外交"为主，强调实力，改变了以往以突出政治为主的战略，③全面改善与美、俄、日等国关系，积极推行大国平衡外交，开展全方位多边外交，积极推行"东向"战略，扩大和发展战略空间，极大地提高了印度在地区和国际事务中的地位。

"大国情结"成为印度外交战略的决定性因素之一，并对印度安全观产生了重大影响，④直接影响到印度与其他大国之间的双边关系。"大国情结"已上升为印度国家意志，成为超越政见、党派、意识

---

① 随新民：《印度战略文化和国际行为：基于争论的案例分析》，《国际问题研究》2014年第1期。
② 宋海啸：《印度对外政策决策模式研究》，《南亚研究》2011年第2期。
③ 马加力著：《崛起中的巨象——关注印度》，山东大学出版社2010年版，第111页。
④ 毛克疾、涂华忠：《印度的"大国情结"与中国对印战略》，《亚非纵横》2013年第4期。

形态差别的社会共识。

印度对外战略观实现的有利因素主要包括国际和国内两个层面：

在国内层面上，随着印度经济持续快速增长，印度国家实力不断提高，有利于实现大国战略；

在国际层面上，随着全球化的不断深入与世界政治、经济格局的重构，印度与世界大国关系的改善，有利于实现大国战略。

近年来，印度通过一系列措施强化了在国际和地区事务中的影响力。在国内方面，印度通过制度变革解决各种社会问题，增强了国家的经济实力，减少了实现其发展目标的阻力。

在安全上，"立足南亚、称雄印度洋、争当世界军事强国"长期成为印度的国防思想，印度政府非常重视军队现代化建设，尤其重视空军的发展和武器装备的现代化。在这一思想指导下，印度积极推行"地区性有限威慑"的军事战略。

在外交上，印度积极奉行独立自主的外交政策，在实行务实、全方位外交的基础上，积极调整与大国关系，主动强化与美国、俄罗斯、澳大利亚、日本和欧洲国家的战略伙伴关系，改善与邻国关系，参与地区合作。这种"左右逢源"的实用主义外交提振了印度追求"大国地位"的信心，在一定程度上提高了印度的国际地位，而且，印度在美国全球战略中的地位也得到了大幅提升。

实现政治大国是印度一贯的外交战略目标，而当前的国际环境有利于印度跻身大国行列。实际上，印度经济、军事实力的增长成为其中的最重要因素，综合国力的增长增强了其对南亚及印度洋地区事务的控制力，综合国力的显著提高奠定了印度大国战略的实力基础。

但是，印度"大国战略"的实施也面临着国内外诸多挑战：国内社会动荡、政局不稳削弱了国家凝聚力，国内贫富差距的加大，不利于印度国际形象的提升和印度对外战略的顺利实施；而南亚地区各国内部矛盾与冲突影响了印度走向"世界大国"的步伐;同时,印度奉行的强硬核政策,在国际上造成了不利影响等,都直接或间接地影响到了印度的崛起,从而使印度崛起成为一个艰难的长期历程。

第一节 印度崛起进程中对外战略观的形成

冷战结束以来,随着印度的不断崛起,在当今国际政治、经济格局中,印度的战略地位与国际影响力的不断提升正逐步得到世界各大国的确认。全球政治、经济秩序的转变对印度的外交、安全观念产生了强烈冲击,并影响了印度的战略思维与判断。应对外部环境和启动经济改革的需要共同促使印度调整外交和安全战略,以摆脱困境、成功面对严峻的安全挑战。

印度在冷战后时期外交、安全战略体现了两大特征:一是重新定位与主要大国和重要邻国的关系;二是以实力谋求自身的大国地位。两者之间构成了相辅相成的关系。

从根本上看,印度对外交与安全政策的调整实际上是印度适应全球化而做出的本能反应,它反映了印度在冷战后时期的现实处境和国家利益,也受到其独特的战略文化及冷战时代经验的影响,印度在涉及国家利益的诸多问题上表现出务实、灵活而不失强硬的风格,也反映出印度在新的全球战略格局中利用外交、安全战略以最大限度地扩大自身利益空间,获取外交与安全的主动权,崛起成为世界性大国。

近年来,强烈民族主义和印度教原教旨主义色彩的右翼政治力量开始影响印度对外政策。他们确立了"实力尊重实力"的现实主义原则,[①]强调印度要继续建立强大的、现代化的军事力量。这种"实力

---

① 亢升、尹建华:《大国追求与后尼赫鲁时期的印度外交》,《印度洋经济体研究》2014 年第 1 期。

至上"的理念已广泛地存在于印度新兴的中产阶级之中,并逐步演变成为印度社会一种普遍性的主流思想。

在印度教民族主义思想的影响下,印度人民党一登上印度政治舞台,就带着浓烈的民族主义情绪和印度教派主义色彩,推行一种比以往历届政府都更强硬、更激进的民族主义政策。这种政策的实施对南亚国际关系产生了重大影响:

第一,催生了印度社会的反穆斯林情绪。而宗教矛盾加剧,导致印度与邻国之间的关系紧张,并使印度社会进一步走向反巴基斯坦化;

第二,强化了印度的地区霸权意识:推崇"大印度主义",激发了印度的大国诉求。印度人民党政府比往届政府表现出更强烈的民族主义倾向,上台后突出强调,要"努力获得与印度的幅员、能力相称的国际地位、作用和位置",并为此加快了谋求大国地位的步伐;

第三,强硬走向核军备化,挑起南亚核军备竞赛。

一、冷战后印度对国际政治体系的认知

冷战结束,宣告了以美、苏为两极的战略格局在南亚的彻底终结,而苏联的解体使印度失去了一位"牢固的"靠山,印度不可能再继续得到冷战期间苏联所给予的特殊军事援助;而俄罗斯也由于自身的困境,自顾不暇,难以在南亚地区继续与美国展开竞争,俄罗斯不会也不情愿再"友好"地向印度提供先进的武器装备。世界格局结构性变革及印度国内局势的变化对印度对外战略观的演变产生了决定性的影响,并必将给今后印度对外战略的调整带来某些不确定性因素。

(一) 冷战后印度对"大国目标"的追求

长期以来,印度最基本的对外战略思想,而且已成为印度的国家战略目标就是追求世界大国地位。但随着冷战的结束,进入 21 世纪

以来,印度在追求这一目标的战略思想方面发生了深刻变化。在冷战时期,印度对大国地位的追求主要以政治与外交为主,更注重在世界上树立道义上的大国形象;①而进入 21 世纪以来,印度对外战略的主流思想已逐步形成了以依靠军事实力实现世界大国地位的观念,稳定而持续的经济增长已成为印度国家能力与安全的基石。

冷战结束后,随着苏联的解体,国际体系出现了"一超多强"的新格局,经过几年的徘徊之后,印度政治家们调整了对外战略,积极改善了与以美国为首的西方大国的关系,全面恢复和发展了与俄罗斯的传统友谊,并改善和发展与中国的关系,在大国之间左右逢源,以求本国利益最大化。② 印度对外战略的演变"以我为中心",实行"全方位平衡"战略,以维护与大国关系为重点。

印度对外战略观的演变以确立亚洲"中心地位"为目的。在这一战略思想指导下,印度历届政府积极主动地改善与发展了同南亚各国的关系,主动发展并强化了与东盟国家之间的关系,力求使印度在国际舞台上充分发挥其作为发展中大国的作用,呼吁建立国际政治、经济新秩序,积极主张对联合国进行改革,并努力争取成为联合国安全理事会常任理事国。

冷战结束以来,印度逐步形成了本国的亚太战略目标,即在维持其在南亚大陆主导地位的基础上,利用美国以及东亚国家对印度的战略与经济层面的需求,扩大印度在亚太地区的战略空间,提升印度在亚太地区的影响力,为印度崛起营造更为有利的外部环境,逐步实现印度的全球性大国地位。而且印度的国际战略具有强烈的中国参照系意识,赶超中国是印度追求的一个重要目标。

因此,在此战略目标指引下,印度扩大了与美国、俄罗斯、日本、欧盟国家、澳大利亚、韩国和越南等国家的战略合作,通过深化发展

---

① 肖鹏:《战略文化视野下的印度大国平衡战略》,《当代世界》2009 年第 12 期。
② [印] 桑贾亚·巴鲁:《印度崛起的战略影响》,黄少卿译,中信出版社 2008 年版,第 220 页。

战略伙伴关系、经贸合作以及军事交流等强化了与世界其他国家的交往。印度积极主动地推行周边外交战略，重视经营与周边国家的关系。印度将中亚、东南亚、西亚和海湾国家视为"延伸的邻国"，对东亚乃至整个亚太地区推行"东向政策"，以期扩大能源进口渠道，拓展商品销售市场，稳定国内众多的穆斯林人口，提升自己的国际影响力。

冷战后，印度的南亚外交战略发生了很大的变化，印度更强调睦邻外交、经济外交和平等协商外交。印度对南亚区域合作联盟的态度也有所转变，由过去的冷淡到积极推动直接促进了南亚区域合作联盟的快速发展。但印度与邻国的经济互补性薄弱，导致南盟发展踟蹰而行。

印度加强与亚太国家战略合作既有经济战略上的考虑，也含有地缘政治上的战略意图。印度与亚太国家的战略合作对世界政治经济新秩序的重构具有一定的意义，同时对中国以及中印关系造成了一定的影响。[①] 印度加强与亚太大国的合作意味着亚太地区战略格局将发生深远的变化，促使亚太地区多个战略三角关系的发展趋势成为可能。

印度为了实现其"世界大国"的战略目标，对其外交政策进行了重大调整，以获取更大的战略利益。印度对外战略观演变以大国外交为主轴而展开，通过积极的外交努力，与世界上大多数国家建立了互利友好的双边关系，为本国的经济发展创造了较为有利的战略环境，同时也极大地提高了印度在国际事务中的话语权和地位。

印度人民党上台后，积极调整印度的外交战略，以促进信息技术发展来带动经济增长，通过大规模军备采购壮大军事力量，增强综合国力，与大国建立战略伙伴关系成为这一时期对外政策的重点，从而为实现大国战略目标奠定坚实的基础。

---

① 杨思灵：《试析印度加强与亚太国家战略合作及其影响》，《南亚研究》2012年第1期。

冷战后，印度对外战略观演变的核心是积极谋求大国地位，对世界大国地位的追求始终是印度最基本的对外战略思想，印度的"大国意识"根深蒂固。这既与它的历史密切相关，也与其本身的幅员、人口、曾经的外交辉煌等因素密切相关。

近年来，随着经济增长的日益强劲、军事实力的不断增强、外交工作的不断进取，印度的"大国"观进一步强化。在外交舞台上，印度开始处于历史上最好的时期，世界各主要国家竞相取悦于它，与周边国家的关系也处于历史较好的状态。在这种情况下，印度对自身成为世界大国的憧憬变得日益清晰。

在上述诸因素的大力推动下，印度争取大国地位的信心日趋加强。2001年，时任印度总统纳拉亚南在议会发表讲话时公开表示，力争在21世纪使印度成为"强大、繁荣和富裕的国家"。

印度"大国"战略观与发展趋势已引起国际社会的极大关注。美国前国务卿亨利·基辛格早在20世纪90年代初就指出："21世纪的国际体系……将至少包括6个主要的强大力量——美国、欧洲、中国、日本、俄国，也许还有印度。"而美国著名的外交家布热津斯基在其《大棋局》一书中，把印度与法国、德国、俄罗斯、中国并列为世界上"主要的与活跃的地缘战略旗手"。塞缪尔·亨廷顿更强调冷战后的世界是由7个或8个主要文明构成，印度即是文明的核心国家之一，"在正在形成的全球政治中，主要文明的核心国家正取代冷战期间的两个超级大国，成为吸引和排斥其他国家的几个基本的极"。

G. W. 布什当选美国总统后即公开宣称"帮助印度成为21世纪的世界大国"，从而推动了国际社会对印度的关注。

印度大国战略的目标是：[①]在政治上积极追求"大印度联邦"，以确立亚洲中心地位，争当有影响力的世界大国；在经济上发展工农业，加速实现印度的现代化进程。

[①] 肖鹏：《战略文化视野下的印度大国平衡战略》，《当代世界》2009年第12期。

因此，冷战的结束，在一定程度上加深了印度的"大国化"意识，而苏联的解体直接推动了印度"大国思想"的发展，冷战后的印度历届政府都把实现"世界大国"作为国家的战略目标。

20世纪90年代初期，印度政府实行经济改革开放的政策，20世纪最后10年印度经济发展取得了令人瞩目的成就，加上印度宣布拥有核武器，这两个内生于印度的经济和政治发展决定性因素促使国际社会不得不重新认识印度。而美国在重新形成对印度的认识时，又将全球特别是南亚恐怖主义活动上升与中国在亚洲的崛起两个因素考虑进去，尽管这两个属于"外生"因素，但却影响到美印关系发展的质量。[①] 由于印度的军事与技术能力，以及印度作为一个自由与世俗的民主国家在对抗教派主义和恐怖主义中所能发挥的作用，决定了21世纪印度与美国及西方世界之间的双边关系，反过来又影响到美国对未来几十年内印度在全球地位的看法。

2012年2月，印度军方智库——新德里国防大学与政策研究中心发布了《不结盟2.0：印度21世纪对外和战略政策》，由印度外交与安全领域权威人士经过长时间讨论后形成，是迄今为止印度最为全面而深入的外交与战略政策报告，[②]在一定程度上代表了印度未来对外战略取向的可能性，反映了印度战略界对"回归不结盟"的期待，利用"不结盟"旗帜推动印度崛起，以形成印度在亚洲的中心地位。[③] 新版的"不结盟"报告描绘了印度将把理想主义与现实主义相结合的务实外交蓝图。

（二）冷战后印度对"入常"的追求

作为联合国的创始成员国之一，印度始终忠实于它的原则与目

[①] [印]桑贾亚·巴鲁：《印度崛起的战略影响》，黄少卿译，中信出版社2008年版，第13页。
[②] 吴兆礼：《印美全球伙伴关系研究》，时事出版社2015年1月版，第312—315页。
[③] 肖军：《民主模式转型与印度外交政策趋向》，《南亚研究季刊》2015年第2期。

标,并积极参加了由联合国主持的各项活动,包括维和行动,并为此做出了重要贡献。印度在联合国商议建立更为公正的国际经济秩序中也发挥了积极作用。

就印度而言,成为不结盟运动的领袖、拥有核武器和成为联合国安理会常任理事国是其走向世界大国的"三部曲"。在成为G20峰会成员国之后,印度政府不断向中、美等国提出支持它的"入常"要求。美国总统奥巴马在2010年年底访印时宣布支持印度成为安理会常任理事国,更极大地刺激了印度"争常"的雄心。

2004年3月12日,印度总理瓦杰帕伊在题为《未来印度:建设一个印度世纪》的演讲中提出"我们的目标是在世界事务中为印度赢得一席之地"。紧接着,印度总理曼莫汉·辛格在"入常"问题上的表述则比较明确,认为印度要求"入常",是印度发展的必然选择,并成为印度国家战略的重要目标。

2004年9月23日,在联大第59届会议上印度与巴西、德国、日本一道,共同发表联合声明,公开表示"巴西、德国、印度和日本是扩大后的安理会常任理事国的合理候选国"。2005年,印度与日本决定在联合国改革特别是联合国安理会改革的问题上加强合作,在"入常"问题上相互支持。近年来,"入常"已经成为印度国家对外战略的重要目标,并成为实现大国战略的重要一环,印度为此积极展开了"入常"的外交努力。

2014年9月27日,印度总理莫迪在纽约联合国大会发表演讲,[①]这是莫迪担任印度总理后首次在联合国大会发表的演讲,提出联合国需要改革,包括改革联合国安理会,"使其更加民主和适合参与"。这无疑是莫迪在为以后印度继续申请安理会常任理事国埋下伏笔。

---

① 何星宇:《印度总理莫迪在联大发表讲话 为印度入常打伏笔》,国际在线2014年9月28日。

印度积极以东南亚地区为建立进入亚太的战略支点，获得更为广阔的外交空间，寻求对自身大国地位的承认。而事实上，印度已争取到东盟10国中越南、老挝、柬埔寨和印度尼西亚等国支持其加入联合国安理会常任理事国行列。

印度近期的外交战略目标就是积极争取成为联合国安理会常任理事国，围绕印度"入常"而展开的"联合国外交"为印度对外战略增添了活力，在一定程度上也提升了印度在国际社会的话语权与地位。

但印度"入常"自身仍存在诸多不利因素。长期以来，印度未能成为本地区安全和稳定的建设性力量和积极因素。与巴基斯坦的长期对抗和与邻国的领土纠纷更不利于印度大国形象的提升。此外，印度迄今拒不签署《不扩散核武器条约》和《全面禁止核试验条约》，游离于国际防核扩散体系之外，这也成为许多国家在"争常"问题上不支持印度的理由之一。

印度认为现有的国际组织在应对不断增加的挑战方面非常不健全，全球治理面临着领导力危机。[1]印度必须面对全球治理中心不再限于正式机制，而且也在很多非正式网络扩散的现实。[2] 而全球治理思潮与运动的兴起为印度的"入常"提供了机遇，并在一定程度上促进和推动了印度的"入常"外交努力。

二、冷战后印度对国际经济体系的认知

冷战时期，印度外交政策的制定过于偏重政治领域，而经济外交在印度对外战略所占的比重非常低。冷战结束后，印度开始认识到

---

[1] NIC, *Global Governance 2025: AT A Critical Juncture*, NIC 2010-08, September, 2011, p.44.
[2] Arunabha Ghosh, etc., *Understanding Complexity, Anticipating Change: From Interests to Strategy on Global Governance*, Report of the Working Group on India and Global Governance, Council on Energy, Environment and Water, 2011.

经济因素在国家外交中的极端重要性。印度外交部还专门设立了管理经济外交事务的经济司。经济外交逐步成为印度驻外使馆的一项重要内容,在争取外资、获取海外资源、拓展市场、促进外贸、吸引印侨技术等方面的业绩也已成为考核印度外交官工作的重要指标之一。

20世纪90年代初期,印度开始实行积极的对外开放战略,立足南亚地区,主动与美国、日本、澳大利亚和欧洲国家发展互利互惠的经贸关系,并加强与中国和东盟的经贸合作。在对外经济战略中,以发展双边合作为主、多边合作为辅,积极参与区域经济一体化,突出了"能源外交""援助外交"等,以发展本国经济,提升在经济领域的国际影响力。

随着印度经济的发展,对能源的需求也日益提高,能源安全已经引起了印度决策层的高度重视,加强与能源资源国家的双边关系逐渐成为印度对外政策的重要内容。近年来,印度进一步发展了与海湾、中亚等能源供应国的交往与合作。目前,印度与中亚能源国家关系的发展非常密切,以实现能源资源的多元化战略。

随着区域合作和经济全球化趋势的日益增强,促使印度将地区经济一体化形成为一项对外政策。印度把合作构建泛亚地区主义作为"外交政策关注的一个主要领域",其标志性战略就是"东向"政策,印度强化了与东南亚国家的关系,把东盟视为开展经济合作、分享成功经验的重要伙伴。东盟是一个拥有6.5亿人口的巨大市场,也是印度经济发展所需的资金、技术等生产要素的重要来源,更成为印度接轨世界经济进而深度参与全球化的重要跳板。与东盟建立紧密的经济关系,吸引投资、扩大市场、挖掘人才、分享东亚经济的繁荣,无疑将有力推动印度自身的经济发展。而且,印度也一改过去对南亚区域合作联盟的消极态度,转而积极支持和扶持这一地区性合作组织的发展。印度还积极探讨与中国、日本、韩国等亚洲国家建立自由贸易区的可能性。

实际上，在经济全球化趋势不断增强的大潮下，冷战后印度政府开始重视经济外交在国家发展中的作用，积极融入世界经济浪潮之中，以不断发展本国经济、改变经济落后的不利局面。在地区合作层面上，印度开始改变对南盟冷淡态度，积极支持和推动南盟的发展，并发起组建环印度洋地区合作联盟和次大陆合作组织，在印度高层互访中也突出经济交流的重要作用。经济外交已成为冷战后印度对外战略调整的主要内容之一。拉动经济增长成为印度积极参与亚太地区事务的直接动因。为配合国内经济改革，印度不断扩大对外开放，以分享亚太经济发展的成果，为其国内经济发展寻求更多的资金和广阔的市场。

在实行全方位外交的同时，印度的外交侧重点也从政治外交为主转向了以经济为主，印度的战略家们认为印度对大国地位的追求必须要有经济上的快速发展加以支撑，[1]以建立有利于经济发展的外部环境，力争使本国经济融入世界经济发展大潮之中。

三、冷战后印度对国际安全体系的认知

冷战结束以来，印度对国际安全体系的认知更多地体现了"实力对实力"的思想，力图通过军事外交提升其国际地位。印度政治精英们认为，只有以强大军事实力作后盾的对外战略才能取得最佳的效果。因此，在安全上，印度以"称霸南亚，控制印度洋，争当世界一流大国"为目标，实现了5个战略转变：从消极防御性向主动进攻性转变、从地区性进攻向"地区性有限威慑"战略转变、从陆上战略向海洋战略转变、从常规战略向核战略转变、从单边军事依赖向多方位军事合作转变。实际上，"核威慑战略"已成为印度调整对外战略的重要内容。

---

[1] 马加力著：《崛起中的巨象——关注印度》，山东大学出版社2010年版，第111页。

1998年5月,以印度人民党为首的联合政府连续进行了5次地下核试验,坚持建立"最低有效核威慑"。1999年8月17日,印度国家安全顾问委员会提出"核构想草案",强调印度将奉行拥有可信的最低限度的核威慑力的理论,指出印度拥有核武器的根本目的是阻止任何国家或实体对印度及其部队使用和威胁使用核武器,承诺不首先使用核武器以及不对无核国家动用核武器。

瓦杰帕伊政府坚持"实力对实力"的外交政策,并提出了著名的"核构想"计划,以实现由军事实力走向世界大国的梦想。"核构想"计划主要包括:建立"可靠的、最低限度的"核威慑力量;建立"充分的、可抗敌方首次打击、可作战的"海、陆、空三位一体的核力量;印度的核武器将由最高政治领导严格控制。印度"核构想"的出台向世界宣告了印度仍坚持加快核武器和常规武器建设的战略。

1999年印、巴卡吉尔冲突后,印度认识到巴基斯坦核武库对印度的真实威胁性,决策者们不得不认真对待核问题。[①] 保持"最低限度可靠威慑"能力成为印度决策者的一项政策选择。

2001年5月,印度政府正式批准了研制"烈火"远程导弹的计划,直接推动了印度导弹技术的发展,印度逐步建立了世界上较完备的导弹系统。

印度政治家们都把获得核武器成为实现大国目标的捷径,认为印度必须拥有核武器,才能在国际社会中成为一个名副其实的大国,印度的国际地位和安全利益在于拥有核威慑力量。

近年来,印度根据国家安全战略和军队建设的需要,积极拓展军事活动空间,对外军事合作十分活跃,成为当前印度军事发展的一个新动向,以合作对象多元化、军购合作不断拓展、联合军演合作更加频繁、反恐合作日趋突显等为主要特点,不断加强与美国、俄罗斯、以色列和东盟等国家在各个领域的军事合作。

[①] 刘思伟著:《印美核关系:分期与协调》,时事出版社2015年版,第221页。

2014年9月27日,印度总理莫迪在纽约联合国大会发表演讲,[①]强调在世界范围内打击恐怖主义的重要性,表示印度支持美国等西方国家对西亚地区正在复苏的恐怖主义势力进行打击。

另外,在地区安全合作方面,印度积极加强了与东南亚、中亚、西亚等国家的安全合作。最为典型的要数印度的"东向"政策,印度不仅将南亚地区视为本国的利益所在,也把东盟视为维护自身地缘安全的重要地区。建立与东盟国家的"合作安全机制"成为印度对外战略的重要内容。

第二节 印度崛起进程中对外战略观的演变

冷战结束以来,印度对外战略深受其开国总理尼赫鲁的印度观、世界观、价值观和道德观的影响。尼赫鲁的思想观念是民族主义与民主主义、社会主义与国际主义等多种意识形态与思想观念的融合体。其对外政策中既具有浓厚的理想主义与和平主义的色彩,又包含了现实主义的本质理念;既有激进的有时甚至是强硬的立场,也有温和的与克制的态度。尼赫鲁的外交思想对印度的对外政策和对外关系仍然有着重要的影响。

纵观历史,印度历代王朝所倡导的宽容与道义精神在印度的民族主义者中至今仍有市场,这一历史理念深刻地激发了印度人民的民族自豪感和民族复兴的愿望。而外来入侵者特别是英国殖民主义者对印度统治了近两个世纪,对印度当代政治家的思想与心理产生了极其重要的影响。一方面造就了印度人的自豪感与自信感,另一方面又导致了印度人的不安全感与危险感。而历史、文化、宗教、地

---

① 何星宇:《印度总理莫迪在联大发表讲话 为印度人常打伏笔》,国际在线 2014 年 9 月 28 日。

域以及心理等多种因素共同铸成了印度的主流民族性——傲慢、蒙昧、多疑和偏执,这些内在性特质已渗透到印度的政治、经济、文化和社会生活之中,并影响着印度对外政策的制定。① 印度对外战略观的形成与发展,深受其国情、传统思想与文化、意识形态、历史心理与国际环境等方面的影响。

一、尼赫鲁的外交思想

尼赫鲁外交思想的形成既与他本人的经历和他所处的时代背景有关,同时也深受印度独特的历史、社会和思想文化传统的深刻影响。

在尼赫鲁执政时期,印度对大国地位的追求主要表现在政治和外交方面,尼赫鲁更注重在世界上树立道义上的大国形象,在追求国家自身利益的过程中理想主义色彩较为浓厚。

早在印度独立前夕,尼赫鲁就抱有极其强烈的大国理想,即把印度建成一个强大、统一、受到国际社会尊重并发挥重要作用的世界大国。在《印度的发现》一书中明确提出:"印度以它现在的地位,是不能在世界上扮演二等角色的。要么做一个有声有色的大国,要么销声匿迹,中间地位不能引动我,我也不相信中间地位是可能的。"② 而且,尼赫鲁还提出不能把印度与美国、苏联和中国相提并论,也不能与巴基斯坦画等号,强调:"由于历史的其他的许多因素,印度不可避免地要在亚洲发挥非常重要的作用……不仅如此,印度还是各种倾向和力量的交汇点,也不妨称其为东、西方之间的交汇点。"在尼赫鲁的整个政治生涯中,一直致力于创造机会让印度在世界舞台上一展风采。尼赫鲁试图借助印度在文化和道义上的优势,通过发挥软实

---

① 杜幼康、葛静静:《试论冷战后印度的国际秩序观》,《南亚研究季刊》2013 年第 4 期。
② [印]贾瓦哈拉尔·尼赫鲁著:《印度的发现》,齐文译,世界知识出版社 1958 年版,第 57 页。

力的作用,促进印度复兴成为世界大国。尼赫鲁的"大国思想"一直作为印度外交战略的重要指导发挥了重要作用。尽管冷战后的印度在很大程度上摆脱了当年尼赫鲁外交思想的束缚,但其追求大国地位与身份的精髓却是一脉相承的。

作为在世界范围内维护印度国家安全利益的一项国家战略,"不结盟"经历了20世纪50年代的所谓"消极的不结盟"和60—90年代的"积极的不结盟"两个阶段。自1962年中印边境战争印度失败后,印度调整了军事战略方针,开始奉行"积极的不结盟"政策,并逐步走上依靠大国扩军备战的道路。

尼赫鲁为印度制定的外交政策可以概括为:主宰南亚次大陆;确立在亚洲的中心地位;争做世界大国。[①]

以尼赫鲁为首的印度国大党政府在两极格局对立中采取了中立的立场,即不依附于任何大国,不参与任何军事集团,在两个超级大国间推行平衡外交,以保留自己的战略主动权;同时主张与摆脱殖民压迫的亚洲新兴国家和睦团结,以共同抗衡大国特别是西方大国的强权势力。

"中立、不结盟、亚非团结和世界和平"成为尼赫鲁时期最主要的三大外交政策。在这种外交政策的指导下,1947年印度倡导召开了亚洲关系会议;1955年与印度尼西亚共同召开了亚非会议。1954年印度与中国共同倡导了"和平共处五项原则"。印度以"不结盟领袖"和"第三世界代言人"的身份周旋于国际舞台,在全球推行灵活而有效的不结盟外交政策。获得了第三世界国家的普遍响应和支持,印度也因此获得了较高的国际声誉;不结盟政策维护了印度的独立地位,并从世界各国特别是美、俄和西欧各大国得到了较多的经济、技术和军事援助。

尼赫鲁为印度政治家们留下了"大国观"和独立自主思想两个宝

[①] 胡志勇:《印度对外战略观论析》,《南亚研究季刊》2014年第2期。

贵遗产,尽管印度对外战略观不断演变,但尼赫鲁的"大国观"与独立自主思想始终成了印度制定对外战略的基本原则。

印度的政治大国目标经历了漫长的历史进程。尼赫鲁时期的外交战略是借助于独立于美苏阵营的不结盟外交来寻求政治大国地位;但是,自身国力的贫弱为印度的"大国目标"蒙上了浓重的理想主义色彩。后尼赫鲁时期的外交战略抛弃了不切实际的不结盟外交,转而依靠军事实力以谋取地区强国地位。然而,这一战略导致地区局势紧张,严重制约了印度走向世界政治大国的进程。

二、英迪拉·甘地的外交思想

尼赫鲁以后的多届政府更加强调实力和武力的作用,更加强调以现实主义的对外政策去实现国家利益。

英迪拉·甘地执政时期,继续奉行"不结盟"政策。但是在这个时期,"不结盟"政策已悄然改变为以结交苏联为代表的社会主义阵营的国家,而与美国等西方国家的关系则处于相对冷淡的态势。其突出表现为1970年6月印度与苏联签订具有军事同盟性质的《印苏和平友好条约》(简称《印苏条约》),苏、印两国在战略上的同盟关系由此结成,而印、美关系却由此明显疏远。在南亚地缘战略基本格局中基本上形成了以巴基斯坦、美国为一方,以印度、苏联为另一方的"双打对抗"局面。英迪拉·甘地执政时期的印度外交政策明显带有抵触西方甚至是反西方的色彩。

英迪拉·甘地政府的外交决策机制和模式分别是基于总理的"三级"决策机制和基于总理的威权决策模式。其原因主要在于英迪拉·甘地独特的个性特征和国大党一党独大局面的出现,这种外交决策机制和模式的作用在《印苏条约》的缔结和"孟加拉危机"的处置和应对中得到了很好的证明和展示。

1971年印巴战争后,印度确立了地区外交政策的四大目标:

第一,强调国家安全的重要性,印度将国家安全置于国家战略的首位。

第二,加强军事力量建设,并强化了与苏联的军事合作力度。

第三,坚持双边主义原则,即在处理与南亚其他国家关系时,强调仅限于当事国双方,避免有争议问题的国际化,减少第三国的干涉和插足。

第四,抑制南亚地区的不稳定状况。

20世纪80年代英迪拉·甘地提出了被称为"印度主义"的"英迪拉主义"。其实质是反对南亚大陆均势,谋求南亚次大陆领导权;[1]强调印度不会干涉南亚地区任何国家的内部事务,但也不容忍外来大国有这种干涉行为;如果需要外部援助来应对内部危机,应首先从本地区内寻求援助。

在英迪拉·甘地执政15年中,其对印度对外战略观最大贡献就是成功地将尼赫鲁时期的理想主义转型为现实主义,并成功地树立了印度自由运用武力的强国形象。

其子拉吉夫·甘地执政时期,印度对外战略概括起来就是:立足南亚,面向印度洋,面向未来,争取在21世纪成为世界性军事强国。在其执政期间,印度直接出兵斯里兰卡和马尔代夫。印度强烈反对地区外国家对任何南亚国家内部事务的干涉,追求其在南亚政治舞台上的支配地位和合法性,极力维护其在南亚的地缘政治优势。

三、古杰拉尔的外交思想

20世纪90年代国大党执政时期,印度的对外政策理念已开始转变,以一个世界大国和亚洲主要角色的身份来推行其外交,而不仅仅是一个地区性的南亚国家。拉奥政府主动改善了与南亚邻国的关

---

[1] 崔晓丹:《浅析"印度主义"外交的思想渊源》,《山东青年》2011年第10期。

系,将改善和稳定与邻国的关系作为印度外交政策的重要支柱,积极推动南亚经济一体化进程,在确保主导地位的同时获得邻国的认可与尊重。

20世纪90年代,印度积极推行"古杰拉尔主义"。1991年9月,在"外交政策决议"制定中提出了面向东方的新亚洲外交的重要性,其战略目的是摆脱印度在冷战时期自我设定的界限,重新确立独立外交政策框架,寻求新的目标。

1992年,印度政府提出了"东望政策"。从此,印度与东盟国家的关系一直呈现日渐密切的趋势。当年,印度被接受为东盟部分对话伙伴。1995年,东盟在泰国首都曼谷举行第5次首脑会议,印度被接受为正式对话伙伴,1996年印度成为东盟地区论坛成员。印度对东盟的兴趣日益加大,其"东望政策"已经明确地转型为"东向政策"。印度的"东向政策"表明印度希望在亚太地区建立一个与东盟有伙伴关系的多边安全秩序。在第二阶段中印度与东盟的安全对话与合作将涉及防止地区冲突、建立危机处理机制和建立互信等领域。

1996年,古杰拉尔为了缓和与南亚邻国的关系,调整了本国的南亚邻国政策,采取积极的措施,处理与南亚邻国的关系。印度南亚政策的调整所追求的是印度的长期战略利益,该政策的目的在于打破印度与南亚邻国关系的僵局,努力改善其周边环境,对南亚邻国给予力所能及的帮助但不寻求对方相应的回报,以改善印度在南亚邻国中的不利局面,借此提高印度在国际事务中的地位和影响力,进而实现印度的大国战略。在印度的大力支持下,南亚区域合作联盟采取了重大步骤,以加速区域内经济合作的步伐。2002年7月初,印度政府内阁经过改组后,其外交工作的重点也一度从美国向南亚邻国倾斜,由原财政部长改任外交部长的辛哈上任后即表示要推进与邻国积极接触的政策,在其上任不到3个月的时间内,辛哈先后出访了马尔代夫、斯里兰卡、不丹、阿富汗、孟加拉国、尼泊尔,印度政府对南亚区域合作也持积极的态度,主张迅速建立南亚自由贸易区和南亚共同关税区,把南亚区域合作联盟建成集经济与战略于一体的区域组织。

在古杰拉尔执政时期,印度积极实行了睦邻友好政策,积极发展与邻国的友好关系,为全面促进经济发展积极营造了一个安全和平的战略环境。

四、瓦杰帕伊的外交思想

人民党政府在随后执政的 6 年期间,更加果断和大胆地推进外交政策转变的进程,摒弃尼赫鲁时代理想主义和道义色彩浓厚的外交,将本国威望与利益至上的原则渗透到印度的外交决策进程中,基本上奠定了今后印度对外政策的基本理念和框架。

1998 年 3 月,瓦杰帕伊领导的印度人民党上台执政后展开了印度对外战略的修正与调整。具体内容主要有以下几个方面:

第一,强调印度发展对外关系时维护国家利益,把谋取国家的实际利益放在首位,全面改善和加强了与美国等西方国家的关系,推行大国平衡外交,改变了过去印度"一边倒"对外战略。2000 年 3 月,美国总统克林顿访问印度,这是美国总统时隔 22 年后首次访印。至此,美印双边对话机制建设迅速发展;[1]9 月,瓦杰帕伊成功地回访了美国,双方签署了《印美关系:21 世纪展望》等文件,扫清了印度与美国建立新型大国关系的障碍,直接推动了印美关系的恢复与发展。

第二,改变了对外关系的定位,印度不再以第三世界和不结盟国家代言人自居,并放弃了以往一些立场原则,以获取更多的政治、经济利益。

第三,加快了"东向政策"步伐,将与东盟国家的合作摆到非常突出的位置。双方关系步入法制化、机制化轨道。瓦杰帕伊政府特别

---

[1] 吴兆礼著:《印美全球伙伴关系研究》,时事出版社 2015 年版,第 36 页。

突出与东盟核心成员国的关系,双方高层互访明显增强,军事方面的合作令人瞩目,贸易领域拓展。争取东南亚国家支持印度成为联合国安理会常任理事国成为印度对东盟政策的一个重要目标,扩大印度在国际社会中的安全、发展和战略空间。

第四,积极改善对华关系及印度与伊斯兰世界的关系,为印度经济发展获得了更多的资源和投资。

第五,实行积极而强硬的印度核政策,公开走上核武器化道路。

五、曼莫汉·辛格的外交思想

2004年上台的国大党政府基本延续了其前任的对外政策,继续推行全方位的大国外交战略,积极参与并全面拓展了大国外交,在避免卷入大国或大国集团之间对抗的同时,利用大国之间的矛盾在国际上营造一种有利于自身崛起的战略环境。

在经济上,强调印度外交政策与国内政策特别是经济政策之间的整体联系,把外交与经济发展密切相连,[①]在东南亚启动了"湄公河—印度走廊"建设项目。与日本合作共同开发"德里—孟买工业走廊"。

在安全上,首次参加了美国主导的"环太平洋2012"军演;与俄罗斯合作加快航母发展步伐;与日本正式建立了外交和防务部门副部长级"2+2"对话机制等。

曾连任两届的曼莫汉·辛格政府非常重视发展经济层面的外交与接触,经济目标成为决定曼莫汉·辛格时期外交政策的重要内容,[②]把发展对美和对华关系作为印度对外战略的重点,加强了与中

[①] Avtar Singh Bhasin ed., *India's Foreign Reviews-2009 Documents*, New Delhi: Geetika Publishers, 2010, p.LXXIV.
[②] Manmohan Singh, PM's Statement at the 7th India-ASEAN Summit, *The Hindustan Times*, 25 October, 2009

国和美国的紧密联系。

2014年5月,纳伦德拉·莫迪当选为新一届印度总理。莫迪领导的印度新政府展现了新的外交思路。莫迪的新政策现实主义色彩很浓。其主导思想是重振印度的经济。为了促进经济复苏,新政府奉行与包括中国和日本在内的邻国进行更为积极的"接触"的政策。实行积极务实合作的外交政策,以创造有利于经济发展的环境。莫迪就任后首访了印度次大陆上面积虽小但却重要的国家:不丹和尼泊尔——两个印度北边喜马拉雅山旁的国家。而且,莫迪选择了日本作为其印度次大陆之外的首访目的地,以加强印、日之间的经济合作。莫迪新政府"高度重视印中关系",9月份,中国国家主席首次访问了印度。2014年9月27日,印度总理莫迪在纽约联合国大会发表演讲,指出:中印关系无疑也是印度新政府对外政策的重中之重,本次习近平主席访印期间与莫迪进行了多次会谈,双方也并未回避边界冲突问题,而是在坦诚和友好的氛围中进行了磋商,在边境问题的大方向上基本达成一致,即保证边界的和平与安定,和平解决边境问题。随着双方在经济合作上的进一步加深,中、印两国关系的走向仍将是向着好的方面前行。① 9月下旬,莫迪首次出访了美国。莫迪在纽约联合国大会发表了演讲,②表示他领导的印度新政府重视周边外交政策,印度发展需要的是和平稳定的边界环境。

而且,莫迪积极推行"经济外交"政策,③并逐步形成了独具魅力的特色。

在尼赫鲁去世以后的年代里,依靠军事实力实现大国地位的观念已经成了印度对外战略的主流思想。无论是国大党执政还是人民党执政,都重视经营与周边国家的关系。印度将中亚、东南亚、西亚

---

① 何星宇:《印度总理莫迪在联大发表讲话　为印度入常打伏笔》,国际在线 2014 年 9 月 28 日。
② 同上。
③ 袁晓姣:《浅析莫迪"经济外交"的特点》,《商情》2015 年第 4 期。

和海湾国家视为"延伸的邻国",积极推行了"东向政策",加强了与东南亚、东亚地区国家的经济合作,并建立了制度上和政治上的联系。扩大了能源进口渠道,拓展了商品销售市场,提高了印度在东南亚乃至东亚地区事务中的发言权,在一定程度上扩展了印度的国际影响力。

第三节 印度崛起进程中对外战略观的政策特征

冷战后,随着综合国力不断增强,印度加快了推进大国外交战略的步伐。印度强调外交为本国的经济服务,在保持与俄罗斯及其他独联体国家关系的同时,积极发展了与美、日、欧等发达国家的关系,特别是经贸科技合作,以吸收资金和技术,并积极发展了与东盟及亚太地区其他国家的关系。以联合国外交为重点,与有着共同目标的德国、日本和巴西等积极发展友好合作关系。

印度的对外战略发生了根本性的变革,这既是国际政治、经济环境变化的结果,也反映印度对国家目标、发展重心和思维模式的重新设定。目前来看,印度的对外新战略取得的效果较好。[1] 但是,随着印度作为发展中大国的崛起,其在世界上的影响力逐渐增强,印度的对外新战略需要接受的挑战不可避免。

印度战略文化在其独特的地理位置、历史、战略传统与政治理念等变量作用下形成并不断发展,继而影响着国家安全战略的制定。[2] 印度因其理想主义的文化理念所产生的外交政策在冷战结束后的国际实用政治面前屡屡受挫。

---

[1] 马跃、王庆强:《印度对外战略的变化及原因探析》,《经济研究导刊》2011 年第 35 期。
[2] Indrani Bagchi, From Moral to Real: India on a Self-building Path, *The Times of India*, 25 January, 2010.

一、印度对外战略观的主要内容

冷战后,印度对外战略调整的具体内容,主要包括:新不结盟和争当联合国安理会常任理事国战略;大国均衡对外战略;"东向"对外战略;经济对外战略;睦邻对外战略;核威慑军事对外战略;等等。概括起来主要体现在以下几个方面:

(一) 在政治领域积极推行"大国平衡"战略

在政治上,印度推行务实的"大国平衡"战略,实行实用主义外交,利用大国间的矛盾,左右逢源,以获取最大利益。

印度积极缓和与美国紧张的政治关系,努力修复与俄罗斯一度冷淡的政治关系,重点改善并发展了与中国的政治关系,主动加强了与日本的关系,积极发展与欧盟国家的关系,而争当联合国安理会常任理事国成为目前印度对外战略调整的中心内容。

冷战结束以来,印度对外战略围绕以下三个战略目标而展开:

第一,以南亚次大陆为印度的基本面,积极调整与南亚邻国的关系,努力经营和维护好该地区,确保印度在南亚地区的领导地位。在最广泛的范围之内,加强本地区的和平与稳定,增进与扩大与邻国的关系,增进彼此的相互信赖和互利合作;

第二,以东盟为突破口,走出南亚,积极发展与东盟国家的关系,走向亚太,由亚太走向世界。在新的对话机制和合作框架的基础上,加强与世界大国的联系,推动印度在国际舞台上为和平、稳定、安全、平衡而发挥的作用;

第三,积极与多边组织和国际机构加强合作,形成全方位的外交格局;

印度积极利用国际场合,主动发展与多边组织和国际机构的合作,印度积极参与地区和多边政治、经济和安全互动机制,重视拓展在中亚和亚太区域的外交与安全空间;积极寻求建立一个更务实、更灵活、更具针对性和更依赖实力的对外政策框架,并使其与转型中的国际秩序的联系日趋紧密;通过多边外交活动,进一步提高印度的国际地位和话语权。

在人权问题上,印度主张推进人权应考虑各国的具体情况,强调发展权优于民主和人权,反对将人权问题政治化,反对利用人权干涉他国内政。

(二) 积极开展务实经济外交

在经济上,积极开展经济外交,加强与各国的经济贸易关系,促进印度的外贸和吸引外资。

首先体现在对外贸易政策上,从独立至20世纪70年代末,印度实行了"进口替代型"政策,这种内向型经济发展战略旨在保护国内市场,几乎与外界没有什么联系;80年代,印度开始实行"进口替代"与"出口促进"并重的贸易政策,开始积极与外部世界进行经济联系;而从90年代开始,特别是在印度加入WTO之后,印度开始积极推行了"出口导向型"的对外贸易政策。

在吸引外资方面,由于民族、教派矛盾、议会反对党力量强大及民间组织影响等严重制约了印度政府利用外资的政策。[①] 20世纪90年代,印度还实行了严格限制外资进入的政策。进入21世纪以来,印度政府逐步放宽了外商投资的范围,并采取了一系列优惠措施,在全国范围内设立了近20个经济特区,以吸引外资。

在科技领域,印度制定出科技规划和相应政策,注重发展与其他国家的科技交流与合作。印度重视全球环境保护问题,认为环境问题正成为国际上最令人关注的问题,解决这一问题应与发展中国家

---

① MarcLombard, Annick Lombard, A ComparativeAnalysis of the Effects of Foreign DirectInvestment on China's and India's Economic Development in Recent Years, *The Economic Society of Australia*, Vol.30, No.4, December, 2011, pp.522 - 529.

的发展要求相联系,环保的主要责任应由发达国家承担,建议发达国家和发展中国家联合从事研究和开发来解决环境问题。

二、印度对外战略观的原则与具体目标

总体而言,现实主义、实用主义和理想主义构成了印度外交的基本原则,[①]印度的外交政策原则可概括为:确信应该同世界上所有的国家建立友好关系,通过和平手段解决彼此的冲突,所有的国家主权平等,思想和行动都应该用公正与独立自主的方式来处理国际关系。

印度对外战略的基本方针是:在保持与俄罗斯的传统关系的同时亲近美国,稳定与欧盟国家的关系,发展与中国的友好合作,改善与巴基斯坦的关系,巩固发展南亚区域合作联盟,与东南亚国家建立友好合作关系,从而由亚太走向世界。

印度在继续保持以往追求独立外交政策这一传统的同时,充分发挥印度的地缘战略优势,以军事实力为后盾、以经济外交为重点的全方位外交,积极寻求在世界关系中促进多极化的实现。印度外交政策的指导原则建立在务实精神的基础上,以国家利益为中心;印度的战略目标是在国际舞台上发挥"一流角色"的作用,"确保印度拥有一个和平与支持性的国际环境,一个能够对发展目标作出贡献的环境";[②]印度外交政策的宗旨是与世界各国建立广泛的、富有成果的、有意义的、互惠互利的关系。

在全球化趋势不断发展的潮流中,印度面临着新的挑战和机遇。

简而言之,近年来印度推行的全方位的务实外交使印度摆脱了自1998年进行核试验以来在国际社会的孤立状态,并为印度赢得了更多的国际话语权。

---

① 胡志勇:《印度对外战略观论析》,《南亚研究季刊》2014年第2期。
② 马加力著:《崛起中的巨象——关注印度》,山东大学出版社2010年版,第111页。

第四节　印度崛起进程中对外战略观的本质

冷战时期,印度因其在不结盟运动中的主导作用,国际地位颇受关注。通过三次印巴战争,印度基本上保持了在南亚地区的主导地位。冷战结束以来,印度实行了全方位对外战略,推行政治与经济并重的外交模式,积极参与国际事务,不断提高印度在地区及国际事务中的影响力。

一、印度对外战略观的本质

冷战结束以来,文化因素在国际关系及国家外交政策研究领域日益彰显,当代文化民族主义作为文化因素已成为影响国家外交的重要组成部分之一,其作用的发挥也在与日俱增。

印度文化民族主义经过历史的洗礼与演变,是在民族主义发展的基础上演变而来的,以"宗教性、民族性、两面性和排斥性"为主要特征,并通过世俗和宗教两种形式表现出来。其具体表现为国大党的世俗民族主义文化和印度人民党的宗教民族主义文化两种形式,[①]在不同时期不同程度上影响和决定了冷战以来印度外交的走向。

由于印度文化民族主义由来已久,当代印度文化民族主义是印度传统文化的传承与复兴,对印度对外战略的制定与调整产生了直接的影响。

实际上,印度外交战略思路长期受其传统的政治文化影响,特别是印度的文化民族主义对印度对外战略的决策者在制定国家对外政

[①] 宋静:《评析民族主义文化对当代印度外交的影响》,《天津行政学院学报》2012年第1期。

策时产生了深刻的影响。其长期形成的价值观与思维模式在对外思想基础、地区与全球战略等方面直接影响了国家对外战略的制定与调整,从而在一定程度上维护了国家的主权。这种影响是两方面的:其积极影响主要体现在文化民族主义的宽容性与非暴力性,提倡"和平中立",促进了印度有效开拓了对外关系的空间,有利于印度在国际社会中树立良好的国际形象;其消极的一面,[1]长期形成的民族狂热性与狭隘性的特征时常降低和重创印度在国际与地区事务中的形象与权威。"自负、狭隘与利己"的民族中心主义文化和"狂热、强硬不妥协"的宗教民族主义文化给正常的国家关系发展又蒙上了阴影。

冷战后印度调整对外战略的原因,主要在于印度国际战略地位转变、国内政治格局转变及国家战略发展重点转变等,[2]体现出印度从自身战略需要出发对各时期国际战略格局权衡利弊后的选择。

印度在冷战后时期外交战略体现了两大特征:一是重新定位与主要大国和重要邻国的关系;二是以实力谋求自身的大国地位。这两大特征相辅相成。[3] 前者主要表现在印度高度重视与美国、中国、俄罗斯、巴基斯坦的关系,强调与大国与印度洋、中亚、亚太、海湾等区域国家的战略互动;后者则集中体现为通过深化改革和经济可持续发展增强自身国力、争取安理会常任理事国、发展战略核威慑能力、致力军事现代化,并在涉及国家利益的诸多问题上表现出务实、灵活而不失强硬的风格。

从根本上讲,冷战结束后印度外交战略调整反映了印度的现实处境和国家利益,也受到其独特的战略文化及冷战时代经验的影响,其目的是在新的战略格局中最大限度地扩大自身利益空间,获取外

---

[1] 宋静:《评析民族主义文化对当代印度外交的影响》,《天津行政学院学报》2012年第1期。
[2] 肖鹏:《战略文化视野下的印度大国平衡战略》,《当代世界》2009年第12期。
[3] Harish Kapur, *Foreign Policies of India's Prime Ministers*, New Delhi: Lancer International, 2009, p.386.

交与安全的战略主动性,并崛起成为世界大国。通过"大国平衡"外交战略,印度与各大国保持了接触但不建立联盟的关系,在各大国之间左右逢源,从而有力地维护了本国的战略利益,也符合印度目前的国家利益和战略预期及其对自身国家身份的定位。

在印度独立后的半个多世纪中,其对外战略思想经历了重大的变化。尼赫鲁政府时期的对外政策更加注重道义与政治力量,对外战略表现为在追求国家利益过程中理想主义色彩较多,而尼赫鲁以后的多届政府则更加强调实力和武力的作用,更加强调以现实主义的外交战略去实现国家利益。

印度外交战略思想经历了从"不结盟""大国目标"到"实力对实力"的发展历程。长期以来,印度外交战略思想一直以"不结盟"和"争当世界一流大国"为基础,其中"不结盟"思想构成了尼赫鲁时期最重要的对外战略思想。尼赫鲁时期与中国共同倡导了"和平共处五项原则",普遍获得了第三世界国家的响应与支持,印度也因此获得了较高的国际声誉,从而为以后"印度领导不结盟运动的全球战略奠定了基础"。

印度在中印边境战争中遭到"耻辱的失败"之后,圣雄甘地和尼赫鲁思想的权威与影响迅速低落,在一定程度上促成了印度外交战略思想的转变,"实力对实力""实力至上"思想成为印度外交战略中一种普遍性的主流思想。

印度对外战略观的本质就是混合性与不均衡性并存。具体而言:

冷战后印度对外战略的目标是"确保印度拥有一个和平与支持性的国际环境,一个能够对发展目标做出贡献的环境"。印度的对外战略紧紧围绕"为我所用"而展开,极大地改善了印度与世界上其他国家的关系,同时也较冷战时期更注意改善与邻国的关系。印度对外战略观的宗旨是:"与世界各国建立广泛的、富有成果的、有意义的、互惠互利的关系"。印度外交政策的调整,既提高了自己在国际上的地位与影响,又为印度的崛起营造了友好、合作的外部环境。但是,印度对外战略观在本质上呈现出一种被动的态势。因为,印度军队很少会对战略环境主动进行研究或采取行动,也没有进行过长远的战略规划,使得印度外交政策的实施显得不太切合实际,这已成为印度对外战略必须面临的长期挑战。

二、印度对外战略观的思想基础

作为一个具有悠久历史的文明古国,印度外交思想来源于印度传统政治文化。印度政治文化不仅囊括具有现实主义取向的"考底利耶主义"与激进的"斯瓦拉吉"思想,也包含具有崇高道义法则的"法胜"思想与"非暴力"思想。[1] 印度这种二元性政治文化特征深刻影响了印度外交进程,使之形成了独具特色的外交思想。

印度是世界上最富于宗教传统的国家之一,印度教最终成了印度的主体宗教,成为印度文化的基础与核心。这些浸润着宿命论和精神修炼的宗教文化,在一定程度上造就了印度人保守内向、遵从传统和安于现状的心理特征。这种心理也是印度社会变革较为缓慢的原因之一。[2] 长期以来,印度独有的社会与思想文化传统一直潜移默化地影响着印度人的人生观、价值观、道德观、世界观,并直接影响到了印度对外战略的制定与转型。

同时,在长期的民族独立运动中也培育了印度政治精英的大国思想。而印度以非暴力不合作的方式反抗英国的殖民统治并最终获得了独立,道义和非暴力的精神影响了一代又一代印度的政治家,他们相信道义与非暴力力量也会在国际关系中发挥作用。

均势理论是印度"大国平衡"战略的理论渊源。自独立以来,印

---

[1] 肖军:《论政治文化传统与印度外交思想的二元性》,《南亚研究》2012年第3期。
[2] 肖鹏:《战略文化视野下的印度大国平衡战略》,《当代世界》2009年第12期。

度外交战略的总体走势表现出了明显的"大国平衡"战略特征,印度以"大国外交"为基础,积极在各大国之间寻求某种战略平衡以确保其国家利益最大化。印度"大国平衡"战略的政策表现就是推行"不结盟"政策,使印度既避免了受集团政治的约束,又能维护自身在对外关系中的独立自主性,获得了更多的回旋余地。印度外交上的"不结盟"政策为印度谋求在发展中国家中的领导地位,[①]争取在地区和国际安全事务中拥有更大的发言权等方面功不可没。

"大国平衡"战略成为印度外交战略的精髓和外交实践的主轴。作为地区性大国,印度"大国平衡"战略使其保证了国家外交战略的独立性与大国的尊严。"大国平衡"外交战略是印度对当代国际关系现实因素与国际环境所作出的理性选择,也是其独特的国内政治历史传统的自然延续。印度国内政治生态中的"平衡术"与"平衡"传统长期影响,并渗透到了印度的外交领域,从而构成了印度"大国平衡"战略的国内政治基础。印度的"大国外交"和"平衡外交"战略相辅相成,互为促进。"大国外交"思想成为冷战结束以来印度追求的战略目标,"大国外交"是"平衡外交"的前提和支点;"平衡外交"是实现"大国外交"的基础和手段,两者浑然一体,共同构成了印度外交战略的基础。

印度在实行全方位大国平衡外交的同时,仍然坚持"实力对实力"的外交政策,其中最典型的是其核构想计划与远程导弹的推出,表明印度想借军事实力实现梦寐以求的大国理想。

三、印度对外战略观的战略定位

印度对外战略观的定位可以从地区与全球两个层次展开:

[①] Harish Kapur, *Foreign Policies of India's Prime Ministers*, New Delhi: Lancer International, 2009, p.386.

在地区层面上：首先在南亚地区，印度一直努力维护其南亚地区领导者地位，印度积极发展与其邻国的伙伴关系，支持和参加南亚区域合作联盟的活动，并积极发起和参加孟印缅斯泰经济合作共同体等次地区性合作组织的活动，试图在地区组织中扮演主要角色，发挥主导作用。在东南亚地区，印度加入了东盟地区论坛，积极参加活动，在东亚领导人峰会上，印度发挥了建设性作用。在全球层面上，印度提出了一个著名的口号"印度无处不在"。冷战结束以来，印度积极参加各种国际外交活动，并成为诸多多边外交的重要参与者。在争取成为联合国安理会常任理事国而展开的外交活动中，印度与德国、日本、巴西一道组成了"四国集团"备受世界关注，印度要求"入常"的愿望得到了安理会5个常任理事国的理解和不同程度的支持。在世界贸易组织活动中，印度多次与中国、南非和巴西等新兴发展中国家一起，积极呼吁和宣传发展中国家的利益，为促进"多哈发展议程"做出了积极贡献。在20国集团中，印度也发挥了重要作用。

实际上，冷战结束以来，印度历届政府都把追求实力外交作为其对外战略的重中之重，从拉奥政府到瓦杰帕伊政府再到辛格政府无不积极从道义上的大国形象调整为以"实力至上"的现实主义战略，积极追求"实力大国"形象。而且，冷战结束以来，印度政治家们都主动从倡导并组织第三世界国家进行"不结盟"运动转型为向西方国家结盟的战略，利用国际新秩序尚未成型之机，利用西方国家之间的矛盾，左右逢源，不断提高本国在地区和国际事务中的形象，谋求在国际政治舞台上更多的发言权。

四、印度对外战略的决策机制

冷战后，为适应不断变化的世界格局，"防止任何对印度统一与领土完整的威胁，通过在本地区建立持久稳定与和平的环境来确保地缘政治的安全，通过促进健康的对外经济环境来确保以经济发展为中心,目的是争取印度在世界上的'大国地位'",成了印度对外战略调整与发展的思路。为此,印度政府于1998年11月专门成立了国家安全委员会,由政府总理担任主席,其核心成员包括国防部长、外交部长、财政部长、内政部长和计划委员会副主席,总理首席秘书担任该委员会顾问,下设秘书处、战略决策小组和国家安全顾问委员会。秘书处核心成员来自联合情报委员会,主要处理日常的情报收集、分析等工作。战略决策小组主要成员有内阁秘书、三军总参谋长、外交秘书、内政秘书、国防秘书、国防生产秘书、财政秘书、国家税收秘书、国家储备银行行长、国家情报局局长及联合情报委员会主席等,评议印度国防战略成为其主要任务;而国家安全顾问委员会主要成员为已退休和退役的政府与军队高级官员。这一决策机制的建立使印度有关国家安全的重大问题与事件的决策,完全摆脱了个人的意志及行为的影响与左右,走上了调研、探讨、决策和全面整体长期规划的道路。

在决策进程中,中央行政内阁与社会政治力量决定了印度对外战略。[①] 中央行政内阁主要包括总理、外交部长、政治事务委员会、情报部门与国防机构,社会政治力量主要由民众、国会、在野党、媒体、思想库与学者组成。在制定对外战略时,国内政治力量对国际环境的认知成为最重要的影响因素之一,而对国家利益目标的共同追求是"两股政治力量"的共同目标。但在整个决策过程中,中央行政内阁始终是主导性因素,而社会政治力量一般处于被动地位。这两股政治力量互相制约、互相支持、互相借重、"螺旋上升",最终促成了印度国家的对外战略。

五、印度智库发展概略

印度智库经过60多年的发展,逐渐涵盖印度社会、政治、经济、

---

① 宋海啸:《印度对外政策决策模式研究》,《南亚研究》2011年第2期。

文化、外交、科技、国防安全等领域。① 根据宾夕法尼亚大学"智库与公民社会项目组"综合分析,印度目前大约有 442 家智库机构,排在世界前 5 之列。

印度智库按研究主题可分为国防安全、国家安全、经济、政治、国际关系、信息化、能源、公民社会、社会科学、企业研究等。

印度既有政府主办的智库,也有许多独立型的智库,还有高校型智库(如尼赫鲁大学的印度国际关系学院、社会科学学院社会体系研究中心等),主要侧重于政治(西藏问题)、经济、文化等研究。中国研究所由印度德里大学和尼赫鲁大学共同组建。另外,在印度大企业中也设立若干智库。

印度著名的国际关系研究所和思想库主要有:②

(1) 尼赫鲁大学国际问题研究学院(School of International Studies, Jawaharlal Nehru University);

(2) 德里大学(University of Delhi);

(3) 萨亚基劳王公大学(巴洛达)(The Maharaja Sayajirao University of Baroda);

(4) 发展中国家研究中心(Centre for Study of Developing Societies);

(5) 塔拉社会科学研究院(Tara Institute of Social Sciences, Mumbai);

(6) 尼赫鲁博物馆和图书馆(Nehru Museum and Library);

(7) 尼赫鲁高等研究院(Jawaharlal Nehru Institute of Advanced Studies, NewDelhi);

(8) 印度国防研究与分析研究所(Institute for Defence Studies and Analyses, IDSA);

(9) 印度和平与冲突研究所(Institute of Peace and Conflict

---

① 李国强:《印度智库发展状况概略》,《经济要参》2014 年第 4 期。
② [印] 高兴:《印度国际关系研究现状:理论发展与特点》,《世界经济与政治》2009 年第 3 期。

Studies，IPCS）；

（10）印度社会科学研究委员会（Indian Council of Social Sciences Research）；

（11）印度政策研究所（Centre for Policy Research，CPR）；

（12）印度中国学研究所（Institute of Chinese Studies，ICS）；

（13）印度三军研究所（United Service Institution of India，USI）；

（14）德里政策研究所（Delhi Policy Group，DPG）；

（15）印度空中力量研究所（The Centre for Air Power Studies，CAPS）；

（16）印度战略与国际问题研究中心（The Centre for Strategic and International Studies，CSIS）；

（17）印度观察家研究基金会（The Observer Research Foundation，NewDelhi）；

（18）印度世界事务委员会（Indian Council of World Affairs，ICWA）；

（19）印度国家海洋基金会（National Maritime Foundation，NMF）等。

印度智库具有规模较小、本土化、非政党化等主要特点，大多注重发展问题和南亚、中国问题的研究。印度智库对中国研究，尤其是以中印关系中的边界问题和西藏因素为主，近年来，随着中、印两国交流加深，印度对中国的研究逐渐多元化，涉及经济、产业、资源、环保等诸多领域。

第五节 本章小结

全球化的不断发展在推动印度进一步融入世界的同时，也给印度的发展带来了较多的消极影响。印度不得不审时度势，积极调整本国的发展战略,特别是积极主动地调整、完善本国的对外战略,以适应全球化的需要。

苏联的"不战而溃",宣告了冷战的终结。国际局势发生了深刻变化,世界政治格局呈现出了多极化的趋势,为印度调整对外战略提供了最佳机遇,大国关系的不断调整促使印度可以充分利用本国有利条件,与世界有影响力的大国形成新型双边关系;全球经济全球化的不断深入,又为印度融入国际社会创造了难得的历史机遇,这些因素的变化直接推动了印度不断对其对外战略进行了较为深刻而全面的调整。印度不得不认真思考国际格局变革给本国带来的影响,重新调整本国的对外战略,利用大国间的矛盾,左右逢源,以最大程度地发展自己。冷战结束以来,印度凭借其经济的快速发展与灵活的外交战略,越来越受到国际社会的关注。

一、印度对外战略评估

冷战后印度对外战略观的最大变化是从抵触西方到接近西方。在冷战时期,印度奉行的是"不结盟"外交政策,与美国等西方国家的关系基本处于相互疏远的状态。而冷战结束后,印度不得不重新认识美国,开始重新确定与世界上唯一超级大国的关系。从理想主义到实用主义的转变是冷战后印度对外战略观的另一个重要变化。印度外交政策的指导原则建立在务实精神的基础上,以国家利益为中心;印度的战略目标是在国际舞台上发挥"一流角色"的作用。在全球化趋势不断发展的潮流中,印度面临着新的挑战与机遇。

在实行全方位外交的同时,印度的外交侧重点从政治外交为主转向以经济为主,以建立有利于经济发展的外部环境,使本国经济融入世界经济发展之中。积极与亚洲国家交往成为印度对外战略政策的核心所在。①

冷战结束以来,印度政府通过不断调整本国的对外政策,与世界各国进一步发展了彼此的友好关系,为印度国内的经济改革与经济发展创造了有利的国际环境,也为印度经济的进一步发展带来了丰厚的资金与资源支持。而且,印度实行务实的全方位外交政策,在对外关系中,印度更加注重追求国家利益与增强自身的实力,从而获得了最大程度的战略利益与经济利益,为全面促进本国的社会、经济发展积极营造一个持久和平与稳定的地区环境。近年来,印度积极开展柔性外交,实施不对称但有利于本国发展的"大国平衡"外交战略,进一步提高了印度的安全战略环境。印度对外政策紧紧围绕"为我所用"而展开,全方位地开展了积极有效的外交活动,极大地改善了印度与世界上其他国家的关系,提高了印度在国际社会中的地位与影响力,为印度复兴提供了外部保障,同时也提高了印度在国际事务中的话语权。

"大国情怀"是印度对外战略观的思想根源。② 长期以来,成为"世界一流大国"是其孜孜追求的目标,在外交上努力利用国际关系中的一切有利因素,展开全方位外交,为印度的发展争取到了一个良好的国际环境。

2014年莫迪上台以来,印度周边外交战略与政策呈现出了4个方面比较突出的变化,③即周边外交的战略地位得到提升、周边外交战略布局得以调整;实施周边外交手段实现多样化;周边外交的目标得以升级,处理与周边国家关系的理念得到了若干更新;强调战略实施能力的提升。印度新周边外交战略实施已取得了一定的成效,但与此同时也面临诸多困境。

---

① 吴兆礼著:《印美全球伙伴关系研究》,时事出版社2015年1月版,第312页。
② 刘顺余:《印度亚太动作频频 从"向东看"迈向"向东进"》,《解放军报》2012年7月14日。
③ 刘思伟:《印度新周边外交战略:观察与评估》,《南亚研究季刊》2016年第2期。

随着世界格局多极化进程的发展,印度的地缘战略优势也越来越凸显。随着中国综合国力的不断上升,印度已成为世界主要大国争相拉拢的对象和"遏制中国"的前沿伙伴。而印度对外战略的调整与演变使印度获得了比冷战时期更多的好处。具体而言:

在政治上,目前印度与世界各地区组织、大国集团和各大国之间均保持着良好的双边与多边关系,不断提升印度地缘政治影响力。印度主张建立一个公平、平等、合作、均衡发展的多极化世界,主张维护世界文明的多样性,加强全球治理,主张改革不合理的国际组织与机制。

在经济上,印度自20世纪90年代初开始实行经济改革以来,国民经济迅速发展,印度经济(GDP)增长速度在稳步加快,1980—1990年为5.4%,1990—2000年为6.2%。20世纪90年代中期,1992—1998年经济增长率超过了7%。[1] 印度不断加快的经济增长速度以及更重要的贸易投资自由化政策,已经影响到了印度与世界其他国家的政治外交关系。

目前,印度已经与东盟、日本、韩国等签署了各种类型的自由贸易区协议,扩大了印度在亚太地区的经济影响力。印度通过发展与亚太地区国家的经济合作,拓展了国际市场,实现了贸易持续快速增长,并较好地释放了印度国内的经济潜能;在一定程度上推动了本国企业改革与重组,直接提升了国内产业竞争力;同时,通过能源外交,加强与能源国家的合作,增强了与东南亚、中亚及俄罗斯等国家的经济联系,为未来印度经济保持可持续发展奠定了坚实的经济基础。

在安全上,强调对外部世界尤其是印度周边地区的军事威慑能力,以军事力量提升印度的国际政治地位。印度与周边国家和主要大国频繁开展联合军事演习,扩大在军火采购与武器研发上的合作,共同打击非传统安全威胁,提高印度军事实力和威慑力。其中,印度已与美国开展了广泛的军事合作,诸如联合反恐、联合军演、联合办

---

[1] 肖鹏:《战略文化视野下的印度大国平衡战略》,《当代世界》2009年第12期。

学、联合护航等。① 印度近年来大规模购买现代高技术武器装备,与美国、法国、以色列等国的关系获得了实质性的提升。

印度的"东向"政策一方面使印度得以加强与东南亚地区国家和中国的关系;另一方面也使印度将自己的触角范围推进到东南亚地区,提高了印度在东南亚地区的发言权,扩大了印度在该地区的影响力,强化了印度在东盟的地位。

在文化上,印度所特有的宗教与民族文化等"软实力"在塑造印度国际形象方面发挥了应有的作用,在一定程度上也推动了全球文化的繁荣与和平共同发展。

二、印度对外战略观的影响

冷战后印度对外战略演变对地区安全形势和国际社会产生了一定的影响。具体而言:

第一,在全球层面上,印度对外战略的演变对国际体系产生了积极影响。冷战后印度对外战略演变进一步促进了世界政治格局向多极化发展的趋势。印度作为世界上最大的民主国家,致力于推动国家新秩序的建立,印度实行全方位外交的实践表明:印度正成为国际新体系向多极化方向发展的一支重要力量。印度主动调整经济政策,实行对外开放方针,加强与发达国家和发展中国家的经济合作,在逐步壮大本国综合实力的同时,直接推动了世界经济全球化态势的发展。

但与此同时,冷战后印度对外战略演变也给世界格局带来了一定的负面影响。印度强调"核威慑战略",企图以核实力跻身世界大国的目标在某种程度上加剧了全球核武器竞赛,给世界安全带来了一定的消极影响。

---

① [印]桑贾亚·巴鲁著:《印度崛起的战略影响》,黄少卿译,中信出版社 2008 年 4 月版,第 146 页。

第二，在地区层面上，印度对外战略的演变已经给南亚地区政治、安全、经济等方面产生了重大的影响。印度把南亚国家列为其发展睦邻友好关系的重点，加强了印度拒绝地区外大国染指南亚事务的能力，以保持南亚地区地缘政治的优势。

印度对外战略的演变直接促进了地区经济合作，进一步强化了印度主导南亚的格局。同时，印度对外战略的演变缓和了与南亚其他国家之间的关系，使南亚地区国际关系逐步走向正常化。

第三，印度对外战略调整对中国的影响是双重的，主要体现在安全、经济及外交方面，既有消极的一面，又存在积极的因素。因此，中国在印度对外战略调整进程中应适时调整本国的南亚政策及对印战略，掌握战略主动权，更好地维护本国的国家利益。在求同存异的基础上积极发展和改善与印度的关系，减少和避免与印度的直接冲突，在南亚地区实行平衡的外交战略，并防止其他世界主要大国对南亚的渗透，积极在南亚地区稳固和扩展战略支点，不断发展与南亚其他国家的友好合作关系，使中印关系得到继续稳定发展。

印度过去 30 多年不断加快的经济增长已经产生了战略性影响。如果中期的增长速度能够提高到年均 7% 的水平，各种战略性影响也将随之上升。

三、印度对外战略观面临挑战

印度积极推动实现大国诉求，融入全球与地区多边机制，通过积极外交调整与美国、中国、巴基斯坦等重要国家和地区的关系，致力于巩固战略周边。这一崛起态势将从根本上影响冷战后时期国际关系的重构，改变亚太及印度洋地区的力量平衡。[1] 未来，印度在国际

---

[1] 张力：《崛起中的印度：自我角色认知与对外战略调整》，《中国国际战略评论》2011 年年刊。

体系中面临着以下诸多挑战：

首先，印度的贫困人口总数仍高居世界首位。尽管印度总人口中35岁以下占其2/3，但是，印度贫困人口基数过大。世界银行发布的数据显示，2010年印度极贫人口占全球极贫人口的比重高达33％，高于30年前的22％，2012—2013年为3.7亿。印度是世界上贫困人口最多的国家，贫困人口约占全国总人口的25％。贫富差距呈现进一步扩大化趋势。印度农村贫困人口多为无地农民和缺地农民，城市贫困人口多为无业游民和从事低收入职业的人群。由于农村人口为寻找就业机会大量涌进城市，造成城市人口急剧膨胀。而流入城市的大量农村人口只能生活在贫民窟中，生活条件十分恶劣。同时这些贫困人口还受到社会的歧视与排斥，游离于主流社会之外，难以享受到经济增长带来的成果。而且，印度文盲率高达24％、儿童营养不良率超过40％。

由于历史与现实的原因，印度农村总的贫困状况并未得到根本的改善，尽管印度政府每年都制定各种消除贫困的计划，向表列种姓、表列部落和其他落后阶层提供各种福利和援助，但贫困人口总数并没有减少，扶贫发展迟缓，返贫现象严重。

其次，印度发现自身正处于世界最危险的地区环境中，需要在强硬粗暴和宽宏大量的策略之间作出权衡。南亚地区是目前世界上发生恐怖活动最为频繁的地区之一，毒品走私也非常严重，不断恶化的地区安全局势迫使印度对外战略不得不考虑这些非传统安全因素。

最后，无论印度采取何种政策，它都必须把亚太地区的另外两个大国——中国和美国——考虑在内。曼莫汉·辛格政府积极加强与中国和美国的联系，重视发展经济层面的外交与接触。莫迪就任印度总理以来，积极推行友好的对外政策，2014年9月首次访美，并签订了一系列协议，美、印双方宣布将扩大和深化两国的战略伙伴关系，成为21世纪可相互信赖的合作伙伴，使两国关系成为国际社会的楷模。虽然美印关系稳固，但两国关系仍面临着诸多挑战，存在着诸多不确定性因素。美国与印度之间在国家战略方面存在着重大分歧。莫迪就任总理以来反复强调发展经济是印度的首要任务,即使印美拉近距离,印度也难以成为美国"联印制华"战略的一环。印度既无意愿、也无能力扮演制衡中国的力量。美、印两国在对华问题上可以各取所需,却难以一拍即合。

尽管中、印两国在经济与贸易问题上拥有诸多共同利益,但发生冲突的可能性也很大。

而且,印度在对外战略上也缺乏成为强国的雄心韬略与现实条件,缺少向外展示自己巨大发展潜力的核心支撑。印度因其理想主义的文化理念所产生的外交政策,在当今世界实用政治的面前屡屡受挫。① 由于理想和现实实力之间的差异,在国际外交的舞台上,印度的表现也并不总是令人满意。

同时,印度在对外战略上缺乏某些自信。如在巴基斯坦问题上,印度无论在人口、经济,还是军事与政治等方面都远远领先巴基斯坦。但长期以来印度却并不懂得该如何与这个邻国打交道,更不知晓该与巴基斯坦政府内的哪号人物打交道。

印度面临的挑战在于能否处理好经济增长与发展、国家安全、恐怖主义活动等问题,从而增进国家安全和确保国民福利。印度如何处理这些挑战,将直接关系到印度在21世纪的全球体系中国家能力的大小与性质及其国家安全。

决定未来印度的国际形象与能力、战略地位和国家安全的,在于印度经济增长过程的本质特征与印度解决当前所面临挑战的方式。

具体而言,决定未来印度的国际形象与能力、战略地位和国家安全的,主要在于印度经济增长成果的分配方式、增长对印度的全

---

① Indrani Bagchi, From Moral to Real: India on A Self-building Path, *The Times of India*, 25 January, 2010.

球竞争力和融入全球经济的影响,以及印度工业化的程度和财政可持续的能力。因为在走向世界一流强国的进程中,印度所面临的更大的安全挑战主要来自国内的经济与政治问题。经济落后状况导致了印度经济缺乏国际竞争力,也限制了印度融入全球经济的进程。

同时,印度国家安全的最大外部挑战来自与巴基斯坦接壤的西北地区的跨界恐怖主义活动。

因此,加快经济增长是实现印度战略潜力的关键所在,已成为印度政府坚持的一个政策。尽管印度的对外政策会随着其内外形势的变化而不断调整,但其现实主义外交的基本理念没有改变,对外战略总体上基本保持了政策连续性的态势。

总之,印度应利用其外交技巧勇敢面对挑战,更好地恰如其分地定义自己新的全球身份。

四、印度对外战略观展望

印度作为一个富于自豪感的地区性大国,其对外战略具有很大的独立性。印度从来不曾认为自己是其他国家的附庸,恰恰相反,印度素来为自己独立自主的外交传统而感到自豪。更为重要的是印度以民主国家的身份赢得了美国与欧洲国家的好感与信任,凭借传统的友好关系同俄罗斯开展了务实合作,以新兴国家的身份赢得了许多发展中国家的支持。

在中、印共同崛起的大背景下,在国家层面,中、印之间在边界争端、西藏问题、中印巴和中美印这四个关键议题上存在着分歧,[1]而这些敏感的议题又通过媒体的肆意渲染而影响着印度普通民众对中国崛起的认知。印度民众对中国崛起的认知源于中印之间存在的"安

---

[1] 郑斌、许少民:《印度对中国崛起的认知》,《南亚研究》2011年第4期。

全困境"。

尽管印美关系是冷战后印度对外战略的首选重点,但是国大党执政时期认为利用这一战略合作针对中国并不符合印度的国家战略利益。无论印度采取何种对外战略,都必须考虑中国和美国这两个大国因素。而伊斯兰原教旨主义在南亚的崛起是美印提升伙伴关系的主要原因。但是,印度作为一个主权独立的民主国家在制定对外战略时会考虑到自身的国家利益。

总体而言,印度积极在东南亚及东亚地区开展的外交努力是为其"大国战略"目标服务的,在提升印度的能力与影响力的同时也尽量避免印度在地区和国际事务中被边缘化。印度在支持美国南亚战略的同时要权衡本国的战略目标。

从地缘政治战略角度考量,作为一个地区性大国,印度对现行国际体系的作用存在着两面性,既有印度利用国际秩序演变加强与世界主要大国关系、推动现行国际体系向多极化趋势发展积极的一面,又存在印度借助国际体系转型为本国获取更大利益的一面。而且,作为亚洲地区两个崛起中的发展中大国,印度与中国不可避免地在地缘战略、地缘经济等方面产生碰撞,特别是在南亚和海洋方面存在着激烈的战略平衡与潜在冲突等问题。

2014年5月莫迪政府执政后,印度对外战略及政策发生了某种程度上的质变。[①] 莫迪外交团队基本围绕"大国化外交"和"经济外交"两大轴心运转,力图从外交层面"再造印度"。

尽管印度在经济发展过程中显示出了出色的商业头脑和非凡的创造力,但今天的印度只是一个有宏大雄心但缺乏影响力的国家。[②]

而且,印度在联合国安理会中是一个少有建设性态度的成员,时常以一种消极与敌对的态度对待其他国家的提案,但印度又很少提

[①] 孙志香:《莫迪治下的印度外交与中印关系》,《外交季刊》2015夏季刊。
[②] Barbara Crossette, The Elephant in the Room: The Biggest Pain in Asia Isn't the Country You'd Think, *Foreign Policy*, January/February, 2010.

出自己的提案。① 这种没有建设性与消极性的不良记录成为严重影响到印度"入常"的形象和效果。

另外,印度虽然是南亚地区的大国,但是却缺乏安全稳定的地区环境,其主导地位不仅受到来自巴基斯坦的严重挑战,而且与其他周边国家在边界、水资源、跨国移民以及民族、宗教等方面存在着诸多纠纷与矛盾。南亚地区由于缺少整合力量,一直处于极度贫困的状态。加上印度和巴基斯坦两国关系一直没有走向正常化,长期影响和制约着印度的对外战略观与实践,也严重影响了南亚地区的整体发展。印度必须在南亚地区谨慎行事,才不致引起邻国的顾虑与恐惧。

---

① Charles Grant, *India's Role in the New World Order*, Center for European Reform, London, 2008.

余 论

印度在向世界最重要的公共领域提供安全保障方面,具有得天独厚的优势。印度拥有成为世界强国的基本条件,然而由于缺乏长期战略制约了印度的发展。而且,军队领袖和文官制度相脱节,缺乏军事经验的人长期担任国防部长等职位。印度依然无法成为国际秩序的"稳定器"与支撑力量,其中一个重要原因就是印度缺乏追求积极安全政策的文化环境。尽管经费预算快速增长,但是印度的政治家和官员对国家大战略的兴趣并不高。

因此,印度需要积极构建一个与大国相适应的外交体系,需要更职业化的国防部门以及更统一的军事人员。但是,实际上,随着国际政治、经济新秩序的重构,印度在发展进程中仍然存在着一些不利的因素,主要体现在以下几个方面:

在政治领域,当今印度政治的最大问题就是政治势力高度分散化,多党政府体制下利益多元,难达一致,其危害性已充分显现,但如何解决这个问题却无法形成全国共识。根据世界价值观调查组织1989—2007年的调查数据分析,印度"国土防御部门"政治信任水平较高,而"国家治理部门"政治信任水平较低,各政治组织的政治信任也存在着差异。社会信任对印度政治信任世代变迁的影响力弱小,主观幸福感、非制度化政治参与、政治态度、国民背景等变量对印度政治信任都有较为显著的影响。①

而且,地方上的利益集团与党派政治利益交合,地方性政治势力日益上升极大地削弱了印度中央政府的权威,使印度政治更为错综复杂,增加了印度社会的不稳定性,政府官僚作风日趋严重。政府效率低下,腐败现象层出不穷,已成为印度发展的一大弊端,严重影响到印度社会与经济的发展。

在印度,现代政治体制与传统社会结构的矛盾使印度政治发展之路充满了曲折,②不同政党、不同阶层的要求在印度政治进程中始终无法达成共识,联合与斗争伴随着印度政治的发展始终,从而影响了印度政治进程的进一步发展。而且,印度的家族政治也给印度民主的发展蒙上了阴影。

在社会领域,印度贫富差距问题日趋扩大,贫困问题日趋严重。近年来,印度全国各地贫富差距呈现出进一步扩大的趋势,其贫困人口已超过全印度总人口的35%。约1/3印度人仍生活在贫困线以下,2014年印度政府统计数据显示,全国贫困人口总数约为4.2亿人。③ 如此高的贫困率严重拖累了印度发展速度。贫富差距越来越大,就业增长缓慢,失业率居高不下,人口急剧膨胀,印度人口的过度增长在很大程度上抵消了印度经济增长的成果,并严重影响了人民生活水平的提高。另外,印度人口素质较低,有近四成人口为文盲,这些低文化、低技能的劳动力将成为制约印度经济发展的关键因素,已严重影响到印度社会的稳定与经济的发展。长期以来,在印度针对女性的犯罪非常猖獗,而印度频繁发生的恶性轮奸案件凸显了印度政府在城市化进程加快的过程中,社会管理和司法程序方面的漏洞与弊端,国家在保护妇女方面并没有充分发挥作用。日趋严重的

---

① 梁江禄、胡涤非:《印度政治信任的世代变迁及其影响因素研究——基于世界价值观1989—2007年调查数据的分析》,《世界经济与政治论坛》2014年第4期。
② 李忠林:《印度发展的优势和劣势及其辩证关系》,《和平与发展》2013年第2期。
③ 印度有多少人口?http://www.renkou.org.cn//,上网时间:2015年10月9日。

失业与贫困问题严重削弱了印度的社会凝聚力,而且成为社会动乱的主要根源,影响到了印度经济的正常发展。

同时,印度政治环境的复杂性成为制约印度实施大国战略的政治因素:印度种族的差异性、宗教的排他性和种姓的等级性把社会分裂成了一个个互相排斥、彼此对立的集团,印度社会根深蒂固的种姓制度进一步加深了社会的分化,种姓制度以人种与社会分工不同为基础,出身于低种姓的人处于天然劣势,教育和就业机会有限,陷入贫困落后的恶性循环之中。而印度经济发展的严重不平衡,又制约了印度在外交上扩大影响力的尝试。① 印度各地宗教冲突长期不断,加剧了印度政治的地方化与多元化趋势。印度是世界上宗教与教派最多的国家,政治宗教化与宗教政治化趋势日显突出,国内宗教与民族冲突存在隐患,民族和宗教矛盾与冲突频发,导致印度在政治上分裂态势不断上升,②严重阻碍了印度政治、社会与经济的全面发展,并给印度社会的稳定造成了一定的危害,也在一定程度上损害了印度的国际形象。而且,长期存在的种姓制度一直成为印度实现经济发展的基本障碍。传统印度社会种姓等级森严,层级流动性差,等级冲突的风险始终存在,将使印度社会陷入更加严重的分裂状态。

在经济方面,长期的高财政赤字政策及巨大政府债务、高关税率、农业发展滞后及农民的低收入等经济发展不平衡状态给印度大国形象和国家战略追求带来了深远的负面影响。主要表现为印度居民收入差距较大、中产阶级规模较小、产业升级缓慢、新兴产业发展尚不成熟,财政赤字居高不下。印度国营企业的改革困难重重,举步维艰。而且,印度国内基础设施发展水平严重滞后,效率低下,盈利性差,能源短缺,印度国内基础设施的落后与不足,尤其是电力严重不足、交通和港口设施破旧与落后等,远远不能满足民众生活和经济

---

① 庞中鹏:《安倍访印难以拉印制华》,中国网 2014 年 1 月 29 日。
② 同上。

发展的需要，已严重制约了印度经济的快速增长。

在安全领域，印度周边地区的不稳定性因素日趋严重，印度并没有真正在政治上和军事上在南亚地区取得主导性地位，南亚地区安全环境也未真正改观，这已成为印度发展的一大障碍。

印度和巴基斯坦之间长期对抗，两国军备竞赛不断升级，特别是双方的核竞赛无疑增加了两国核失控的危险性。克什米尔主权归属争议等棘手问题，将可能在很长一段时期内限制印度在更为广阔的国际舞台上发挥作用，并成为影响印度发展的重要原因。

南亚地区恐怖主义与民族复仇主义的猖獗，对印度国家安全构成了一定威胁，不利于印度社会的稳定，[1]严重打击了印度追求"世界大国"的雄心。恐怖主义已上升为印度最大的威胁。

目前，在意识形态、文化及经济方面，印度尚不具备控制周边中小国家的能力。在经济上，印度与南亚其他国家经济同质化或同构性的产业模式不但不利于南亚区域合作的深化，而且增加了各国之间经济的竞争性。

尽管在全球化进程中，印度所面临的国际环境日渐宽松，并受到西方大国的热捧，这些因素只是为印度发展提供了一定的外部条件，而内因才是实现印度发展最根本的决定因素。虽然印度近年来实现了经济的快速发展，但上述制约因素却限制了印度经济进一步发展的步伐，能否确保政治与社会稳定，能否保持印度经济的持续增长，能否在今后几十年改变贫困人口的生活水平，是决定印度能否成为世界经济强国的重要因素，也是印度能否发展的重要一环。因此，印度的发展呈现出一个曲折而漫长的态势。

更为严重的是，庞大人口基数和迅猛的人口增长速度已经给印度自然资源、粮食、教育与就业等造成了巨大压力，严重阻碍了印度

---

[1] M. A. Kadir: Terrorism: Gravest Threat of India's National Security, *Asian Journal of Multidisciplinary Studies*, Vol.3, No.2, 2015.

社会稳定与发展,使印度大国战略的推行更为艰难。

简而言之,影响印度实施大国战略的国际制约因素主要有:

第一,周边环境的牵制。无论在意识形态上、文化上、还是在经济上,印度都不具有影响或控制周边中、小国家的软权力。在很大程度上印度仍面临着与周边国家发生冲突的可能性;

第二,大国关系的制约:美印关系彼此战略性分歧依旧存在,双方结构性矛盾依然存在;俄印关系"热而不火",中印关系长期处于"踟蹰而行"的波动式发展态势等都不利于印度在全球化不断深入的大环境下推行其"大国战略";

第三,印度国际地位及影响力制约了印度的战略目标追求。目前,在全球政治、经济版图中,印度充其量只能算是一个地区性大国。尽管印度国内不少学者及政界精英仍认为印度是世界大国,但根据学者们运用国际政治理论分析而得出在目前国际格局中,最具影响力的行为体主要有四个层次。分别是:第一层次:超级大国—美国;第二层次为中国、欧盟和俄罗斯;第三层次为日本和印度,其他大国(如巴西等)为第四层次。[①] 同时按照现行国际标准和相关指标来衡量,印度在国际事务中的影响力和在全球经济所占的比重都不足以证明印度已成为世界性大国。

因此,从历史发展的维度来考量,印度的发展将是一个不可避免的漫长而艰难的历史进程。[②]

全球化带来的好处与其所造成的损失成正比。无论使用定量或定性的方式,现行可用的指标都表明:[③]印度从整体上日益走向一种生态不可持续的发展道路,无数的民众面临着日趋严重的环境危机。

[①] 李涛、刘秧:《印度"东向"政策与中国"西进"战略—会议综述》,《南亚研究季刊》2013年第2期。

[②] 尚会鹏、余忠剑:《印度究竟能走多远?》,《人民论坛——学术前沿》2013年6月5日。

[③] [印]阿希姆·希瓦史塔瓦、[印]阿希什·科塔里,刘力、刘琦译:《全球化进程中的印度:环境影响与替代性政治选择》,《南京林业大学学报(人文社科版)》2016年第1期。

尽管印度发展具有较坚实的战略支撑。但这不得不是一个长期而缓慢的过程。[①] 对此国际社会应有清醒的认识，既不能过高估计印度的综合国力，以偏概全；也不能过分无视印度的发展潜力。只有在客观、公正地全面衡量和正确评估印度发展的内、外环境因素基础上，才能正确认识印度在国际新秩序重构中的地位与作用，从而避免战略误判。

[①] 杜幼康、李红梅：《印度发展的内外环境及其发展的战略支撑》，《印度洋经济体研究》2016年第3期。

附 录

附表1 印度独立后历任政府总理一览

姓　名	就　任　时　间	备　注
贾瓦哈拉尔·尼赫鲁	1947—1964	第一任总理
夏斯特里	1964—1966	
英迪拉·甘地	1966—1977、1980—1984	两次当选总理
莫拉尔吉·德赛	1977—1979	
查兰·辛格	1979—1980	
拉吉夫·甘地	1984—1989	
V. P. 辛格	1989—1990	
昌德拉·谢卡尔	1990—1991	
纳拉辛哈·拉奥	1991—1996	
德芙·高达	1996—1997	
库马尔·古杰拉尔	1997—1998	
比哈里·瓦杰帕伊	1996、1998—2004	两次当选总理
曼莫汉·辛格	2004—2009、2009—2014	连任
纳伦德拉·莫迪	2014—2019、2019至今	连任

资料来源：根据[印] B. 辛格:《尼赫鲁家族与印度政治》,王红生译,北京大学出版社2011年版制作。

附表2 1952—2014年印度人民院大选情况一览

年份	总席位	国大党	人民党	人民同盟	印共	印共(马)
1952	489	364		3	16	
1957	494	371		4	27	
1962	494	361		14	29	
1967	520	283		35	23	19
1971	518	350		22	23	25
1977	542	154	297		7	22
1980	542	353	31	52	11	36
1984	542	415	10	2	6	22
1989	529	197	143	85	12	33
1991	511	227	56	119	13	35
1996	543	140	46	161	12	32
1998	543	141	6	182	9	32
1999	543	114	21	182	4	33
2004	539	145	11	138	10	43
2009	543	202		122	6	16
2014	543	63		334		

资料来源：同表1,2014年材料由笔者搜集制作。

主要参考文献

英文文献(著作)

1. Adams, J., Whitehead, P., *The Dynasty: The Nehru-Gandhi Story*, Penguin Books, 1997.
2. Akbar, M. J., *India-The Siege within Challenges to A Nation's Unity*, Lotus Collections, 2011.
3. Allin, D. H., *Cold War Illusions: America, Europe, and Soviet Power (1969 – 1989)*, St. Martin's Press, 1995.
4. Bajpai, K., Mattoo, A., *The Peacock and Dragon*, Har-Anand Publications Pvt. Ltd. 2000.
5. Bhambiri, C. P., *Foreign Policy of India*, Sterling, 1987.
6. Bhasin, A. S., *India-Bangladesh Relations*, Geetika Publishers, 2003.
7. Bhasin, A. S., *Nepal's Relations with India and China*, Siba Exim Pvt. Ltd., 2003.
8. Cohen, S. P., *India, Emerging Power*, Brookings Institution Press, 2001.
9. Dixit, J. N., *India's Foreign Policy and its Neighbours*, Samakriti, 2001.
10. Dunn, J., *The Cunning of Unreason-Making Sense of Politics*, Harper Collins Publishers, 2000.
11. Dutt, V. P., *India's Foreign Policy in Changing World*, Vikas Publishing House, 1999.
12. Gopal, S., Mancheri, N. A., ed., *Rise of China-India Perspectives*, Lancer, 2013.
13. Gujral, I. K., *Foreign Policy of India*, External Publicity Division, 1998.
14. Kapur, H., *Diplomacy of India: Then and Now, Manas Publications*, Manas Publications, 2002.
15. Kronstadt, K. A., *Pakistan-US Relations*, CRS Report to the Congress, Oct. 6, 2006.
16. Kukreja, V., *Civil Military Relations in South Asia: Pakistan, Bangladesh and*

India, Sage Publications, 1991.
17. Kux, D., *India and the United States: Estranged Democracies, 1941 – 1991*, Sage, 1994.
18. Mahapatra, C., *Indo-US Relations into the 21st Century*, Knowledge World, Shri Avtar Printing Press, 2002.
19. Malik, M., *China and India-Great Power Rivals*, First Forum Press, 2011.
20. Mishra, R. R. C., *Bhutan Society and Polity*, South Asia Books, 1996.
21. Naidu, G. V. C., *Indo-Japan Relations An Analysis of Issues of Common Concern*, IDSA, 2010.
22. Reddy, E. S., Damodaran, A. K., *Krishna Menon on Kashmir*, Sanchar Publishing House, 1992.
23. Saradgi, I. A., Sahni, S. K., Srivastava, R. N., *SAARC: The Road Ahead*, Foundation for Peace and Sustainable Development, 2007.
24. Syed, R. A., *Foreign Affairs Pakistan*, Ministry of Foreign Affairs, Government of Pakistan, 2002 – 2008.
25. Venkatasubbulu, T., *India's Trade with SAARC Countries*, Discovery Publishing House, 1996.

中文文献(著作)

1. [英]埃里克·霍布斯鲍姆著:《民族与民族主义》,李金梅译,上海人民出版社,2000年版。
2. [法]薄富尔著:《战略绪论》,钮先钟译,内蒙古文化出版社,1997年版。
3. 曹小冰著:《印度特色的政党和政党政治》,当代世界出版社,2005年版。
4. 曹永胜等著:《南亚大象—印度军事战略发展与现状》,解放军出版社,2002年版。
5. 陈峰君主编:《印度社会述论》,中国社会科学出版社,1981年版。
6. 陈峰君主编:《东亚与印度—亚洲两种现代化模式》,经济科学出版社,2000年版。
7. 陈海宏著:《美国军事史纲》,长征出版社,1991年版。
8. 陈继东主编:《当代印度对外关系研究》,四川出版集团、巴蜀书社,2005年版。
9. 陈金英著:《社会结构与政党制度》,上海人民出版社,2010年版。
10. 陈宗海著:《冷战后中印外交关系研究(1991—2007)》,世界知识出版社,2008年版。
11. 傅梦孜主编:《亚太战略场》,时事出版社,2002年版。
12. 何道隆主编:《当代斯里兰卡》,四川人民出版社,2000年版。
13. [美]亨利·基辛格著:《大外交》,顾淑馨等译,海南出版社,1997年版。
14. 胡志勇著:《文明的力量:印度发展》,新华出版社,2006年版。
15. 胡志勇著:《冷战时期南亚国际关系》,新华出版社,2009年版。
16. 胡志勇等著:《中—南亚地区安全报告》(一),知识产权出版社,2013年版。
17. 胡志勇著:《21世纪初期南亚国际关系研究》,上海社科院出版社,2013年版。
18. 胡志勇等著:《中—南亚地区安全研究》(二),知识产权出版社,2016年版。
19. 胡志勇等著:《海洋问题研究》(一),知识产权出版社,2016年版。
20. 胡志勇等著:《中—南亚地区安全研究》(三),知识产权出版社,2017年版。
21. 胡志勇等著:《中—南亚地区安全研究》(四),知识产权出版社,2019年版。

22. [印]贾瓦哈拉尔·尼赫鲁著:《印度的发现》,齐文译,世界知识出版社,1956年版。
23. 蒋一国等著:《印度国防经济研究》,解放军出版社,2002年版。
24. [美]卡尔·多伊奇著:《国际关系分析》,周启朋等译,世界知识出版社,1992年版。
25. 雷启淮著:《当代印度》,四川人民出版社,2000年版。
26. [英]理查德·克罗卡特著:《50年战争》,王振西等译,新华出版社,2003年版。
27. [美]理查德·内德·勒博著:《国际关系的文化理论》,陈锴译,上海社会科学院出版社,2012年版。
28. 林承节主编:《印度现代化的发展道路》,北京大学出版社,2001年版。
29. 林承节著:《印度史》,人民出版社,2004年版。
30. 林承节著:《独立后的印度史》,北京大学出版社,2005年版。
31. 林良光、叶正佳、韩华著:《当代中国与南亚国家关系》,社会科学文献出版社,2001年版。
32. 林太著:《印度通史》,上海社会科学院出版社,2007年版。
33. 刘金质著:《冷战史》,世界知识出版社,2003年版。
34. 刘思伟著:《印美核关系:分歧与协调》,时事出版社,2015年版。
35. 刘绪贻主编:《战后美国史(1945—2000)》,人民出版社,2002年版。
36. [印]鲁达尔·达特等著:《印度经济》(上、下),雷启淮等译,四川大学出版社,1994年版。
37. [美]塞缪尔·亨廷顿著:《文明的冲突与世界秩序的重建》,周琪译,新华出版社,1998年版。
38. [印]桑贾亚·巴鲁著:《印度发展的战略影响》,黄少卿译,中信出版社,2008年版。
39. 尚会鹏著:《种姓与印度教社会》,北京大学出版社,2001年版。
40. 尚会鹏著:《印度传统文化研究—比较文化的视野》,北京大学出版社,2004年版。
41. 宋海啸:《印度对外政策决策—过程与模式》,世界知识出版社,2011年版。
42. 随新民著:《中印关系研究:社会认知视角》,世界知识出版社,2007年版。
43. 孙士海、江亦丽主编:《二战后南亚国家对外关系研究》,方志出版社,2007年版。
44. 孙士海主编:《印度的发展及其对外战略》,中国社会科学出版社,2000年版。
45. 孙士海、葛维钧主编:《印度》,社会科学文献出版社,2003年版。
46. [美]索尔·科恩著:《地缘政治学——国际关系地理学》(第二版),严春松译,上海社会科学院出版社,2011年版。
47. 田源等编:《印巴核爆冲击波》,昆仑出版社,1998年版。
48. 田民洲著:《印度军情内幕》,新华出版社,2002年版。
49. 王红生著:《论印度的民主》,社会科学文献出版社,2011年版。
50. 王宏纬:《中印关系研究》,中国藏学出版社,1998年版。
51. 王联主编:《世界民族主义论》,北京大学出版社,2002年版。
52. 王绳祖主编:《国际关系史》,世界知识出版社,1995年版。
53. 卫灵著:《冷战后中印关系研究》,中国政法大学出版社,2008年版。
54. 文富德:《印度经济全球化研究》,四川出版集团,2008年版。
55. 吴兆礼著:《印美全球伙伴关系研究》,时事出版社,2015年版。
56. 肖敬民著:《南亚核风云》,长虹出版公司,1999年版。
57. [美]小约瑟夫·奈著:《理解国际冲突理论与历史》,张小明译,上海人民出版社,2002

年版。
58. 杨恕译：《中亚和南亚的恐怖主义和宗教极端主义》，兰州大学出版社，2003年版。
59. [印]因德尔·马尔豪特拉：《英迪拉·甘地传》，施美华等译，世界知识出版社，1992年版。
60. 张昌泰主编：《印度国防与安全》，军事谊文出版社，2003年版。
61. 张贵洪著：《超越均势：冷战后的美国安全战略》，浙江大学出版社，2007年版。
62. 张敏秋主编：《中印关系研究》(1947—2003)，北京大学出版社，2004年版。
63. 张忠祥著：《尼赫鲁外交研究》，中国社会科学出版社，2002年版。
64. 赵伯乐等著：《当代南亚国际关系》，中国社会科学出版社，2002年版。
65. 赵干城著：《印度：大国地位与大国外交》，上海人民出版社，2009年版。
66. 赵干城著：《中印关系：现状 趋势 应对》，时事出版社，2013年版。
67. 赵蔚文著：《印美关系爱恨录》，时事出版社，2003年版。
68. 赵小卓著：《南亚雄狮》，华东师范大学出版社，2002年版。
69. 郑瑞祥主编：《印度的发展与中印关系》，当代世界出版社，2006年版。
70. 周广健、吴如华、郭小涛：《南亚风云——印巴三次战争始末》，世界知识出版社，1997年版。
71. 周卫平著：《百年中印关系》，世界知识出版社，2006年版。

后　记

2009年11月,我应印度外交事务委员会邀请,参加在新德里举行的"发展的中国:印度视角"国际学术研讨会。12月,又作为中国政府文化代表团成员之一,参加了在新德里召开的第二届"中国—南亚文化论坛"。但是,让我感到失望的是,中国代表团里学者寥寥无几,大多为政府官员,无法与印度方面深入交流。于是,我就萌发了专门探讨当代印度发展的想法,写一本全方位了解印度的专著,此想法得到了同行的四川大学南亚研究所张力教授的支持与鼓励,在印度期间,我们讨论了若干提纲与思路。

回国后,我就一心一意搜集、翻译和整理相关印度资料,并四度自费赴印度考察,与印度外交部、印度国家高等研究院(班加罗尔)、国防研究与分析研究所、尼赫鲁大学、德里大学等单位的专家学者专门探讨了印度大国战略和印度经济发展等诸多问题,形成了本书的初稿框架。

从我个人研究印度40年的经验来看,总结了存在于某些印度人心中的"三自"心理,即在印度精英阶层存在着盲目自信、在印度学界存在着盲目自大、在印度普通民众中存在着盲目自卑的情结。当然,我的总结可能有失偏颇,不一定全面,但多少能反映一点当代一部分印度人对国际社会的认知。

实际上,印度在许多方面有值得中国学习之处。中、印两个国家应该相互学习、取长补短,龙象共舞谱新曲,共同为亚洲的稳定和繁荣作出应有的贡献。

感谢诸位同仁的关心和帮助,使我能在极其困难的情况下完成这本书稿,加州大学戴维斯分校为我提供了查阅外文资料的便利条件,最终完成了初稿。

特别感谢那些善良而又乐于助人的美国人民,给予了我们一家最诚挚的关爱和悉心照顾,我们铭记在心,当涌泉相报。

感谢兰州大学杨恕教授,外交学院苏浩教授,四川大学文富德教授、张力教授、陈继东教授,云南社科院陈利君研究员、杨思灵研究员、宋海啸研究员、胡娟副研究员,云南大学赵伯乐教授、戴超武教授、卢光盛教授,中国社科院宗教研究所邱永辉研究员,中国现代国际问题研究院王世达副研究员,复旦大学沈丁立教授、杜幼康教授、张贵洪教授、张家栋教授、林民旺研究员,上海国际问题研究院赵干城研究员、刘宗义研究员,上海外国语大学孙德刚教授、陈金英教授,同济大学钟振明教授,美国约翰霍普金斯大学沃尔特·安德森(Walter Anderson)教授,美利坚大学赵全胜教授和美国东北大学历史系全体师生,印度前国家安全顾问、印度前驻华大使梅农(Shiv Shanker Menon),印度国防研究与分析研究所贾甘纳特·潘达(J. Panda)研究员,印度观察家研究基金会(ORF)副主席兼高级研究员萨米尔·萨兰(Samir Saran),印度和平与冲突研究所前所长帕纳吉(D. Panajie)少将,印度国家海洋基金会前主席巴斯卡(C. Uday Bhaskar),尼赫鲁大学谢刚(Srikanth Kondapalli)教授、狄伯杰

(B. R. Deepak)教授,澳门大学郝雨凡教授、王建伟教授,上海社科院王战研究员、王少普研究员、权衡研究员、王健研究员、余建华研究员、杜文俊研究员等专家的帮助和支持。

在此,表示衷心的感谢!

书中观点仅为一家之言,还请各位专家老师提出宝贵意见。

胡志勇

2013 年 11 月初稿于

美国约翰斯·霍普金斯大学

2015 年 10 月修改于

印度尼赫鲁大学

2018 年 1 月定稿于

美国美利坚大学

图书在版编目(CIP)数据

印度发展研究 : 基于印度经济、社会与文化等视角 / 胡志勇著 .— 上海 : 上海社会科学院出版社, 2023

ISBN 978-7-5520-3793-7

Ⅰ.①印… Ⅱ.①胡… Ⅲ.①经济发展—研究—印度 Ⅳ.①F135.14

中国国家版本馆 CIP 数据核字(2023)第 086650 号

印度发展研究：基于印度经济、社会与文化等视角

著　　者：胡志勇
责任编辑：应韶荃
封面设计：周清华
出版发行：上海社会科学院出版社
　　　　　上海顺昌路 622 号　邮编 200025
　　　　　电话总机 021-63315947　销售热线 021-53063735
　　　　　http://www.sassp.cn　E-mail:sassp@sassp.cn
排　　版：南京展望文化发展有限公司
印　　刷：上海景条印刷有限公司
开　　本：710 毫米×1010 毫米　1/16
印　　张：19.5
字　　数：260 千
版　　次：2023 年 9 月第 1 版　2023 年 9 月第 1 次印刷

ISBN 978-7-5520-3793-7/F·730　　　　　　　　定价：98.00 元

版权所有　翻印必究